대학시절의 글쓰기 2

자기 성찰의 글쓰기와 친해지기 편

최규수 지음

명지대학교출판부

책을 내며

문득 돌아보니 이곳까지 와있구나 싶게, 아득하면서도 아늑한 시간들이다. 2001년 명지대에 부임하여 '글쓰기 선생'으로 살아온 동안 글쓰기 교육에 대한 나의 생각은 그때나 지금이나 변함없다. 글쓰기 교육을 전담해야 하는 책임감이 학문적 운신의 폭을 제한하는 만큼 교육 현장에서 부딪치는 고민은 치열해지고 모색은 더욱 진지해지고 있다는 것- 대학마다 글쓰기 교육의 중요성을 강조하며 이 방면의 관심들이 높아졌다고는 해도, 문제를 단순화시켜 소박한 대안으로 귀결되는 경향에 직면하면 실천할 수 있는 방안에 대한 갈망이 커질 수밖에 없다.

아마도 글쓰기 교육 자체만을 보기 시작하면서 해야 할 일도, 할 수 있는 일도 많음을 깨달았기 때문이리라. 한 학기 〈글쓰기〉 강좌를 통해 대학 생활에 필요한 글쓰기의 기본 토대를 익히는 것만으로는 불충분하여, 지속적이고도 체계적인 작문 훈련이 가능한 '글쓰기 로드맵'을 완성하기까지 꽤 오랜 시간이 흘렀다. 이제는 그러한 로드맵을 충실히 수행할 안정된 교재가 필요한 시점이라 판단하였고, 이에 〈대학시절의 글쓰기〉라는 제목으로 일련의 글쓰기 교재들을 기획하게 되었다.

차분하면서도 차갑지 않기를, 따뜻하더라도 너무 뜨겁지는 않기를 소망하였음에도 대학시절에는 어쩐지 어설프게 뜨겁거나 어느새 식어버린 기억의 편린들로 가득하다. 그래도 그 시절에 어떤 식으로든 글쓰기에 집중할 수 있었던 시간들이 있어 참으로 다행이다! 무엇을 어떻게 쓸 것인가 고민하는 시간만큼은 오롯이 나에 집중할 수 있어서… 이상하게 외롭지 않았고, 괜시리 용기가 났다. 그래서 '대학시절의 글쓰기'라는 명명에는, 그 시절의 씁쓸하고 쓸쓸했던 시간들을 돌아보며 스스로 부디 잘 살아주기를 소망하였던 애틋함이 담겨있다.

이미 출간된 시리즈의 1권이 〈학술적 글쓰기와 친해지기 편〉이라는 부제를 달고 있다면, 이제 발간하는 시리즈의 2권은 〈자기성찰의 글쓰기와 친해지기 편〉이라는 부제를 달고 있다. 이 책의 문제의식은 자기를 소개하는 글쓰기의 현실을 진단하고 대학 글쓰기 교육의 실질적인 출발점으로 자기성찰의 중요성을 강조하는 데 있다. 누구나 한번쯤 써보는 글 중에 자기소개서가 있는데, 가장 가깝게는 자기를 드러내는 글쓰기의 범주에서 다룰 만하기 때문이다. 어떤 이는 글쓰기가 우주 탐사와도 같아 장차 무엇이 새로 발견될지 이 글이 어떻게 되어 나갈지, 글을 마치기 전까지는 아무 것도 알 수 없다고 말한다. 한 통의 자기소개서를 준비하면서 나를 들여다보는 작업에 이런 의미가 있지 않을까 생각한다.

무엇보다 '자기를 드러내는 글쓰기의 이해와 활용'이라는 주제는 최근의 지속적인 관심사이기도 하여 공들여 진행하여 얻은 수업자료가 많은 편이다. 2권을 준비하면서 다행히 편지와 일기, 칼럼과 쪽글까지는 언급할 수 있었지만, 그간의 시도와 성과를 모두 반영하기는 어려워 어쩔 수 없는 아쉬움이 남는다. 그래도 '자기 성찰의 글쓰기'라는 주제로 한 학기 시간을 할애한다는 것은 누구나 쉽게 접했을법한, 그러면서도 쉽게 시도해보지는 않게 되는 다양한 형식의 글들을 체계적으로 경험하고 감상하고 연습하는 기회가 될 것이라 기대한다.

특히 이 책에서 보인 예문의 8할은 필자의 강의 현장에서 만들어진 것들로, 자기 성찰의 글쓰기에 대한 대학생의 현 단계 수준과 관심사를 그대로 보여주는 것이기도 하다. 한 편의 글을 제대로 만들어냈다는 성취감도 잠시, 검토가 끝난 자신의 과제를 돌려받고 첨삭된 사항을 확인하면서는 더러 좌절과 실망으로 괴로웠다고도 하지만… 그러한 과정들은 치열한 자기 객관화의 아픔을 말하는 것일 뿐, 여전히 강의 현장의 열기는 성숙하다. 가끔씩 그들의 이름을 하나씩 불러보며 원하는바 성취할 수 있기를 간절히 기원하는 것도 이 때문이다.

한결같은 시간들이다. 모두 어딘가로 차를 달리는 길, 모퉁이 가게에서 녹는 아이스크림을 들고 길을 나선 느낌이 들 때마다… 작은 달팽이를 생각하곤 했다. 언젠가 먼 훗날에 저 넓고 거친 세상 끝 바다로 갈 거라고 속삭이던 그처럼, 나 역시 아직도, 여전히, 깊고 푸른 바다를 꿈꾸고 있다. 그래서… 그래서, 행복하다!

2018년 12월

崔 圭 穗

목 차

제3부
자기소개서 작성의 특별한 의미에 대하여

1

제1부

나를 보여주는, 내가 쓰는, 나의 이야기

1장 글쓰기의 세계에서 자기를 드러낸다는 것

1. 자기성찰의 글쓰기를 주목하는 이유

교육이 인간의 성장에 대한 활동이라면, 삶의 총체적 궤적과 작용을 담아내는 문학 교육이야말로 자아의 발현과 성장에 다가갈 수 있는 매우 유익한 접근 통로라 할 수 있다. 특히 글쓰기와 같이 교육의 현장에서 이루어지는 결과물이 개인의 문제와 긴밀해질 때 교육자로서의 고민은 늘상 있게 마련이다.

그런 의미에서 매번 강의 초년생의 마음으로 강단에 서며 21세기를 살아가는 이들 대학생에게 글쓰기를 어떻게 가르칠 것인가에 대해 스스로 묻게 된다. 이는 문학교육에 대한 기왕의 연구 성과와 논의 과정을 지켜보면서, 문학교육학이 수용자의 측면을 중심으로 논의가 진행되어야 하며 문학교육의 장이 다름 아닌 수용자의 창조적 능력에 중심을 두어야 함에 충분히 동의하기 때문이다.

다만, 최근에는 훨씬 복잡다단해진 대학생들의 다양한 특징들과 글쓰기 관련 이슈들이 함께 뒤섞이면서 그에 대한 답을 선뜻 구하기가 어려워졌다. 교육현장에서의 글쓰기는 우리의 일상과 밀착되지 못한 채 대상에 대한 이해와 표현에 있어 욕망과 자유의 적극적인 발산이 제한적인 게 당면한 현실이 되었기 때문이다.

그 어려움은 자연스레 이들에게 글쓰기가 왜 필요한가 하는 근본적인 질문과 연관되어 대학 작문 교육의 실질적인 출발점으로 자기성찰의 문제를 주목하게 하였고, 거창한 외피를 벗어던지고 나니 자기소개서 작성의 실천적 문제가 중요함을 깨닫게 되었다. 문학교육의 의미를 상상력의 세련이나 삶의 총체적 경험에서 찾거나 개인의 사고력 성장과 관련시키거나 혹은 문화 실천에서 찾거나 하는 논의들의 다양성에도 불구하고, 이들 논의의 공통항이 교육적 성장에 대한 전제에 있다면 대학 작문의 교과 목표 역시 이 점에서 예외일 수 없을 것이다.

이에 이 책에서는 '자기를 드러내는 글쓰기'에 초점을 맞추되, 직접적으로는 자기소개서 작성에 대한 평소의 고민과 발전 방향에 대한 관심을 밝힘으로써 자기 성찰의 글쓰기에 대한 문제로까지 발전할 수 있기를 기대한다.

특히 나날이 삭막해져가는 오늘날의 대학생활 풍토 속에서 '자기성찰의 글쓰기'라는 주제로 한 학기 시간을 할애한다는 것은 일상생활 속에서 누구나 쉽게 접했을법한, 그러면서도 쉽게 시도해보지는 않게 되는 다양한 형식의 글들을 체계적으로 경험하고 감상하는 기회가 될 것이라 기대한다.

2. 나라는 사람에 대하여 글쓰기를 한다면

과연 내가 나를 알기 위해서는 어떻게 해야 할까? 스스로를 제대로 알기 위해서는 자기를 둘러싸고 있는 껍질 속에서 나와 자기 자신을 냉정하게 볼 줄 알아야 한다는 말이 있다. 그렇다면 자기를 둘러싸고 있는 껍질에서 나오는 방법은 무엇인가? 또한 자신을 냉정하게 보려면 어떻게 해야 하는가?

나는 이 두 가지 질문의 해답을 자기를 드러내는 글쓰기의 이해와 활용에서 찾고 싶다. 자기를 둘러싸고 있는 껍질을 발견하는 데에 '맛보는 글'을 사용하고, 그 껍질에서 나오는 데에 '통째로 삼킬 글'을 사용하고, 껍질에서 나와 자신을 냉정히 바라보는 데에 '씹어서 소화시킬 글'을 사용한다면 자기 자신을 분명히 알 수 있을 것이기 때문이다.

이런 맥락에서 다음에 제시한 시 두 편을 찬찬히 감상해보자.

예시 1 김광규의 시 한 편

쓰레기 치는 사람들

당신들은 우리를 전혀 모른다
쓰레기 치고 받은 돈으로
눈 오는 날은 소주 한 잔 걸치고
적금 들어 3년 뒤
리어카 한 대 사서
엿장수나 고물장수 차리는 줄 알지만
천만의 말씀이다
오래된 잡지나 헌 신문지
버리는 빈 병이나 쇠토막까지도
몇 푼의 강냉이로 바꿔 가고

저승의 골목길 지키고 서서
송장의 금닛발 노리는
그들과 우리는 전혀 다르다
세상의 모든 욕망 끝나버린 곳
돈이 죽어버린 쓰레기터에서
우리는 연탄재를 흙으로 돌려보낸다
주인 없는 신발짝과 피 묻은 넝마
썩은 생선가시와 찢어진 비닐조각들
모두가 정답게 함께 어울려
바람에 흩날리고 비에 젖으며
고향으로 떠나가는 쓰레기터
이승의 마지막 벼랑에서
역겨운 땅위의 냄새 모닥불로 태우는
우리는 그들과 전혀 다르다
엿장수나 고물장수 가윗소리에
한가한 봄날의 권태를 듣고
되도록 쓰레기터를 멀리 피하여
은행으로 가는
교회로 가는
당신들은 우리를 전혀 모른다

예시 2 곽재구의 시 한 편

박득세: 동명동 청소부

쓰레기에 덮인 세상
지우며 사는 일은 얼마나 다사로운지
오늘도 새끼로 감발치고 눈 내린 새벽길 걷는다
청국장밥 한술에 만 신새벽보다
마음 밖이 더 추운 세상인데
오늘은 영하 칠도 그것이 무슨 추위냐며
김이 나는 쓰레기더미에 삽을 꽂는다
생각하면 한세상 버리기 쉬운 쓰레기와 같은 것을

일찍 깬 뽕뽕다리 건너 전파상에서는
흘러간 시절의 뽕짝 몇 구절도 쓰레기통에 담아오고
눈 쌓인 털모자 다시 털어 써도 눈사람 된다
에헤라 노래나 부르랴 지나간 시절 가슴 저려오는데
에헤라 손장단 맞추랴 떠나온 고향 돌아갈 수 없는데
고개 들면 들기러기 조각달 물고 가는 여기는 타향
남녘이라 인심 좋은 광주에서도 삼수갑산
내 고향 그리운 마음 삼십년이 하루 같네
서러웁지나 않을까 상것도 저 죽으면 향천에 발 뻗는데
흰 눈은 상기 펑펑 쏟아지고
돌아갈 수 있는 마음조차 얼어붙어
어머니의 무덤 곁에 저무는 고향 강을 지켜보지 못한다면
쓰레기를 버리는 아낙들도 오늘은 고요하여 말수가 적고
불 켜진 낮은 창마다 잊혀진 옛얘기들이 새어나온다
어서 가자 담배 한모금도
뜻깊게 빨아야 할 세상이 온다면
이 새벽 오랜 타관길 외롭지 않으리
덜컹대는 쓰레기차 타버린 연탄재와 나란히 앉아서
떨어진 한세상 붙여주며 눈 맞는 일
지금은 고요하여 언 가슴에 노래나 지피리.

글쓰기에서 자기를 드러낸다는 것

모든 글에 글쓴이의 면모가 드러나기는 하지만, 특별히 '자기를 드러내는 글'이라 할 때의 드러냄은 글쓴이의 개성과 의도와 면모가 좀 더 자유롭고 솔직하게 드러나는 것을 의미한다.

예를 들어, 편지는 어떤 특정의 사람에게 읽힐 것을 목적으로 쓰는 글이다. 따라서 편지에서는 그 편지를 읽을 독자의 입장과 생각을 잘 고려해서 그에 알맞게 글을 쓸 수가 있고, 또 그래야 할 것이다. 특히 일기 쓰기는 그 날그날의 일을 적어두는 자신의 기록으로 진솔하게 써야 한다는 점에서 자기를 드러내는 글쓰기의 대표항이 될 수 있다. 자신을 들여다보고 솔직하

게 드러내는 일은 인간이 성장하고 성숙하는 데 가장 중요한 밑거름이다.

하지만, 일기는 지극히 사적인 글쓰기이고, 더구나 글쓴이가 독자로 회귀되는 점 때문에라도 그 범위가 좁아질 수밖에 없다. 편지가 읽는 이를 분명히 설정하여 쓰이는 것과는 분명히 다른 점이기도 하다.

대부분의 글은 특정의 사람에게 읽힌다는 제한이 없이 쓰게 된다. 누구나 독자가 될 수 있는 경우, 필자가 염두에 두어야 할 것은 일반성이다. 독자의 일반성을 고려한다면 소재나 내용이 보편타당한 것이어야 하고, 그 표현에 있어서도 난해한 어휘나 극단적이고 자기만 아는 말은 피해야 한다. 아마도 이런 맥락에서 수필을 떠올리는 사람이 많을 것이다.

수필은 전문가가 아니더라도 누구나 쉽게 쓸 수 있으며, 소재의 제약을 받지 않는다는 점에서 앞서 언급한 편지나 일기의 장점을 그대로 물려받는다. 이런 자유로움은 글의 형식에도 적용되어 편지나 일기, 기행문, 자서전까지도 수필의 범주에 들어가며 그러한 형식을 새롭게 채용하여 수필을 써 나가기도 한다.

중요한 것은 수필이 글쓴이 자신의 체험과 성찰을 실마리로 삼기에 수필 안의 '나'는 언제나 글쓴이 자신이라는 점이다. 수필은 흔히 '붓 가는 대로' 쓰는 글이라 하지만, 이는 소재가 다양하고 형식의 제한을 특별히 받지 않는다는 데서 빚어진 자유로움을 달리 표현한 것일 뿐이다. 일반적인 글쓰기의 형식을 무시하지 않은 상태에서 글쓴이의 체취를 드러내면서 수필의 향기가 무르익게 되는 것이다. 그리고 내가 쓴 나의 이야기를 남들은 어떻게 읽을까, 혹은 나는 나의 이야기를 어떻게 풀어가고 싶은가 등등의 물음을 던져보는 즐거운 시간을 갖게 될 것이다.

자기를 드러내는 글쓰기에 자서전의 경우도 포함된다. 한 개인의 일생의 사적을 적은 기록을 전기라 하고, 특히 자기가 쓴 자신의 전기를 자서전이라 한다. 자서전은 개인적인 과거 회고를 바탕으로 다가올 미래, 여생을 계획하기 위한 길잡이가 되기도 하는데, 자서전의 본질은 적나라한 자기 내면의 토로라고 한다. 그래서 자서전에서 우리가 발견할 수 있는 것 역시 개인적이고 독특한 삶의 유형들이나 상황에 대한 글쓴이의 특별한 해석, 삶의 사건에 대한 적응 방법과 해결책, 주위 환경의 변화나 자신의 노화에 대한 수용, 인간 영혼의 다양한 표현 등과 같이 매우 다양할 수 있다.

그렇다면, 자기소개서는 자기를 드러내는 글쓰기에서 어떤 의미와 비중을 차지하는 걸까? 자기소개서는 일상에서 쉽게 쓸 수 있는 글이기는 하지만, 편지나 일기와 같이 편안하게 쓸 수 있는 것도 아니고, 수필과 같이 문학성이 뛰어난 것도 아니고, 자서전과 같이 자신이 살아온 인생의 의미까지 아울러 담아내는 무게감이 있는 것도 아니다. 모든 글쓰기의 절차가 그렇듯 한 편의 글을 완성하기까지 그 과정은 어렵고, 완성된 글을 보는 뿌듯함은 크다. 그렇다고 해서 수필이나 자서전만큼의 의미를 한 통의 자기소개서에 부여하기는 어려운 게 우리의 현실이다. 자기소개서는 그저 자기소개서일 뿐이기 때문이다.

그럼에도 자기를 드러내는 글쓰기의 이해와 활용에서 자기소개서 작성을 특별히 강조하는 것은 실용적인 글쓰기라는 특징 말고도 문학교육적 차원에서 자기소개서 작성 훈련이 갖는 중요한 미덕이 있기 때문이다. 그 구체적인 배경과 의도를 담은 글을 2장에서 소개하는 이유가 여기에 있다. 다소 딱딱하기는 하지만, 글쓴이의 의도를 이해하기는 어렵지 않을 것이며, 이해한 만큼 자기소개서 작성의 기본 전제를 정리할 수 있으리라 기대한다.

자기를 드러내는 글쓰기의 세계를 이해하고 다양한 글의 형식을 연습하는 것은 중요하다. 이 책에서는 특히 자기소개서 작성의 특별한 의미를 강조하고 싶다. 한 편의 글을 쓰기 위해 그 과정 하나하나를 소중하게 생각하는 만큼, 이제 한 통의 자기소개서를 쓰기 위해 우리는 자기를 돌아보고 미래를 구상하는 소중한 시간의 터널을 지나게 될 것이다.

2장 자기를 소개하는 글쓰기, 어떻게 접근할까

1. 일회성에서 탈피하기

자기를 소개하는 글쓰기의 현실 진단에서 제일 먼저 주목되는 현상은 일회적 혹은 입문적 주제로 다루려는 경향이다. 대개 학기가 시작한 후 곧바로 쓰기에 접근할 수 있는 주제가 바로 '나'에 관한 것인데, 통상적으로는 자신에 관한 소개, 경험에 대한 이야기, 혹은 미래의 계획을 이야기하는 식의 단발성 주제로 다루고 있기 때문이다.

아마도 이러한 경향은 대부분의 대학에 공통적인 것으로, 자기를 소개하는 글쓰기에 대한 비중을 극소화한 경우일수록 첫 주의 강의계획을 설명하는 자리에서 같이 이루어지는 경향이 크게 마련이다. 예를 들어, 나의 성장에 관한 주제를 3분 스피치 형식으로 발표하거나 나의 글쓰기 습관과 자기소개를 같이 겸하는 식으로 진행되는 첫 주 수업내용은 세부적인 관련 주제로 나의 삶에 영향을 끼친 사건이나 인물에 대해 생각하거나, 나의 성장과정 서술이나 약식 자서전 등의 형식 연습 등을 내거는 식이라 해도 본격적인 수업내용과 긴밀히 연결하기가 쉽지 않은 게 우리의 현실이다.

이렇게 자기를 소개하는 글쓰기가 겉돌게 되는 것은 교과 목표의 설정과 연결되는 부분이기도 하다. 다음의 〈예시〉는 손쉽게 구할 수 있어 인용하는 것으로, 대부분의 대학 상황을 대변하고 있는 것이라 판단된다.

예시 1

이 과목은 학생들로 하여금 국어 문장의 독해와 작문 능력을 신장시킴으로써 대학 과정을 원활하게 이수할 수 있게 하며 교양인이 갖추어야 할 종합적인 언어 능력을 배양하게 하는 데 목적이 있다. 특히 설명과 논증의 방법을 익혀 논리적인 사고력과 작문력을 신장시키는 데 중점을 둔다.

이러한 목표를 달성하기 위한 구체적 수업 구성을 살피면, 수업에서는 독해와 작문의 이론적 측면을 학습하고 실제 작문과 발표활동, 교수평가를 통해 작문 · 발표 · 토론 능력을 기르며, 수업 외에서는 한자어 익히기의 독습과 평가시험, 조별 소논문 작성과 발표 · 토론 평가 등을 실시하는 것으로 되어있다. 이 때 자기소개서를 어떻게 다루고 있는가 하는 문제는 첫 주의 수업내용에서 확인된다. 첫 주의 오리엔테이션으로 자기소개하기를 설정하여 자기 소개문 써오기 과제를 부과하고 있으나, 이에 대한 연계성 있는 수업내용은 강의계획표 상으로는 확인되지 않는다.

중요한 것은, 작문 능력 신장의 구체적인 항목으로 설명과 논증의 방법을 근간으로 하는 논리적 사고력 배양에 초점을 두고 있다는 점이다. 이를 위해 강조하고 있는 독습 · 발표 · 소논문 작성 등의 내용 등은 그야말로 한 학기 글쓰기 수업에서 다루어야 할 구체적 실질이 얼마나 다양하고 방대한지를 알게 하는 대목인데, 이러한 경향이 최근에는 아예 학술적 글쓰기 일변도로 향하고 있어 주목된다.

이는 글쓰기의 교과목표를 지적인 사고력을 바탕으로 대상에 대한 견해를 논리적으로 서술해가는 데 두는 것으로, 경험과 지식을 바탕으로 상상력을 통해 세계를 구성해가는 문학적 글쓰기와 변별하는 이분법적 구분에 근거한 결과이기도 하다. 이러한 검토에서 관심을 끄는 부분은, 대학 작문이 무엇을 위해 존재하는가 하는 근원적 물음과 연결되는 것들이다.

먼저, 자기소개서에 대한 일회적이고 입문적인 접근 방식은 모든 과목에 공통적으로 적용될 기술적 교수법으로 활용되는 것일 뿐, 글쓰기 과목만의 고유한 지점은 아니라는 점이다. 자기소개서 자체가 대학입학 이전(혹은 이후)에도 워낙 익숙하게 연습되는 것이기도 하지만, 그렇게 자기소개서 연습을 생략하는 이유에는 자기소개서 자체를 사소한 실용문 정도로 여기는 인식이 깔려있고, 구태여 자기 성찰의 글쓰기 영역에 포함시킬 필요가 있겠느냐는 우리들 대부분의 회의적 사고가 반영된 것이기도 하다. 그렇기에, 자기소개서를 다룬다면 '어떻게' 다룰 것인가에 대한 문제 제기도 함께 병행되어야 할 것이다.

다음으로, 이렇게 일회성으로 다루다보면 학생이나 교수자나 '나(를 소개하기)'의 문제를 단순하게 접근하기 쉬우며, 이러한 단순화는 살면서 꾸준히 부딪치게 되는 자기소개서 작성을 순전한 개인적 차원의 단순 반복 작업으로 귀결시키게 마련이라는 점이다. 경험컨대, 자기소개서를 (잘) 쓰기란 쉬우면서도 어려운 일이다. 이는 무엇보다 내가 어떤 사람인지 간단명료하게 이야기하기가 쉬우면서도 어려운 일이기 때문이다. 나를 소개하는 구체적인 항목들에 들어가는 가치관 형성이나 자기 본질에 대한 탐색 혹은 성찰이 대학 작문에서 차지하는 중요성과 비중을 따질 때, 우리는 새로운 문제의식으로 자기소개서 작성(그리고 교육)에 대해 고민해야 할 것이다.

2. 세속성에서 탈피하기

그렇다면 실용적 글쓰기의 독립적인 한 종으로 다루어지는 자기소개서 작성 자체에는 문제점이 없는가? 결론부터 앞세워 말하자면, 실용성과 진정성은 대척되는 것이 아님에도 우리의 현실에서 이 둘은 묘한 상극관계를 이루고 있다는 점이다.

대개의 작문 교재 혹은 수업에서 자기소개서는 주로 취업과 관련하여, 입사지원서(또는 이력서)와 더불어 서류 전형에 구비해야 할 서류 중의 하나로 규정하고 있다. 그리고 자기소개서 자체의 내용적 측면 역시 특정한 기업의 입사를 위해 작성하는 의도성에 초점을 맞추어야 됨을 강조하고 있다.

원론적인 설명대로라면, 한 개인을 객관적으로 이해할 수 있는(하지만, 증빙 자료를 통해서만 확인되는) 자료가 이력서라면, 자기소개서는 이력서에 명시된 개인의 신상명세로는 파악할 수 없는, 실제 기업에서 궁금해하는 사항들(예컨대, 개인에 대한 구체적인 정보와 특히 성장 과정과 배경이 드러나는)에 대한 일종의 브리핑 자료라 할 수 있다. 따라서 자기소개서는 필자의 입장에서는 해당 지원 회사에 자신이 적합하다는 것을 피력하는 글이어야 하고, 독자(곧 인사 담당자)의 입장에서는 회사가 필요로 하는 사람을 선택할 만한 요소를 발견할 수 있는 글이어야 한다. 이런 맥락에서 자기소개서가 지닌 실용적 글쓰기로서의 면모의 강조는 필연적이게 마련이다.

이러한 특징은 글쓰기 훈련에서 독자의 존재를 강하게 의식하여 독자를 배려하는 글쓰기를 가능케 한다는 점에서는 충분히 긍정적일 수 있다. 협소한 의미라 하더라도 독자의 존재가 명확할 때의 글쓰기는 '나'라고 하는 필자적 입장에서의 전열 정비를 가능케 하기에, 글쓰기의 원론적 입장에서 강조되는 예비적 조건(예컨대, 글을 쓰는 동기, 문제에 대한 태도와 관점, 읽는 대상의 분석, 읽는 사람을 위한 고려 등과 같은)의 훈련이 충분히 가능해질 수 있다는 이점이 크게 부각될 수 있다. 또한 자기소개서가 입사지원자로서는 결코 소홀히 할 수 없는 중요한 입사서류로 단순히 입사지원자의 글 솜씨나 원대한 포부 등을 들어 보기 위해 형식적으로 작성하는 서류가 아니라는 점을 명확하게 인식하고, 기업의 인사 담당자가 매년 수백에서 수천 통의 자기소개서를 읽어내야 하는 현실에서 좀 더 경쟁력 있는 표현 전략을 강조하는 것 역시 중요하고도 불가피하다.

하지만, 현실적 필요성이 극대화된 상황에서 쓰이는 맥락만을 중시하다보면 당연히 형식적이고도 지극히 이해타산적인 자기 성찰을 강요하게 되는 부작용을 낳게 마련이다. 자기소개서 작성요령에서 반복적으로 강조되는 사항들, 예를 들어 기업은 사람을 구하는 입장에서 지원자의 지원동기와 장래성을 보므로 지원동기가 확실하고 일을 하려는 마음의 자세가 되어 있는지를 확실히 보여주는 것이 좋다거나, 그 사람의 성장배경을 통해 대체적인 성격과 인생관 등을 파악하게 되므로 이 방면의 덕목을 좀 더 목적에 적실(的實)하게 표현하라거나 하는 구체적인 유의사항들은 지나치게 독자의 입맛만 맞추는 편파성을 경계하게 하지 않을 수 없다는 것이다.

그리고 이런 편파성이 급기야 자기소개서만을 적절하게 조합하여 작성케 하는 유료 사이트의 등장까지 낳게 되었다. 이렇게 자기소개서에 관한 정보를 제공하는 인터넷 사이트의 내용을 살펴, 현실에서 상투적으로 통용되는 자기성찰의 내용에 대해 비평적으로 검토하는 시간을 갖는 것도 중요하고도 필요하다고 생각한다.

이런 상황을 역으로 되짚을 때 제기되는 문제가, 바로 성실성이나 적극성, 솔직함 등과 같이 주관적이고도 철학적인 덕목을 실용적인 자기소개서 작성과 어떻게 연결시킬 것인가 하는 부분이다. 자기 성찰의 과정이 생략된 이런 표현은 하나의 미사여구에 불과할 텐데, 작문 교육의 현장에서 이를 다시 반복하는 것은 어찌 보면 무모하고 어찌 보면 씁쓸하기 때문이다. 취직을 하여 좀 더 안정적이고 향상된 삶을 원한다는 것은 무슨 의미를 갖는가? 우리에게 풍요로운 삶이란 현재적 삶에서 그보다 좀 더 발전된 미래적 삶으로 나아가는 것이고, 이를 위해서는 최소한 현재적 삶에 내재되어 있는 문제를 제기할 수 있어야 한다. 이를 감당하고자 하는 욕구에 의한 글쓰기가 바로 자기 성찰의 글쓰기라 한다면, 그것은 현재적 삶의 이면을 들여다보고 그것의 또 다른 의미를 구성해내는 것과 다름없고, 바로 이런 국면이 자기소개서가 필요한 현실적 맥락과 닿아있어야 한다.

국어교육이 실제의 언어생활에 소용되는 기능을 가르치는 데 주력한다는 것은 나름대로 의미가 있을 것이며, 이런 맥락에서 실용주의로서의 설득력과 효용성을 가질 수 있다. 물론 실용을 지향한다고 해서 실생활의 모든 국면을 다 실습해야 되는 것은 아니며, 실제로 그럴 수도 없다. 그렇기에 자기소개서를 실생활에 유용한 잡동사니 하나쯤으로 전락시키는 단편적인 교육은 지양되어야 할 것이다.

자기를 소개하는 글쓰기에 대한 문학(혹은 문화)교육적 접근이 필요한 이유가 바로 여기에 있다. 언어란 단순히 의사표현이나 사상과 감정을 전달하는 도구만이 아니라 존재 혹은 사고 그 자체라 할 수 있다. 그런 의미에서 국어란 언어교육인 것이며, 언어교육이란 바로 문학교육이 되는 것이다. 문학에 말하고 듣고 쓰고 읽는 모든 원리가 다 갖추어져 있다면, 우리는 강의현장에서 자기소개서 한 통을 쓰게 하는 데 그칠 것이 아니라 그러한 한 통의 자기소개서가 문학(혹은 문화)의 여러 영역에서 어떤 위상을 차지하는가를 먼저 환기시킬 필요가 있다. 최근의 논의들이 자전적 서사 장르라는 용어를 통해 일상적으로는 다큐멘터리 등에서의 라이프 스토리 구술 연행을 주목하고, 제도적 글쓰기에서는 자서전이나 자전 소설, 수필 등을 광범위하게 활용하여 부각시키는 이유와 연결되기도 한다.

무엇보다 대학생에게 자기 성찰의 글쓰기는 어떻게 이루어지는가의 문제를 해결할 수 있어야 한다. '모든 문학 작품은 자전적이다'라고 이야기하는 게 가능하다면, 자기소개서는 공인되지 않았을 뿐 대학 작문의 현장에서 보자면 가장 가깝게 연습될 수 있는 자전적 글쓰기의 필수항으로 들 수 있을 것이다. '자기'에 대한 성찰과 탐색이, '소개'라는 실용적인 목적성을 부여받을 때 좀 더 적극적으로 자기 이야기를 풀어갈 수 있으리라는 기대가 가능해지는 것도 이러한 이유 때문이다. 나아가 대학생이라는 세대 공통항으로 자의식의 편린과 가치관의 면면을 확인하는 작업을 병행할 수 있다면, 자기소개서는 쓰는 것 이상으로 철학적, 사회학적, 심리학적, 문학적 등등의 가치를 획득하는 중요한 교양수업의 일환이 될 것이라 기대한다.

3. 획일성에서 탈피하기

자기 탐색이란, 일차적으로 나의 생각이 일정한 사회적 문맥과 배경 속에서 형성되었음을 성찰하는 작업이다. 이런 작업은 '나 자신'에 대해 질문하고 회의함으로써 나의 생각을 무반성적으로 고수하는 한계에서 벗어나 나 자신의 생각을 보다 객관적으로 맥락화하는 방법을 생각해보는 과정이라 할 수 있다.

대학생의 글쓰기 훈련에서 자기소개서가 중요해지는 이유는 바로 자기 탐색이 갖는 이러한 의미와 연결된다. 이는 '자기 자신'에 관한 주제야말로 수업 운용이 잘 되었을 경우 자기를 대상화함으로써 자신에 관한 통찰을 가능케 한다는 점에서 일정 시간 이상을 할애해야 하고, 수업의 시작에서뿐만 아니라 어느 때라도 기대되는 만큼의 효과를 얻을 수 있다는 점에서 대학생활 중 반드시 거쳐야 되는 통과의례적 주제인 것이 분명하기 때문이다.

물론 글쓰기의 질적 심화를 충분히 이루기 위해서는, 어떠한 주제이건 그러하지만, 주제에 대해 심층적으로 접근할 수 있도록 교수자의 철저한 준비가 필요하다. 자신의 의견이 제대로 정립되지 않은 상태에서는 아무리 훌륭한 주제라도 대상에 대한 피상적인 이해와 관찰, 그리고 미봉적인 해결로 끝맺기 쉽다는 점에서 학생들에게 가장 친숙한 주제를 택하는 것이 수업의 효율성을 높이는 지름길이 된다. 그리고 자기를 소개하는 글쓰기에서는 더더구나 자득(自得)의 방법에 의존하지 않고 보다 효율적인 수업 운용의 방향과 모델을 제시하는 것이 필요하다.

예를 들어, 자기소개서의 필수항목으로 들어가는 '가정환경 및 성장과정, 학력 및 경력사항, 성격의 장단점, 교내외 활동, 인생관 및 직업관 등'이 과연 어떻게 정리되고 한 편의 글로 연결될 수 있을 것인가? 과연 그 항목들이 그렇게나 간단한 것인가? 무엇보다 이들이 자기를 소개하는(혹은 드러내는) 글쓰기의 핵심이라 할 자기만의 오리지낼리티(originality)를 발견하고 그를 글 안에서 제대로 발휘할 수 있을 것인가?

이에 대한 답은, 다소 성급하지만, 숙고(熟考)된 열정이 충분히 뒷받침되었다 하더라도 결코 낙관적이지 않은 게 우리의 현실이다. 이는 무엇보다 오늘날 대학생의 글쓰기 실태에 대한 저간의 다소 흉흉한(?) 지적들을 돌아보면 쉽게 수긍될 만하다. 최근 여러 대학에서 글쓰기 교육을 강화하고자 발족한 여러 기관들의 가시적 성과 역시 이러한 현실을 직시한 것으로, 대학마다 창조적 인재의 양성이 중요함에 동의하며 이러한 동의를 실천하는 우선적인 작업으로 글쓰기 등에 관련된 강좌를 기술적 능력의 배양이 아닌, 교양 교육의 주요한 토대로 삼으려 하고 있기 때문이다.

이는 오늘의 상황에서 보다 시급히 필요한 것이 무엇인지를 올바로 인식한 결과이기도 하다. 그렇기에 대학 작문의 목표에 빠짐없이 들어가는 '교양인', '전인교육' 등과 같은 덕목적 표현의 실질이 가장 소박하게는 나를 찾기 위한 글쓰기, 나를 치유하는 글쓰기와 잇닿아 있다고 할 수 있다. 하지만 우리는 나를 돌아보고 나의 상처를 치유하는 데 너무 인색하다. 더욱이 대학 신입생들이 치열한 입시 전쟁을 뚫고 어떤 의미로든 상처투성이일 것이라는 사실을 망각한 채 다시금 목표를 향한 맹진(猛進, 혹은 盲進)을 강요하는 우리의 현실에서 대학 작문의 목표 내지 구체적인 성과가 함께 검증되어야 할 것 같지 않은가?

결국 대학생의 글쓰기 훈련에서 자기 탐색의 의미를 강조하는 이유가 대학 교육의 목표, 교양교육의 목표와 상관있다고 할 때, 자기소개서는 우선적으로 자기가 기술하는 개인사(個人史)로 접근하는 방법이 전제되어야 한다. 이는 자기소개서 작성이 현재 시점에서 이루어지는 자기 성찰 작업임에도 그 근간으로 현재에 이르기까지의 과거사를 돌아보는 정리 작업이 필수적으로 선행되어야 하고, 다른 한편으로는 어떤 미래를 계획하고 있는가에 따른 구체적인 전망을 해내는 작업 역시 필수적으로 요청되기 때문이다.

자신을 통시적으로 정리해낼 수 있는 이 작업이 있은 이후에야, 비로소 소재를 취사선택하는 과정에서 드러날 그 사람의 단면이라고 하는 것이 이른바 '독자를 고려한 실용성'으로 연결될 수 있게 된다. 예를 들어, 자신의 변화에 대한 시점과 이유 등을 따져본다거나 자신이 중요하게 여기는 부분을 설명한다든가, 혹은 일상과 관련된 크고 작은 일을 돌아보고 자신을 소개하는 제재로 선택하여 다듬어 표현하는 과정 자체가 크게는 자기 성찰의 작업이 될 수 있기 때문이다.

이러한 개인사에 대한 탐색을 토대로 취사선택의 과정과 정리 작업을 통해서 비로소 완성되는 한 통의 자기소개서는, 비록 드러난 실질은 그 과정을 생략한 것과 대동소이하다 해도 그 과정에 동참하는 시간 자체는 소중하다. 그나마 '내가 어떤 사람인가'에 대해 스스로 객관화시킬 수 있는 하나의 계단으로 걸음을 떼고, 하여 이제야말로 독자와 주체적으로 대면할 준비가 되어있을 수 있기 때문이다. 예를 들어, '내가 보는 나와 남이 보는 나'와 같은 식의 주제 탐색이 병행되거나, 나의 라이프 히스토리에서 변화란 무엇이며 그 계기는 어떤 것인가를 따져보는 작업이 필요한데, 이러한 활동들이 별개의 것으로 놓여있어서는 아니 되며 자기 성찰의 과정적 작업으로 크거나 작은 맥락을 갖도록 하는 것이 중요하다.

무엇보다 현재의 대학 작문 교육에서 시급히 필요한 것이 다매체 시대 다양한 자극을 수용하며 급변하는 대학생들의 내적이고 외적인 특징 모두를 파악할 수 있는 데이터베이스를 확보하는 것이라 할 때, 제2의 사춘기를 겪는 대학생들이 이제 사회로 나아가는 길목에서 자기성찰의 기록을 정리하는 것은 충분히 유의미하다 할 것이다.

연 습

다음의 〈예시〉는 〈한국대학신문〉(2017년10월호)에 실린 황은성의 시론을 가져온 것이다.

1. 〈예시〉를 찬찬히 읽어가며 필자가 제기한 문제의식은 무엇인지 정리해보자.
2. 이제껏 자신이 써온 자기소개서의 작성 스토리를 구체적으로 기록하고 정리해보자.
3. 앞서 행한 작업들을 수업 성원과 공유하면서, 서로의 소감과 의견을 교환해보자.

예시

대입 자기소개서 꼭 이렇게 써야 하나

대학입시에서 비중이 점차 커지고 있는 학생부 전형에서 자기소개서는 학생이 자신의 잠재력을 피력할 중요한 기회를 제공한다. 그런데, 모든 대학이 자기소개서에는 반드시 3가지 공통 항목을 적도록 하고 있다. 학생은 자신의 학습 경험, 교내 활동, 그리고 배려 · 협력 등 사회성 또는 인성, 이 세 가지에 대해 각각을 1000자, 1500자, 1000자 이내로 작성해야 한다. 무엇(만)을 써야 할지를 상세하게, 그것도 글자수까지 정해 지시하고 있다. 또, 소개할 수 있는 내용은 철저히 교내활동 또는 학교장이 허락하여 참여한 활동으로 제한하고 있다. 워낙 치열한 상황에서 소모적인 경쟁을 줄이고 또, 같은 내용을 여러 개 다른 양식으로 써내야 하는 수험생의 수고를 덜어주려는 의도가 이해는 되지만, 자기소개서를 무엇에 관해서만 쓰라고 지정하는 일이 내게만 황당하게 여겨지는 것일까?

사실 자기소개서에서 지정하고 있는 3가지 항목은 크게 보면 교사들이 작성한 학생부 내용 전부이기도 하다. 입학사정관들이 학생부 내용과 크게 다르지 않은 자기소개서를 또 읽어야 하는 것은 수많은 지원자를 평가해야 하는 상황에서 매우 비효율적인 일이다. 더 중요한 것은 이것이 학생들에게 폐해를 준다는 점이다. 왜 학생들은 자신의 능력과 잠재력을 과

시할 소중한 기회를 학생부에 이미 드러나 있는 내용을 재탕해 말하는 것으로 소진해야 하는가? 한 사람의 능력과 소질을 파악하고 평가하는데 가장 좋은 방법이 자기만의 방식으로 스스로에 관해 이야기하도록 하는 것일진대, 이렇게 천편일률적인 틀로 글을 쓰도록 하는 것이 타당한가? 평가자 입장에서 정해진 틀 안에서 자기소개를 하도록 해 비교평가가 쉽게 이뤄지게 하자는 계산이 있었는지는 모르겠다. 더욱 큰 문제가 있다. 이러한 학생부와 자기소개서 지침 때문에 공부도, 동아리 활동도, 봉사활동도 모두 잘해야 하는 것으로 고등학교 생활이 정형화돼버린다는 점이다.

바람직한 학교생활이란 것이 이런 것들로 구성돼 있으니까 학생부는 그렇게 작성되는 것이 바르다고 치자. 그러나 학교에서 제공하는 기회 내에서 얼마나 남과 다른 경험을 할 수 있어서 나만의 독창성을 만들고 창의적인 생각을 해내겠는가? 안 그래도 지금 아이들은 공부라는 감옥 안에서 살고 있는데 굳이 자기소개도 이 틀 안에서만 하라고 해야 하나? 사교육이나 경제력이 동반되지 않아도 가능하지 않을까? 지금 아이들은 기성세대가 상상도 못하는 생각을 하고 문화를 만들고 있지 않은가? 아이들이 즐기고 추구하는 삶을 얼마나 잘 알고 있기에 교실 안에서의 학습과 학교 안에서의 활동만으로 아이를 평가할 수 있다고 예단하는 것인가? 내버려 둔다면, 게임을 좋아하는 어떤 아이는 자기가 게임에 대해서 얼마나 큰 열정을 갖고 있고, 게임이 우리 삶에 어떻게 긍정적으로 기여할 수 있을지에 대해 설득하는 자기소개서를 쓸 것이다. 시외버스를 타고 전국을 일주하면서 각 고장의 특징을 찾아서 블로그에 올린 학생은 자신이 계획하고 경험한 이 여행에 대한 이야기로 자기소개서를 도배할 수도 있다. 여행을 통해서 자신이 국토를 얼마나 사랑하게 됐는지를 이야기하는 것은 교과목에 대한 자기학습을 얼마나 잘 했는지를 얘기하는 것보다 자신의 능력과 사고를 100배는 더 잘 피력할 수 있다. 또, 교실에서 왕따를 당한 아이가 어떤 희망을 품고 교실생활을 해냈고 또 어떤 전공을 갈망할 수 있게 됐는지에 대해 기술했다면, 이 아이의 자기관리 능력과 의지는 어떠한 평가를 받을 수 있을까?

분명, 지금의 자기소개서는 아이들이 자신을 훨씬 잘 소개하고, 또, 소개할 자신을 훨씬 잘 준비할 수 있는 길을 막고 있다. 이 문제는 이들의 대학과 사회생활에도 연계된 것인지도 모른다. 이렇게 정해진 글을 쓰고 생각하도록 지시받는 일, 즉, 피동적 사고와 선택의 경험이 제한된 틀 안에서만 사고하고 안주하고자 하는 좁은 비전의 청년을 탄생시키고 있는 것은 아닐까? 이 천편일률적인 방식으로 자신을 소개하도록 하는 것이 지금 청년들이 너나 나나 눈에 보이는 직업에만 목을 매고 취업하려 달려드는 현상의 원인은 아닐지라도 결코 이에 바람직하게 작용치는 않을 것은 분명하다. 과다한 입시경쟁의 폐해로 생겨난 괴물이지만 그가 일으키는 희생이 너무 크다.

2

제2부
자기를 드러내는 글쓰기의 세계와 기본기 활용

1장 쪽글 형식으로 자신 있게 표현하기

1. 쪽글 형식을 연습하는 목적

쪽글이란

사전을 찾아보면 쪽글이란 '한글학회가 정한 문자메시지의 우리말'이라는 식의 정의가 나오지만, 이 책에서 권하는 쪽글 형식은 한두 장 분량을 넘지 않는 짧은 글쓰기를 말한다. 아마도 쪽지글을 써본 경험이 있을 텐데, 형식에 얽매이지 않고 자유롭게 부담 없이 쓰는 글이라는 인상을 받았을 것이다. 쪽글 형식은 바로 이런 장점을 취하는 글쓰기 형식이다.

다음의 〈예시1〉을 살펴보자.

예시 1 **다이어리를 보면 내가 보인다**

> 나만의 방식으로 다이어리를 구성하는 방법은 이렇다. 무지로 구성된 수첩 첫 페이지에 1월 달력을 그린다. 그리고 2월이 오기 전까지 그 달의 모든 흔적들을 메모하고 기록해둔다. 2월이 오면 새 달력을 그리고, 3월이 오기 전까지 자유롭게 써나간다. 이런 식으로 열두 달을 채워가는 게 귀찮지 않느냐고 묻기도 하는데, 전혀 그렇지 않다. 나는 정해진 틀에 억지로 맞춰지거나 소속되는 것을 싫어하는 편이지만, 나름대로 정해놓은 틀과 규칙 안에서는 최대한 자유롭게 나를 표현하고자 하는 편이다. 그리고 이런 나의 성향이 나의 다이어리에 그대로 드러나고 있는 것이다.

위의 〈예시1〉은 다이어리와 관련된 자신만의 이야기를 쓴 쪽글이다. 다이어리와 얽힌 행위들을 자신의 성격과 관련지어 설명한 것이 재밌고도 참신하다. 한 물건을 통해 나 자신을 성찰할 수 있는 계기를 만든 것이 이 글이 가진 큰 장점 중의 하나이다. 그래서 이런 쪽글에서 얻은 아이디어를 잘 살리면, 자신의 이야기를 진솔하고 구체적으로 서술함으로써 흔해빠지지 않은 독자적인 글쓰기가 가능해지리라는 기대를 갖게 된다.

이어지는 〈예시2〉는 해당 쪽글을 읽고 독자 입장에서 소감을 남긴 쪽글이다.

예시 2 **독자 소감**

이 글을 통해서 내게 익숙한 물건들도 내가 인식하지는 못했지만, 결국 어떤 형태로든 나의 성격이나 취향이 녹아 있겠다는 생각을 하니 주변이 새롭게 느껴졌다. 사람의 주변을 보면, 가끔 그 사람이 어떠한 사람인지 느낌으로 먼저 알게 되는 그런 것처럼 말이다. 사람을 통해서 물건을 보지 않고 물건을 통해서 사람을 보는 시각에 대한 내용이 재미있는 주제라고 생각했다.

연초에 지인에게 선물 받은 다이어리에 감사의 인사 대신 열심히 사용하겠다는 말을 한 것이 부끄럽게도, 지금껏 내 다이어리는 완전히 방치되어 있다. 글쓴이처럼 다이어리를 직접 꾸밀 자신이 없다면, 성실하게 사용이라도 해야겠다는 생각이 들었다. 집에 가면 제일 먼저 다이어리를 찾아내 머릿속에 어렴풋이 남아있는 스케줄을 깔끔하게 정리해야겠다.

그래, 넌 주인을 잘못 만났구나. 미안.

글쓴이 역시 〈예시1〉의 주인공에 감탄하고 있는데, 거기서 그치지 않고 방치된 자신의 다이어리에 대해 잠시 반성하는 마음을 재치 있게 표현하고 있다. 짧은 쪽글이지만 서로 주고받는 가운데 따스한 교감이 이루어지고 있음을 충분히 짐작하게 된다. 가볍게라도 자신의 소감을 남기는 것이 글쓰기를 보다 발전시키는 소중한 훈련이 된다는 점도 아울러 기억해 두자.

글쓰기의 부담을 줄이는 효과

쪽글 형식을 연습하는 것은 자신의 생각을 담아내는 훌륭한 준비 작업이 된다는 점에서 의미가 크다. 글쓰기의 기본기를 점검하면서 글쓰기와 친해지는, 그래서 글쓰기에 대한 자신감을 회복할 수 있는 기회가 되기 때문이다. 다음의 〈예시3〉을 살펴보자.

예시 3 자립한다는 것에 대하여

최근 '자립형 백수'라 불리는 이들의 이야기를 담은 책을 흥미롭게 읽었다. 다양한 환경에서 지내던 그들이 자발적으로 백수생활을 시작하게 된 목적은 진정한 자아를 찾기 위해서라고 한다.

마치 맞지 않는 옷을 입은 채로 오래 지낸 것처럼, 이들은 이전의 삶이 불편했다고 이야기한다. 오히려 이전보다 수입도 없고 취업과 연계된 활동을 하지 않는 지금의 삶의 질이 높다고 느낀다는 그들의 인터뷰를 보면서, 진정으로 좋아하는 일을 찾아낸 사람은 '무엇에 홀린 듯이' 그 삶 자체를 즐긴다는 생각도 하게 되었다. 그들이 처음에 백수캠프로 오게 된 계기가 지금 내가 하고 있는 고민들과 너무도 흡사했기에 공감할 수도 있었다.

하지만 적나라하게 그려낸 백수의 일상을 보고 나니 역설적이게도 그들처럼 살고 싶지는 않다는 두려운 마음이 엄습했고, 취업에 대한 목적의식이 보다 분명해졌다. 행여나 내가 실패와 마주했을 때 근사한 말로 나 자신을 포장하고 남이 개입할 여지를 사전에 차단해 버릴까 봐 걱정이 되었기 때문이다.

백수캠프에서 스스로 밥 짓고 청소하는 모습은 자립심을 실천하는 현실적인 모습이라고 할 수 있겠지만, 그것이 몸에 익숙해져도 심리적으로 부모의 울타리를 벗어나지 못하면, 누군가의 경제적 지원을 여전히 받아야만 한다면, 결국 자립형 백수라는 그들의 결정도 현실에서의 도피로부터 나온 것이 아닌가 싶어 실망스러웠다.

그 곳에 있으면 자립심을 기를 수 있는 것은 사실이다. 하지만 취업에 대한, 경제적 자립에 대한 20대의 고민은 백수캠프에 들어감으로써 일시정지될 뿐이다. 자신이 마치 고민을 해결한 것 마냥 세뇌된 채로 남은 세월을 허비하게 되는 느낌이다. 일이란 사회로 들어가는 입장권이자 '나다움'의 표현이라고도 하지 않던가? 그래서 취업이라는 당면 과제를 해결하지 못한 채로 자립의 새로운 의미를 정의하는 것은 비겁한 일이라고 생각한다.

우리는 분명 당면한 문제를 외면하지 않고도 두 번째, 세 번째 의미의 자립심을 기를 수 있다. 인생이 100수라는 시야를 갖고 백수캠프에 있는 사람들의 느긋한 마음만을 본받아보자. 그것이 조급한 마음에 비겁해질 수도 있는 나 자신을 다시 한 번 되돌아 볼 수 있는 기회가 될지도 모른다.

〈예시3〉은 취준생의 입장에서 취업에 대한 불안과 자립에 대한 열망을 토로하는 글이다. 주제가 되는 부분이 취업과 관련되어 있다 보니, 그 어느 누구라도 생각이 복잡해질 것이다. 글쓴이는 하나씩 자신의 평소 생각을 끄집어내어 조각 맞추기를 하듯 글쓰기를 이어가고 있고, 결국엔 자기 나름의 결론을 내리는 데까지 이르고 있다.

흔히들 생각이 많으면 깔끔한 글쓰기가 어렵다고 하는데, 그렇다고 생각이 없으면 글쓰기는 아예 시작도 하지 못하게 된다. 오히려 다단하게 떠오르는 생각들을 이러저러하게 털어놓다보면 생각의 흐름도 정리되고 주제도 잡히면서 자신의 입장도 훨씬 선명해지게 될 것이다. 그런 점에서 쪽글 형식은 글쓰기에 대한 부담을 줄이면서 효율적인 글쓰기를 하게 하는 훌륭한 준비 작업이 된다.

다음의 〈예시4〉에서도 쪽글 쓰기를 통해 글쓰기의 부담을 줄이면서 자신의 평소 생각을 진지하게 털어놓고 있다.

예시 4 **삶에 대해 모른다는 것이 삶에 대해 제대로 이해한 것이다**

어릴 적 아버지의 사업 실패를 불씨로 하여 가정에 불화가 일어났을 때, 내 인생이 너무나 불행하게 느껴졌다. 그리고 그 순간이 영원할 것 같아서, 막연하지만 '내 삶은 계속 불행할 것'이라 확신 아닌 확신을 했었다.

하지만 그렇지 않았다. 불화가 휩쓸고 간 자리에 상처는 남았지만 결국 불화는 지나갔고, 상처만을 남기지는 않았다. 경제적인 면이 가장 힘들었지만, 모순되게도 그 덕에 나는 내 또래 아이들보다 경제관념이 일찍 생겼기 때문이다.

24세가 되던 해 집에서 독립할 수 있었던 것도, 불화가 키워준 생활력 덕분이었다. 어릴 때 내 삶은 불행할 것이라 확신했던 것과 달리, 지금 나는 바쁘지만 행복한 삶을 살고 있다. 그리고 나 자신이 자랑스럽고 대견하다.

이렇게 어릴 때 했던 확신들은 모두 깨졌고, 확신이 깨진 지금은 '삶에 대해 모르겠다고 느끼는 것이 삶에 대한 이해'라는 생각에까지 도달하게 되었다. 그렇다고 나이를 먹어간다고 해서 '삶에 대해 알아간다'라는 느낌을 받을 것 같지는 않다. 앞으로도 계속 '삶을 살아가는 것'일 뿐, 설령 불행한 일이 또 생기더라도 절대 예전처럼 좌절하지는 않을 거다.

어떻게 될지 모르는 내 삶이지만, 분명한 것 하나는 내 삶이 불행하지만은 않을 것이라는 것. 불행은 영원하지 않으니, 나는 행복을 찾아 끊임없이 노력할 것이다.

태도와 관점을 분명히 하는 연습

쪽글 형식의 특징이 발휘되는 지점 중 하나는 문제에 대한 태도와 관점을 분명히 하기 위한 준비 작업으로 매우 유용하다는 점이다.

글쓰기는 어떤 문제에 대한 태도의 표명이기도 하므로 자신의 입장이나 태도를 명확하게 보여주는 것이 좋다고 이야기한다. 태도가 분명하지 못할 경우 그 글은 일관성을 잃게 되기 때문인데, 일관성이 없는 글은 좋은 글쓰기의 조건을 충족시키지 못하는 셈이 된다.

그런데 어떤 주제이건 자신의 일관된 태도나 입장을 보여주기란 쉽지 않고, 더구나 글쓰기에서 일관성을 확실하게 보여주는 것도 어려운 일이다. 그런 점에서 쪽글 쓰기의 경험은 일관성을 보여주는 글쓰기 연습을 하는 데 매우 유익한 훈련이 된다.

그리고 이렇게 태도와 관점을 분명히 하기 위해서는 글쓰기를 잘하기 위한 기본적인 습관이 병행되어야 한다.

독서를 통한 글 읽기 훈련이 갖는 장점에 대해서는 이미 알고 있다. 다음의 〈예시5〉는 독서를 통해 축적된 지식을 활용하여 자신의 글쓰기에 주된 논리로 삼고 있다.

예시 5 개를 이용하는 범위, 어디까지?

개를 이용하는 범위를 두 가지로 분류하면 다음과 같다. 첫 번째 부류는 '개의 특성을 활용해 인간이 하기 어려운 일'에 이용하는 것이다. 인류와 개가 공존한다는 것은 이상과 현실에 차이가 있는데, 해당 공존관계에서 지적, 사회적 우위를 차지하는 인간이 개를 이용할 선택사항이 많은 것은 부인할 수 없다. 맹인안내견, 지뢰탐지견, 심리치료견 등과 같이 인간은 특수한 목적으로 개를 이용하기도 하는데, 이는 생물학적으로 서로 다른 종이 공생하는 데 있어서 인류의 지배력을 고려했을 때 허용될 수 있는 범위이다.

그에 반해, 두 번째 부류는 '생명존중에 반하여 윤리적 문제를 야기하는 일'로 개를 하나의 상품으로 인식하는 것에서 출발한다. 오늘날 투견이나 펫 팩토리와 같은 비인도적인 이용 예가 그것인데, 이러한 이용방식은 반드시 없어져야 한다. 이는 인류문명이 발전하며 동물과의 조화로운 공존에 대한 관심이 깊어지는 트렌드에 반하는 행위이다. 이러한 공존은 종에 관계없이 최소한의 윤리적인 보호라는 개념이 수반되어야만 하는 것이다.

'인간은 동물을 다스릴 권리가 있는 게 아니라, 모든 생명체를 보호할 의무가 있다.' 이는 영국의 동물학자인 제인 구달이 남긴 말이다. 그녀는 이를 통해 만물의 영장인 인류가 가져야 할 생명에 대한 책임감을 언급한다. 우리가 살아가는 세상은 '인류' 스스로의 힘만으로 유지할 수 있는 게 아니라는 점에서, 우리에게 있어서 인류와 다른 종과의 공존은 필수 불가결한 과업이라고 할 수 있다. 그리고 인간의 삶에서 개를 이용하는 범위를 줄이는 것이 그 출발점이 될 수 있다.

〈예시5〉의 글쓴이는 개를 좋아하는 입장에서, 사람과 개의 관계는 공생관계가 이상적일 것이지만 현재까지 인간은 다양한 수단으로 개를 인간의 삶에서 이용해오고 있음을 지적하고 있다. 이는 과거 개를 비롯한 동물을 이용하여 생존을 도모했던 인간의 속성과도 연결되는데, 오늘날에 와서는 이에 따른 이용 범위의 제한이 필요하다는 문제의식을 갖고 있다. 이에 개를 이용하는 목적에 따라 두 부류를 나누어 허용범위에 해당하는 사례 및 그 근거를 제시하고, 마찬가지로 허용되어선 안 될 부류에 대한 사례 및 근거 역시 제시하고 있다. 우리가 지향해야 할 것은 동물과의 공존이라는 점을 제인 구달의 이야기를 인용하면서 강조하고 있다.

완성된 글쓰기에 대한 소감으로 글쓴이는 원래의 구상에서는 키워드를 생명 존중에 맞추어 개를 생명으로 인식하여야 하는 당위성을 글에 드러내려 하였으나, 본문 구성에서 윤리적인 문제를 야기하는 일에 대한 근거를 논리적으로 들지 못한 점이 아쉬움으로 남는다고 하였다. 하지만 주제에 적합한 독서를 통해 내용을 보강한 것이 논리적 글쓰기의 기본 구성을 마련하는 데 큰 도움을 주고 있음을 칭찬하고 싶다.

독서와 병행하여, 사유에 대한 주목 역시 좋은 글쓰기의 습관으로 자주 강조되는 사항이기도 하다. 예를 들어, 다음의 〈예시6〉은 손해 보는 삶에 대하여 글쓴이가 치열하게 고민한 내용을 잘 담고 있는 글이다.

예시 6 **손해 보는 삶**

아무것도 하지 않으면 뒤처지는 것같이 느껴지는 이 세상에서는 내가 아닌 누군가를 위해 무엇인가를 하는 것마저 손해로 느껴진다. 나의 삶은 온전히 나만을 위한 삶이 되어야 한다. 뛰던 발걸음을 멈추고 주위를 돌아보며 살펴가기에는 시간이 너무나도 아깝기 때문이다.

모두들 그렇게 앞만 보고 달리면서 그래도 누군가의 선행이나 배려를 보고는 "당신 같은 사람이 있어 이 세상은 아직 살 만합니다."라고 말한다. 선행이 있어 세상이 살 만한 것이라면 나는 그 당신이 왜 '당신'이 되지 못하는 것인지 묻고 싶다. 모두가 '멋진 삶이다.', '본받을 만한 삶이다.'라고 입을 모아 말하지만 정작 다들 '시간이 없어서', '할 일이 많아서'라는 핑계를 대며 피해가기 바쁘다. '남이 하면 선행, 내가 하면 손해'라고 해도 과언이 아닌 것 같다.

나와 함께 같은 순간을 살아가고 있는 대학생 청년들에게 묻고 싶다. 진리의 상아탑에서 어느새 취업사관학교로 전락해버린 대학에서 학점만을 위해 공부하고, 취업만을 바라보며 상품에게만 붙이는 스펙을 자기 스스로에게 붙인 채 살아가는 삶은 과연 손해를 보는 삶이 아니냐고. 취업만 하고 나면, 내 집만 마련하고 나면, 먹고 살 만해지면, 그때 손해 보는 것을 고려해보겠다고 생각하는 삶은 너무나도 안타깝지 않으냐고.

사회가 우리를 이렇게 만들었다는 것을 완전히 부정할 수는 없지만 나의 1분이 낭비되더라도 누군가의 1분이 행복할 수 있다면 나는 기꺼이 손해를 보겠다. 이것이 나의 가치이기 때문이다. 우리는 어쩌면 너무나도 바쁜 일상 가운데 손해 보는 삶을 잃어버린 것은 아닐까. 조금 더 공부하고 조금 더 돈을 벌고 바쁘게 살면서 '나'만 보는 게 아니라 조금은 손해 보더라도 '너'를 바라볼 수 있으면 좋겠다. 그때에 결국은 서로가 서로를 바라볼 수 있기를, 강퍅한 세상 가운데 다같이 손해 보는 삶을 살아갈 수 있기를 소망해본다.

2. 쪽글 형식의 특징이 발휘되는 지점

(1) 완성도에 대한 체감지수 높이기

분량과 완성도의 상관관계

예를 들어, '이것이 바로 나'라고 말할 수 있는 물건이나 습관에 대해 글쓰기를 해야 하는 상황을 생각해보자. 다음의 〈예시〉들은 공통적으로 '타이핑'을 소재로 선택하고 있는데, 저마다 분량이 다양하고 글에 담긴 내용도 다채롭다.

예시 1 손글씨와 타이핑의 거리

손글씨와 타이핑의 거리를 따져볼 때, 내게는 손글씨보다 타이핑이 더 다가가기 쉬운 존재이다. 내가 무척 게으른 탓도 있긴 하겠다만, 손으로 썼을 때는 완벽한 문장을 완성해야 한다는 강박증이 슬그머니 들어오면서 힘들어지기 때문이다. 물론 타이핑의 경우에도 그럴 수 있지만, 손으로 쓸 때만큼은 아니다. 손글씨의 경우에는 그 지우는 행동도 매우 귀찮거니와 지운 만큼 다시 채워 넣어야 하는 회로(?)가 굉장히 번거롭고 어렵다는 생각에, 한번 쓴 부분은 절대로 수정하면 안 된다는 강박증이 도지는 것이다!

예시 2 게임으로 타자 실력 키우기

중학생이 된 첫 학기, 컴퓨터 과목의 중간고사는 HWP프로그램을 이용하여 타이핑을 하는 것이었다. 컴퓨터를 많이 다뤄보지 않은 나에게 선생님이 제시한 타자 속도에 맞추는 것은 하늘의 별따기와도 같았다. 아무리 연습을 해도 타자 속도는 좀체 늘지 않았고 결국 시험도 망치고 망신도 당했다.

그러다가 2학년이 되어 친구들과 게임을 시작하게 되었는데, 온라인상에서 친구들과 같이 즐기는 방식이어서 게임과 채팅을 동시에 해야 했다. 게임에만 너무 집중하면 친구들과 대화를 할 수 없고, 대화에 시간을 너무 많이 잡아먹으면 게임에서 유리한 고지를 점령할 수 없었다. 이 게임을 원활하게 할 방법은 오로지 타자 속도를 높이는 것뿐이었으니, 자연스레 엄청난 타자 연습에 매진하게 되었고 지금은 타자 속도를 자랑할 만하게 되었다.

돌아보면 그 게임 자체는 내게 전혀 도움 된 바 없지만, 게임 내 채팅이라는 요소는 타자 속도에 지대한 영향을 미친 셈이어서 벼락치기로 리포트를 써야 될 때마다 새삼 감사하게 된다고나 할까? 학교시험도 개선하지 못한 내 타이핑 실력을 온라인 게임이 만들어주었다니, 지금 생각해도 헛웃음이 나올 수밖에.

예시 3 타이핑의 추억

아주 오랜 시간동안 나와 일기 사이엔 아무런 접점이 없으리라 단정 짓고 살아왔다. 최근 들어 이것이 틀린 생각이었음을 뒤늦게 깨달았다. 자각하지 못했을 뿐, 나는 내 일상을 차곡차곡 기록해나가고 있었기 때문이다.

이러한 기록은 무슨 대단한 의도나 거창한 환경 속에서 이루어진 것이 아니다. 단지 내가 평소 즐겨 방문하던 인터넷 커뮤니티에서 다른 회원들과 의사소통하기 위해 대수롭지 않게 올린 글과 댓글들이 누적된 결과였다. 그렇게 하나둘씩 쌓여간 것이 오늘에 이르러 16000여 개에 달하니, 5년이라는 기간을 감안해도 결코 적지는 않은 숫자임이 분명하다.

수많은 글들을 하나씩 들춰보면 나조차도 기억하기 어려운 사소한 일상들이 어떤 식으로 자취를 남기고 있는지 그 모습을 생생하게 확인할 수 있다. 작년 5월 12일에는 무슨 옷을 입었는지, 재작년 5월 12일에는 어떤 과제 때문에 머리를 싸매고 있었는지와 같은 것들 말이다.

뿐만 아니라 당시 벌어졌던 굵직한 사건들에 대한 어린 나의 생각도 그대로 남아있다. 예컨대 18살의 나는 스크린쿼터에 대한 배우들의 시위를 배타적인 시선으로 바라봤었고, 수능 전날 밤 잠 못 이루고 새벽 4시까지 종종거리며 화장실을 들락날락하기도 했다. 주변사람에게 털어놓기 어려운 개인적인 속병으로 괴로울 때면 익명게시판을 찾아가 위로를 얻었다.

비록 큰 뜻을 품고 시작한 프로젝트도 아니고, 한 글자씩 정성들여 눌러쓴 손때 묻은 기록물도 아니지만, 이보다 더 나의 단면을 잘 보여주는 습관이 어디에 있을까 싶다. 아니, 단면을 넘어서 내 삶의 전반을 보여준다고 해도 무방할 것 같다. 단순한 타이핑에 불과하지만 이를 통해 조금만 시간이 지나도 잊어버리기 쉬운 사소한 기억들조차 두고두고 곱씹을 수 있는 추억거리로 남게 되니 말이다. 결국 일기쓰기를 꺼려하는 나에게 있어 일기의 역할을 대신하는 가장 유용한 습관이 바로 타이핑인 셈이다.

열거된 〈예시〉들을 보면, 저마다 자신이 말하고 싶은 바가 분명히 담겨있다. 글의 분량은 제각각이지만, 자신이 하고 싶은 이야기를 담았다는 점에서 〈예시〉들은 한결같이 소중한 글쓰기의 결과물이라 할 수 있다.

한 편의 글을 쓴다는 목표를 정했을 때, 처음부터 글의 분량이 반드시 길어야 하는 것은 아니다. 완성도는 분량에 상관없이 자신의 목표지점을 달성했을 때 얻어질 수 있는 지표일 수 있기 때문이다. 그런 점에서 쪽글 형식의 글쓰기 연습은 완성될 글의 분량에 대한 부담을 줄이면서 글쓰기와 친숙해질 수 있는 기회를 제공해준다.

체험과 관찰이 담겨있다면

쪽글 형식의 글쓰기 연습에서는 글쓰기와 친해지는 방법을 여러 가지 활용할 수 있는데, 앞서 소개한 것에 더해 체험과 관찰이라는 방법을 특히 강조하고자 한다. 자기를 드러내는 글쓰기, 자기 성찰의 글쓰기에서는 한 편의 글에 자신의 체험을 어떻게 접목시키고, 그에 대한 관찰 혹은 성찰을 어떻게 소화시키느냐에 따라 훨씬 더 좋은 글쓰기를 할 수 있기 때문이다.

다음의 〈예시4〉는 행복하게 사는 데는 돈이 필요없다는 말에 대하여 이의를 제기하고 있다. 의식주의 문제를 조목조목 짚어가며 인간답게 살기 위해 돈이 필요하다는 사실을 강변하고 있는데, 그 주된 근거는 다름 아닌 글쓴이의 자취 체험이다. 이를 통해 행복한 삶에 돈이 필요없다는 말이야 말로 피상적으로 둘러대는 허언이 아니냐고 역설하고 있다.

예시 4 **행복하게 사는 데는 돈이 필요없다구요?**

지난 학기, 나는 내 삶에서 최악의 생활고를 겪었다. 2n년이라는 짧은 삶을 살아오긴 했지만, 인생의 빈곤도를 수치화할 수 있다면 최고치를 갱신했을 것이라 확신한다. 시작은 안일한 자취결정이었다. 매학기 통학과 아르바이트를 함께 해오던 나는 지난 학기 sh공사의 희망하우징이라는 좋은 기회가 있다는 것을 알았고, 넉넉하지 않은 주머니 사정이라도 도전해볼 만하다 싶었던 것이다.

하지만, 결과는 보기 좋게 빗나갔다. 방학 때 아르바이트를 하며 모아둔 돈은 두 달째에 동이 났고, 보험도 실효위기가 와 여기저기 돈을 꾸고 부모님께 손을 벌릴 수밖에 없었다. 문제는 그렇게 하고서도 제대로 된 식사조차 힘들었다는 데에 있다. 쌀과 반찬을 집에서 조달한다고 해도 매일 한 끼에 천 원 이상 쓰는 건 고민되는 일이었고, 집에서 무언가를 해먹으려 해도 기본적인 조미료를 갖추는데 돈이 들어갔다. 취미생활은 사치, 친구들과의 약속은 당연하게도 미뤄졌고, 샴푸가 떨어져도 바로 구매하는 건 너무나 힘든 일이었다.

사람들은 이야기한다. 돈이 주인인 삶은 옳지 못하다고, 행복하게 사는 데는 돈이 필요 없다고. 그런데 좀 이상하지 않은가? 우리는 돈 없으면 아무것도 못하는 자본주의 사회에 살고 있고, 대다수의 사람들은 지금보다 더 많은 돈을 벌기를 바란다. 때문에 신문에는 자산관리 팁, 돈 모으기가 주요 주제로 다뤄지기도 하고, 서점 한 구역은 '부자 되기'를 다루는 책들로 꽉꽉 차있다.

사실 나도 그 대다수를 비난하는 입장이었다. '돈 좀 없으면 어때? 가족들이랑 친구들이랑 행복하잖아.' 아마 그 전까지 나에게 '돈을 추구하는 삶'이란 수전노가 되어 인면수심, 안하무인으로 '돈! 돈!'거리거나 펑펑 사치를 부리는 모습이었을 것이다. 그러나 그 대다수는 수전노도, 사치를 부리는 사람도 아니었다.

가끔 친구를 만나 점심을 먹고 카페에 가서 수다를 떠는 것이 어떤 이에게는 크게 맘먹어야 가능한 일이고, 이가 아프면 병원에 가는 것이 어떤 이에게는 아예 불가능한 일이 되기도 한다. 하루하루 숨만 쉬며 한 몸 누일 공간에만 있어도 돈이 필요하다.

사회보장이 충분해서 국가가 이런 걱정을 하지 않게 해주는 것도 아니다. 이런 사람들이 돈을 추구하면서 사는 것을 돈의 노예라고 비난할 수 있을까? 나는 적어도 이젠 그렇게 못할 것 같다.

이렇게 글쓰기의 출발점을 자신의 경험에서 찾는 것이 글쓰기를 수월하게 하는 방법이 되기도 한다. 무엇보다 글쓰기의 주제로 선택한 것에 대하여 자신의 입장을 분명히 정리할 수 있는 장점을 갖게 되어, 글쓰기 훈련에서는 태도와 관점을 분명히 하기 위한 준비 작업으로 권장되는 항목이기도 하다. 다음의 〈예시5〉도 자신의 고민을 소재로 삼아 짧은 글을 만들어가고 있다.

예시 5 낙타

> 어렸을 때는 항상 풍족하게 살았던 것 같다. 필요한 게 있다 싶으면 어느새 내가 가지고 있었다. 그 당시에는 특별히 돈이 들어갈 곳이 없어서 원하는 것이 생기면, 금세 용돈을 모아 사곤 했었다. 가지고 싶은 것, 원하는 것은 다 가질 수 있을 것이라고 생각했다. 아둔한 생각이었다.
>
> 그러나 성적은 달랐다. 조금씩 용돈을 모아 아파트를 살 수는 없는 것처럼 대충 공부해서는 내가 원하는 것을 배울 수 있는 대학에 가기 힘들었다. 차곡차곡 무엇인가를 쌓아서 계획하고, 준비하는 습관을 가지지 못했기 때문이었을 것이다. 그렇게 처음으로 조종사의 꿈을 접었다.
>
> 대학에 가서 애초에 가졌던 꿈과는 무관한 전공을 배우면서도, 계속 미련을 버리지 못했다. 이미 한 번 시기를 놓친 내가 선택할 수 있는 방법은 학비가 너무 많이 들었다. 지금의 형편에 맞지 않았다. 어려서부터 배워왔고, 귀가 아플 정도로 들어온, 인생에서 가장 중요한, 그리고 돈보다 귀중한 꿈과 비전은 돈 앞에서 좌절되었다.
>
> 지금, 마지막으로 내가 선택할 수 있는 것은 정말로 좁은 길이다. 성경에 보면 '이루어질 수 없을 정도로 정말 힘든 일'을 비유하기를 '낙타가 바늘구멍으로 들어가는 것과 같다.'라고 표현한다. 나는 지금, 한 번도 본 적 없는 낙타가 된 기분이다. 이 좁은 길은 정말 오랜 시간을 필요로 하고, 그것은 내 인생에 있어 오롯이 중요한 기회비용이다. 그 길이 너무나도 좁기에 성공 가능성도 희박하다. 그래서 돌아올 수 없는 강을 건너는 것이 아닌지 걱정이 된다.
>
> 타임머신을 타고 과거로 돌아갈 수 있다면 얼마나 좋을까…. 수백 번, 수천 번 생각해봤다. 돌아간다면 이렇게 살지 않았을 텐데, 내가 간절히 바라는 삶을 위해 노력할 텐데…. 하지만 현실은, 내 등에 있는 혹을 바라보면 너무나도 무겁고, 원통하다.
>
> 처음에는 내가 그토록 가고 싶던 그 때의 그 시절을 바로 '지금' 살고 있는 내 동생에게 하고 싶은 말을 쓰려고 했다. 인생이 네가 생각하는 것보다 쉽지 않다는 것과 그러니 미리 계획하고 준비하지 않으면 안 된다는 것, 그리고 정말 최선을 다하지 않고는 엄청난 후회를 안고 살아야 한다는 것을 말이다. 하지만 문득 미래의 내가, 지금의 나를 만난다면 무슨 말을 할지가 더 궁금해졌고, 오랜 시간 잠잠히 생각할 시간이 주어졌다.
>
> 그렇다. 낙타는 혹이 있기에, 사막을 가로지른다.

한 편의 글이라고 하기에는 다소 짧기도 하고 아주 치밀하게 잘 짜인 글이 아니기도 하지만, 이 글에서는 마무리 부분의 울림이 크고 여운이 길어 좋다. 바늘구멍으로 낙타는 들어가기 힘들다는 말처럼 글쓴이가 낙타가 된 기분이라는 표현은 매우 인상적으로 와 닿았다. 스스로 자신의 삶과 진로에 대해 제대로 고민하고 성찰했기 때문이며, 자신의 체험을 바탕으로 해결방법을 스스로 찾았기 때문일 것이다. 쪽글 쓰기에서는 이렇게 자신의 체험과 성찰을 담아 완성하는 것이 가능해진다. 그러니, 거창하지는 않더라도 가까이 있는 데서부터 글쓰기를 시작해보자!

(2) 다양한 글쓰기 워밍업의 기회

쪽글 형식의 글쓰기 연습은 다양한 글쓰기를 워밍업하는 기회가 된다는 점에서 유익하다. 다양한 자료의 조합과 활용을 통해 다양하게 참신하게 써보는 기회를 가져보고, 글쓰기와 더욱 친해지자.

이제 쪽글 형식을 연습한 사례를 살피면서 쪽글 형식의 특징을 체감해보기로 하자. 예를 들어, 다음과 같은 사진을 보고 한 편의 글쓰기를 해야 한다고 생각해보자. 어떤 생각이든 자유롭게 담을 수 있다. 자신 있게 도전해보자!

이런 쪽글, 어떤가요?(1)

첫 번째 쪽글 작업의 예시로 소개할 글은 다음과 같다. 이 글에서는 사진에서 제시된 "남길 시 벌금 백만 원"이라는 문구에서 아이디어를 얻어, "이 메모를 본 손님이 벌금이라며 백만 원을 준다면 주인은 과연 어떻게 대응할까?"라는 단순하면서도 흥미로운 주제로 구상을 하고 있다. 완성된 글을 살펴보면서, 각자의 소감을 메모해보자.

예시 1 **엉뚱한 상상**

'남기면 벌금 백만 원'이라는 경고문을 붙인 가게에 들어간다. 이 말은 손님들이 받아들일 때 통상적으로 남기지 말라는 의도로 읽히게 된다. 실제 식당 주인도 손님들이 잔반을 많이 남기는 것을 경계하거나 주의하고자 남기면 벌금을 받는다는 말을 써 붙였을 것이라고 생각한다. 그렇다면 '남기면 벌금 백만 원'이라는 말 그대로 돈을 내려고 하는 손님이 나타났다면 식당 주인은 어떻게 받아들이고 반응할 것인가? 가정을 해 보자. 말 그대로 '엉뚱한 상상'이다.

가장 일반적인 반응이라고 생각되는데, 만약 약간의 소심함과 그래도 손님이 왕이라는 마인드를 가지고 있는 식당 주인이라면, 이 평범하고 소심한 식당 주인은 돈을 정말 내겠다고 하는 손님이 나타났을 때 매우 당황할 것이라 생각된다. 더군다나 그는 백만 원이라는 큰돈을 내겠다고 할 사람도 없을 것이고, 정말로 그 돈을 받자고 벌금을 그렇게 크게 책정한 것이 아니기 때문이다. 이 식당주인은 손님이 진심인지 아닌지조차 파악하지 못하고 크게 당황해 돈을 받지 않겠다고 할 것이다. 정말 돈을 받을 생각이 아니었다고 오히려 손님에게 사정할지도 모를 일이다.

그렇다면, 만약 식당주인이 단순한 사람이라면 어떨까? 단순한 성격을 가진 식당주인이라면 '벌금 백만 원'을 써서 붙일 때도 단순하게 생각한다. 즉, 손님이 정말 백만 원을 낸다면 좋은 것이고, 안 낸다면 말고의 생각인 것이다. 따라서 손님이 돈을 주려는 상황에서도 단순히 '내가 벌금을 내라고 붙였으니, 저 사람이 내는 것'이라는 판단을 내린다. 단순한 성격을 가진 식당 주인에게 '꼭 벌금을 내야 해!'라는 식의 확실한 의도는 없다. 벌금을 내는 상황에서, 그저 손님 좋을 대로, 손님의 판단에 맡기는 것이다.

식당주인이 노련하다면 어떨지도 생각해보았다. 노련한 식당주인이라면 어떻게 이 상황을 자신에게 최대한 유리하게 만들지를 생각할 것이다. 만약 받는다면 가게 이미지의 손실이 우려가 되고, 안 받자니 돈이 아깝다! 주인은 이렇게 말할 것이다. '백만 원 넣어두셨다가 저희 가게에 백만 원 쓰실 때까지 찾아와주세요'라고. 이러한 능숙한 대처로 가게 이미지의 손실도 없고 단골손님도 확보할 수 있도록 할 것이다.

다른 상황으로는 이런 경우가 있을 수도 있다. 꽤나 장난스런 식당 주인의 경우다. 손님이 남긴 음식 값으로 백만 원을 건네려 하자, 그 역시도 매우 당황할 것이다. 이때 이 주인은 남겨진 김치를 쳐다보며, "에이, 남긴 음식이 얼마 되지않으니 반은 깎아드릴게요. 50만 원만 주세요."라고 장난기 가득한 얼굴로 이야기한다. 이 주인은 손님이 정말 남긴 음식값을 지불하려는 순수한 의도에서 돈을 주려는 것이 맞는지 정확히 알 수 없었기 때문에, 주는 돈을 온전히 받지는 못할 것이다. 다만 장난스럽게 이 상황을 모면하면서 굳이 준다는 돈을 모두 거부하지는 않는다.

식당 주인의 성격에 따라 이런저런 다양한 상황이 있을 수 있다. 남기지 말라는 의미로 붙여놓은 '남길 시 백만 원'이라는 안내문. 이 금액을 정말 받아야겠다는 의도로 붙인 것은 아니지만, 정말 주려고 하는 손님이 있다면 받지 않을 수도, 받을 수도 있다.

이 글에서는 네 가지 상황을 가정하여 소개했지만, 만약 당신이라면 어떡하겠는가? 이 엉뚱한 상상에 한번 동참해보자.

다음은 앞서의 〈예시1〉을 읽고 수업성원들이 남긴 소감들이다. 찬찬히 살펴보고, 나라면 어떻게 쓸까 고민하면서 좀더 완성도를 높일 수 있는 방법을 생각해보자.

예시 2 **독자 소감**

- '남기면 벌금 백만 원'이라는 문구에 대하여 '실제로 백만 원을 지불하는 손님이 나타난다면 어떨까?'라는 물음을 던진 부분이 재미있다. 이 글에서는 식당 주인을 네 가지로 나누어 각 유형별 대처자세를 다루었는데, 사람 성향에 따른 다양한 대응법을 유추한 것이 인상 깊었다.

- 첫 문단에서 너무 흥미를 잘 끌어주었다. 마지막에도 '당신이라면 어떻게 할지'의 의문이 마음에 들었다. 읽으면서 고개를 끄덕이게 되는 공감 부분도 많아서 재미있게 잘 읽었다.

- 도입부, 중심부, 종결부가 명확하게 나눠져 있고 글에 짜임이 있다고 느껴져서 좋았고, 글이 길지는 않지만 완성도 있게 느껴졌다.

- 물론, 벌금 100만 원을 받는 주인과 장난치며 50만 원을 받는 주인은 아무리 주인의 성격이 다양하다고 한들 장사하는 입장에서 현실적으로 존재할 수 있을까? 현실성이 떨어지는 부분도 있었다. 단순한 성격이라고 정말 반응을 저렇게 할까 하는 의구심이 들기도 했다.

- '남기면 얼마'라고 쓰인 것은 많이 봤지만 실제로 돈을 받거나 돈을 주는 경우는 거의 없는 것 같다. 그저 경각심을 가지고 조금 양을 조절할 뿐 진지하게 생각해본 적은 없는데 '엉뚱한 상상'이라는 이 엉뚱한 발상이 참신하고 재미있었다.

- 발상의 전환으로 인한 주제가 재미있고 참신하다. 또한 상황을 역으로 생각해보면서 주인이 써 붙인 문구가 진정성 없는 위협일 확률이 높음을 다시 한 번 생각해보게 되었다.

◆ 이런 쪽글, 어떤가요?(2)

앞서 살핀 〈예시1〉이 엉뚱한 상상을 발휘하여 흥미를 끌게 만든 소품이라면, 다음의 〈예시3〉은 '왜 음식물을 남기면 안 되는가'와 같은 문제제기를 실마리로 문제를 비판적으로 접근하고 있다. 글쓴이의 성향 차이를 읽어낼 수 있을 것이다.

예시 3 **음식을 남기면 안 되는 이유**

"음식 남기면 안 돼." 엄마가 말하고 아이는 묻는다. "왜요?" 엄마가 답한다. "저승에 가면 살아있을 때 남긴 음식을 먹이거든." 아이는 의아해 한다. "그럼 좋은 것 아니에요? 와아, 피자랑 초콜릿도 남겨야지." 엄마는 다시 답한다. "비벼 준대." 이 이야기는 만화의 일부분이다. 그렇다면 이야기 속 아이는 앞으로도 음식을 남겼을까?

아마 이전보다는 남기지 않기 위해 노력했을 것이다. 이러한 광경은 우리 곁에서도 쉽게 볼 수 있다. 음식을 남기려는 아이와 씨름하는 부모, 상상하기 쉬운 모습이다. 우리는 어렸을 때부터 이러한 교육을 받아왔다. 그래서인지, '남기지 말거라' 하시는 어머니가 옆에 계시지 않아도, '남기면 벌금'이라는 경고판이 없어도 음식을 남긴다는 것은 묘하게 우리를 찜찜하게 한다. 심지어 죄책감이 슬금슬금 올라오기도 한다. 왜 우리는 음식을 남기는 것에 이렇게 예민한 것일까? 무엇보다 '음식을 남기면 안 된다.' 이 말은 과연 모든 사람에게 해당하는 말일까?

사람들은 저마다 자신의 처지가 존재한다. 예를 들어 같은 밥상 앞에 있더라도 한 사람은 몸이 아픈 곳이 전혀 없고 건강할 수 있는 반면, 다른 한 사람은 위장병에 걸려 몇 날 며칠을 고생하였을 수도 있다. 이렇게 서로의 건강상태, 즉 처지가 전혀 다른 두 사람에게 모두 음식을 남겨서는 안 된다고 주장하는 사람들은 음식물 쓰레기를 처리하는 사회적 비용을 자신들의 주장의 근거로 삼는다. 하지만 반대로 음식을 억지로 먹었을 때, 그 사람의 건강에 이상이 생겨 병원신세를 지면서 발생하는 병원비 또한 생각해봐야 한다. 만약 음식물 쓰레기에 대한 처리 비용과 병원비를 비교했을 때 억지로 음식을 먹어치워 병원비를 지불한 것이 더욱 손해라면, 오히려 음식을 남기는 것이 합리적이고 현명한 선택이 될 것이다.

다음은 〈예시3〉을 읽고 수업성원들이 남긴 소감들이다. 찬찬히 살펴보고, 나라면 어떻게 쓸까 고민하면서 좀더 완성도를 높일 수 있는 방법을 생각해보자.

예시 4 **독자 소감**

- 위트 있는 도입부분이어서 인상이 깊게 남고, 서론에서 제기해야 할 의문에 대해 흥미롭게 제시한 것 같다. 시작 부분을 잘 한 것이, '비효율성의 측면'이라는 의도가 잘 들어가 있기 때문인 듯하다.

- 두 번째 단락에서 음식을 남기지 말자는 명제에 대해 의문을 가진 적이 없다고 기술했는데 도입부에서 아이가 "왜요?"라고 의문을 제기한 모습이 바로 나와 있어서 타당성이 떨어진다고 생각한다. 그러나 음식을 남기지 말라는 문구를 보고 비용과 도덕적 행위에 경각심을 부추긴다고 생각한 발상이 참신했다.

- 음식을 남기지 않는 것이 도의적으로 당연시되는 것에 대한 물음을 제시하는 것이 인상적이었고, 음식을 남긴 데에 따른 사회적인 비용 외에도 개인의 선호나 처해진 상황에 따라 음식을 남길 수도 있음을 말하는 부분이 논리적인 글인 것 같다. 음식 남기면 찜찜하다는 부분은 격하게 공감하고, 도덕적 행위에 경각심을 부추긴다는 말이 너무 와 닿았다.

- 음식을 남겨도 되는 이유에 대해 설명한 점이 흥미롭다. 도입부에 죽어서 남긴 음식을 먹는다는 예시도 재미있다. 그런데 왜 예민한 것인지 구체적 설명이 없다. 위염 환자의 예를 들었는데 분명 소비자 입장에선 합리적 선택이었지만 사회적으로 봤을 땐 음식도 남지 않았고 소비가 증진되어 경제성장에 도움이 되지 않았을까 싶어 논리적이지 못한 예시가 아닌가 싶었다.

- 음식을 남기지 않아야 한다는 압박으로 억지로 음식을 먹어야 하는 아이러니한 상황에 대해 글을 재미있게 썼다. 하지만 음식을 남기지 말라는 의미는 절대 억지로 먹으라는 의미는 아니라고 생각한다. 먹을 수 있는 만큼 먹고 편식하지 말자는 의미가 있을 수도 있을 텐데, 극단적인 연결이 아니었나 싶은 생각이 든다.

이런 쪽글, 어떤가요?(3)

다음의 〈예시5〉는 제시된 사진에서 '직접'이라는 말을 주목하고 있다. '물은 셀프입니다'라는 문구가 음식점에만 국한된 것이 아니라 우리 삶 가운데, 특히나 대학생활 가운데에도 깊이 스며들어 있다는 것을 느끼게 되어 소통의 부재와 이기주의 등을 야기하는 셀프문화에 대해 다시 한 번 생각해보자는 취지로 쓰게 되었다고 한다.

예시 5 물은 셀프입니다

'물은 셀프' 이야기를 들어보았는가? 어떤 사람이 음식점에서 종업원에게 물 한 잔만 달라고 하자 종업원이 '물은 셀프입니다.'라고 한다. 그러자 그 사람은 '셀프 한 잔 주세요'라고 답했다는 고전 만담이다. 이런 이야기가 나올 정도로 예전에는 '셀프'에 대한 개념이나 인식 자체가 희박했다. 하지만 시간이 흐른 오늘날에는 사람들이 '셀프'에 대해서 친숙해지기 시작하며 '셀프문화'라는 것이 형성되었다.

이러한 식당에서의 셀프문화는 장점과 단점이 동시에 나타난다. 먼저 장점으로는 눈치를 덜 보게 됨으로써 상대적으로 추가 주문을 위한 부담을 줄일 수 있게 된다. 또 자기가 직접 가져다 먹으니 빠르게 일을 처리할 수 있게 되면서 시간의 효율성 또한 증진된다. 반면 단점으로는 자기가 원하는 만큼 가져가다 보니 다른 사람을 생각하지 않는 도덕적 해이가 나타날 수 있고 이는 곧 이기주의로 연결될 수 있다. 또 이로 인해 낭비되는 것 역시 많아질 수 있다는 문제도 있다. 추가적으로 옛날에는 음식을 가져다주며 쌓을 수 있던 정, 인심 등의 모습이 많이 사라지게 될 것이다.

이런 장단점을 가지고 있는 셀프문화는 식당에서만 볼 수 있는 건 아니다. 언젠가부터 대학교에는 혼자 수업을 듣거나 혼자 밥을 먹고 혼자 공부하는 사람들이 많이 늘었다. 혼자 다니는 이유는 보통 '시간을 아끼기 위해서'다. 물론 셀프로 생활하는 것은 시간을 효율적으로 활용할 수 있는 방법이 될 수 있다. 하지만 대학생들 사이에서 밥만 같이 먹는 모임 같은 것도 함께 생겨난 걸 보면 셀프가 소통의 부재로 사람들을 외롭게 만들 수도 있다고 생각한다.

오늘날은 물만 셀프가 아니다. 고깃집 한편에 붙어있던 '물은 셀프입니다'라는 하나의 문구는 가랑비에 옷 젖는 줄 모르듯 어느새 우리 생활 가운데 깊숙이 자리 잡았다. 그러나 스스로 알아서 살아남아야 하는 셀프의 시대 속에서 우리는 결국 소통하는 법을 잊어버리고 혼자 살아가고 있는 것은 아닌가 싶다. 셀프문화는 이를 받아들이는 개인과 사회에서 동전의 양면처럼 얼마든지 뒤집어질 수 있다. '스스로 잘 살아보자'라는 개인주의를 가장한 '나만 잘 살고보자'는 이기주의로 살아가고 있는 것은 아닌지 다시 한번 되돌아보는 우리가 되었으면 좋겠다.

다음은 〈예시5〉를 읽고 수업성원들이 남긴 소감들이다. 찬찬히 살펴보고, 나라면 어떻게 쓸까 고민하면서 좀더 완성도를 높일 수 있는 방법을 생각해보자.

예시 6 독자 소감

- ‘셀프’라고 하면 스스로 일을 해내는 효율성의 측면으로 생각하는 경향이 큰데, 반대로 개인주의와 소통의 부재로 연결시켜 경각심을 주고 있는 점이 새롭다.

- 서론에서 ‘셀프 한 잔 주세요’ 이야기가 재미있다. 나에게는 셀프 문화가 익숙한데 이전 세대에서는 이런 이야기가 있을 정도로 낯설기만 했었다는 것을 처음 알았다.

- 셀프문화를 통해서 인간 사이에 소통이 원활하지 않을 수 있다는 내용에 공감이 갔으나, 대학생활을 효율적으로 하기 위해 혼자 행동하는 것을 예로 들고 있는 부분은 단순히 직접 한다는 셀프와는 어울리지 않아 보인다.

- 셀프문화와 혼자 다니는 문화를 과연 같은 선상에서 보는 것이 맞는가라는 의문이 들어서, ‘혼밥’과 셀프와의 논리가 다소 부족한 것이 아쉽다.

- 우리 사회에 녹아들고 있던 셀프 문화에 대해 짚으면서 생각을 할 수 있게 하는 재미있는 글 같다. 식당에서 시작하여 우리의 실생활까지 확장하는 게 흥미롭다. 개인주의에서 이기주의로 바뀌는 것에 대한 개연성은 본론에 잘 나타나는 것 같지만, ‘셀프문화’란 무엇인지 정확하게 짚고 시작했으면 좋겠다.

이런 쪽글, 어떤가요?(4)

다음에 제시하는 〈예시7〉의 경우에는 아예 글의 형식을 소설로 잡아서 흥미로운 스토리를 구상해내고 있는데, 완성도를 떠나서 이러한 자유로움을 허용하는 것이 바로 쪽글 형식의 매력이라 할 수 있을 것이다.

글쓴이의 구상의도를 정리하면 다음과 같다. 주인공 순옥 씨는 15년 전 아이를 낳자마자 집을 떠난 남편(장기 복역수)에 대한 애증을 지닌 채 혼자서 아이를 키우며 국밥집을 운영하는 어머니이다. 어느덧 아들이 15세가 될 무렵 아들은 어머니를 위해 ‘음식을 남기면 100만 원’이라는 글을 가게에 써 붙인다. 이 시기에 순옥 씨의 남편은 출소를 하게 되어 신분을 숨긴 채 순옥 씨의 국밥집을 찾는데, 그의 가족에 대한 미안함과 가족 앞에 나서기 부끄러운 마음을 100만 원이라는 돈에 투영시켜 표현하면서 '말로는 차마 표현하지 못하는 가족에 대한 사랑'이라는 메시지를 전달하고 싶었다고 한다.

예시 7 **순옥 국밥**

정오의 점심시간, 오전 업무를 마치고 주린 배를 부여잡은 직장인들이 콘크리트 빌딩 숲에서 우수수 쏟아져 나왔다. 그로부터 멀지 않은 곳엔 인적이 드문 골목길이 하나 나있었는데, 그 길의 끝엔 '순옥 국밥'이라고 적힌 투박한 간판의 국밥집 하나가 눈에 들어온다. 15년 전 남편과 이별한 이후, 지금껏 순옥 씨는 홀로 남겨진 어린 아들을 키우며 국밥집을 운영해 왔다. 오늘은 여느 때보다 일찍이 손님상에 내어놓을 음식 준비로 여념이 없는 순옥 씨였다.

"자, 됐다! 어무이, 와서 봐봐라! 내가 가게 안에 손님 보라고 써 붙여놨다! 남기면 백만 원! 이제 아무도 울 어무이가 담근 김치 깍두기 함부로 못 남긴다!" 어느덧 훌쩍 성장해 중학생이 된 아들의 대견스런 모습에 순옥 씨의 입가엔 옅은 미소가 번졌다.

국밥뿐만 아니라 하물며 김치까지도 제 손으로 직접 만들어야 직성이 풀리는 야무진 순옥 씨는 김치를 담그는 것으로 하루를 마감하곤 했다. "야야, 이제 김치 담그게 배추 좀 가져온나." 오늘도 김치를 담그기 위해 어머니는 손에 끼고 있던 옥반지를 빼며 나에게 말했다.

"어무이, 이 반지는 뭐고?" 매일같이 국밥 장사를 하는 어머니에게 작은 장신구 하나 없을뿐더러 관심조차 없는 어머니의 손에 항상 껴있는 옥가락지가 문득 궁금해져 어머니께 물어보았다. "뭐긴 뭐고, 옥가락지 아이가."라며 무뚝뚝하게 내뱉은 어머니는 문득 생각에 잠기셨는지 김치를 담그다 말고 옥가락지를 물끄러미 바라보았다.

"그거 니 애비랑 같이 맞춘 거다." 생각에 잠긴 채 어머니가 나에게 말했다.

"지 처자식 내버린 무정한 사람 같으니라고…" 한숨과 함께 혼잣말을 내뱉으신 어머니는 이내 정신이 드셨는지 김치를 마저 담그기 시작했다.

"야야, 쓸데없는 거 묻지 말고 거 김치통 좀 가져온나!" "알겠다. 이거 맞제?"

얼굴조차 모르는 아버지에 대한 물음이 가득했지만 원망과 슬픔이 섞인 어머니의 얼굴을 보고 나니 차마 물어볼 수가 없었다. 어머니의 말대로 처자식을 버리고 간 무정한 아비가 아니던가? 쓸데없는 생각은 그만 두고 어머니를 도와 내일 장사 준비나 마저 하고 일찍 잠이나 자야겠다는 생각이 들었다.

다음날 아직 점심을 먹기에는 이른 시각, 허름한 옷차림의 남자가 색이 바랜 모자를 푹 눌러쓴 채 식당으로 들어왔다. 얼핏 보아도 깊게 패인 주름과 모자 사이로 희끗희끗 보이는 은백색 머리가 대충 나이를 짐작케 하였다. 수염도 덥수룩하게 기른 남자는 잠시 걸음을 멈추고 몇 번 두리번거리더니 이내 손님이 없는 구석진 곳으로 발걸음을 옮겼다. 아들을 등진 채 잔뜩 움츠린 모습으로 앉아있는 남자를 본 아들은 무전취식의 걱정이 잠깐 들었지만, 그래도 손님이기 때문에 최대한 밝은 목소리로 주문을 받았다.

"돼지 국밥 하나 맞지요? 김치 깍두기는 저쪽에서 가져다 잡수소. 아, 남기면 벌금 백만 원이요." 알았다는 듯이 고개를 살짝 끄덕인 남자는 자리에서 일어났다. 반찬을 가지러 가는 듯 했다. 그리고는 반찬 앞에서 한참을 서성였다. 그 모습을 멀찌감치 뒤에서 지켜보던 아들은 불현듯 어제 일이 떠올랐다. 바로 어제 진상을 부린 남자 손님이 있었기 때문이리라. 그 진상 손님은 김치와 깍두기는 먹을 만큼만 담으라는 경고문을 봤음에도 분에 넘치게 가져다놓고는 결국엔 다 남기고 가버렸던 것이다.

'설마 저 사람도 진상이겠나?'라는 아들의 걱정은 이윽고 현실이 되었다. 남자가 손에 든 그릇에는 김치와 깍두기가 고봉밥마냥 쌓여있었다. 그 모습을 보고 미간이 잔뜩 찌푸려진 아들은 주방에서 국밥을 받아 남자가 앉은 테이블로 걸어갔다.

"국밥 나왔습니다. 반찬 남기시면 안 돼요." 기분 나쁜 듯이 약간은 신경질적으로 국밥을 내려놓았다. 아들에게 멋쩍게 고맙다는 표현을 한 남자는 국밥을 한동안 말없이 바라보았다. 그렇게 한참을 있다가 숟가락을 들어 국밥을 힘겹게 한 입 욱여넣었다.

"여전히 맛있네."라며 중얼거린 후 다시 숟가락을 놓고 깊은 생각에 잠겼다. 순간 눈시울이 붉어지는 것을 느낀 남자는 황급히 지갑에서 만 원짜리 한 장을 테이블에 꺼내 놓고는 "잔돈은 필요 없어요."라며 자리에서 일어났다.

"저기요." 아들은 앞치마를 벗어던지고 황급히 남자를 쫓아갔고, 나가려던 남자는 아들의 소리에 흠칫 놀라 제자리에 섰다.

"이거 김치 깍두기 남기시면 백만 원이라 분명히 말씀을 드렸다 아입니까. 지금 산더미같이 쌓아놓고 가시면 우짭니까! 저희 어무이가 담그신 건데 어무이가 보시면 얼마나 마음이 찢어지시겠습니까?"

남자는 말없이 백만 원 수표 한 장을 꺼내 아들의 손에 쥐어주었다. 그 손은 너무나 거칠고 딱딱하고 떨렸으며, 네 번째 손가락에는 '순옥'이라는 글자가 새겨진 옥가락지가 끼워져 있었다. 남자는 말없이 뒤돌아서 처량한 모습을 보이며 아들의 시야에서 사라져갔다. 아들은 얼굴이 굳은 채 순옥 씨에게 수표를 건넸다.

"어무이… 아부지 왔다 갔심더…" 수표를 받아든 순옥 씨는 손을 파르르 떨며 남자가 사라진 자리를 한참동안 바라보았다.

다음은 〈예시7〉을 읽고 수업성원들이 남긴 소감들이다. 찬찬히 살펴보고, 나라면 어떻게 쓸까 고민하면서 좀더 완성도를 높일 수 있는 방법을 생각해보자.

예시 8 **독자 소감**

- 등장인물 간의 대화가 현장감 있고, 감정묘사를 섬세하게 하여 글에 빠져들 수 있었다.
- 소설로는 짧은 글이라 할 수 있는데, 전달하는 메시지는 강한 인상을 남겨주었다.
- 옥가락지로 아버지임을 깨닫는 장면이 작위적인 것은 어쩔 수 없다. 아버지에 대한 감정을 형성하지 못한 점이 아쉽다고나 할까?
- 가정사와 백만 원을 연결지은 것이 흥미롭고, 말투가 일관성이 있어서 읽기 좋았다.
- 아버지의 미안한 감정이 잘 드러났다. 그래서인지 아버지는 왜 떠난 것인지 궁금하게 만드는 매력이 있는 글이다.
- 짧은 시간 내에 많은 분량을 쓴 것이 대단하다. 무엇보다 뒷이야기가 궁금하다.

3. 효율성을 높이려면

(1) 글쓰기에 친숙해지는 기초 다지기

글쓰기는 새로운 생각을 만들어가는 작업이라는 점에서 창조적인 행위라 할 수 있고, 머릿속의 생각을 지면에 옮겨 놓는다는 점에서 일종의 움직임의 과정이라 할 수 있다. 이를 이해하기 위해 우리는 한 편의 글을 만들어내는 기본 절차를 생각해보는 것이 필요하다. 물론, 상황이나 글쓴이의 성향에 따라 어느 과정을 먼저 하고 나중에 하는 순서의 차이가 있을 수는 있지만, 대개 한 편의 글을 만드는 과정은 〈예시1〉과 같은 순서로 진행되는 것이 보통이다. 그리고 이것이 가장 효율적인 글쓰기 과정이라는 데 대부분의 사람들이 동의하고 동감한다.

예시 1

구상 작업	● 쓸거리 찾기 ⇒ ● 주제 정하기 ⇒ ● 제목 붙이기 ⇒ ● 줄거리 마련하기 ⇒
초고 작업	● 문단 전개하기 ⇒
퇴고 작업	● 다듬어 쓰기 + ● 제목 다듬기

◆ 쓸거리를 찾는 방법

쓸거리란 글에서 다루고자 하는 소재나 제재 등 글감을 말한다. 쓸거리는 글을 쓰기 이전에는 대개 추상적이고 포괄적인 것에 머물러 막연한 느낌과 생각만을 갖게 되는 것이 보통이다. 하지만 글쓴이가 글의 주제나 목적을 정하게 되면 그에 따라 막연했던 쓸거리의 범위도 조정되고, 글의 주제나 방향에 맞는 구체적인 쓸거리로 윤곽을 잡아가게 된다.

'무엇(쓸거리)'을 가지고 '어떻게(시각과 발상)' 쓰는가 하는 문제는 글쓴이의 독창적인 사고와 세계관을 보여줄 수 있는 부분이다. 그러므로 대상에 대한 참신한 시각으로 개성적인 쓸거리를 마련하는 것이 중요하며, 아울러 자기만의 고유한 생각이 드러날 수 있도록 대상을 여러 각도에서 접근해보는 것이 필요하다.

한 편의 글을 쓸 때 구체적인 쓸거리를 찾는 방법은 여러 가지가 있을 수 있다. 가령 '친구'에 대해 글을 쓴다고 가정할 때, 우리는 '내 친구 인순이'와 같이 일상에서 흔히 보는 개인적인 인물 중에서 구체적인 쓸거리를 잡아낼 수 있지만, 최근의 사회면 뉴스거리에 관심 있는 글쓴이라면 '아파트 평수에 따라 친구를 골라 사귄다는 일부 어린이들의 사례'를 떠올릴 수도 있을 것이다. 다른 한편, 진정한 우정에 대해 심각한 고민을 하여본 글쓴이라면 '인간관계의 하나'로 친구와의 관계가 얼마나 중요한가를 이야기하는 쪽을 택할 수도 있을 것이다. 물론, 이러한 경우의 수 외에도 글쓴이의 취향이나 의도에 따라 얼마든지 새로운 쓸거리들이 가능할 것이다.

이 때, 쓸거리의 성격이라는 것을 주목하여 다음과 같이 세 가지로 조정하면 쓸거리 찾기의 막연함을 효율적으로 덜 수 있다.

첫째, 개인적인 경험이나 일상적인 사례에 의미를 부여하며 찾는 방법이 있다. 이는 쓸거리가 개인적인 차원에 속해있거나 일상생활에서 흔히 접할 수 있는 것임을 의미한다. 예컨대, 자신의 고유한 경험이나 습관, 가족이나 친구와 같이 사적 관계를 맺고 있는 인물, 또는 일상생활에서 흔히 접할 수 있는 사물이나 인물, 행위나 사건 등을 생각하면 될 것이다.

둘째, 사회적인 관심사나 시사적인 문제에 관심을 두어 정리하는 방법이 있다. 우리가 뉴스나 신문 기사를 통해 쉽게 접할 수 있는 것이 바로 시사성을 띤 쓸거리들이다. 정치적인 이슈나 도덕적인 논쟁거리들과 같이 사회적인 관심이 되고 있는 문제, 문화예술계나 교육계의 인물이나 연예인에 대한 것, 혹은 크고 작은 사건에 이르기까지 우리가 시사적인 관심을 쏟게 되는 것들은 참으로 많다. 시사적인 쓸거리들은 주제와 관련하여 시의적절한 것을 선택할수록 효과적이다.

셋째, 철학적인 주제에 초점을 맞춰 생각을 하는 방법이 있다. 예컨대 '인간다운 인간', '생로병사'와 같은 인간의 근본적인 문제들이나 '전인교육' 혹은 '민주주의'에 대한 견해, '아름다움'이나 '진리'에 대한 정의 등이 이런 범주에 속하는 쓸거리들이다. 또한 쓸거리를 무엇으로 택하건 간에 그것에 대한 원론적인 부분을 특히 주목해서 글을 쓸 때에도 해당된다. 가장 근본적인 문제를 주목하여 그에 시각을 맞춰 글을 쓰는 것은 힘이 들기는 하지만 진지하고도 치열하게 문제를 다룰 수 있다는 장점이 있다. 충분한 지식과 사색의 과정이 곁들여져야만 쓸거리를 제대로 소화해낼 수 있다는 점에서 철학적인 쓸거리를 가지고 글을 써나가기 위해서는 자칫 피상적인 논의에 흐르거나 추상적이고 현학적인 단어의 나열에 그치지 않도록 주의하는 것이 필요하다.

주제 정하기의 과정

주제란 한 편의 글이 나타내고 있는 가장 핵심적인 의미를 말한다. 쓸거리가 지닌 내용과 가치 중에서 글쓴이가 가장 초점을 두고자 하는 부분이며, 자신의 의도와 주장, 사고방식 등을 드러내는 부분이 바로 주제이다. 다시 강조하지만, '무엇(쓸거리)'을 가지고 '어떤 생각(주제)'으로 쓰느냐에 따라 글쓴이의 세계관이나 독창적인 사고가 드러날 수 있기에, 같은 쓸거리를 가지고도 자신의 의도와 주장, 사고방식에 따라 얼마든지 다른 주제로 글쓰기가 이루어질 수 있는 것이다.

주제를 정하는 과정을 일반화시키면 다음과 같은 모습이 될 것이다.

우선, 쓸거리에 대해 쓰고 싶은 중심내용을 생각한다. 아직까지는 구체적인 주제가 나올 단계가 아니지만 막연하게나마 쓰고자 하는 방향과 자신의 시각을 잡아두는 것이 주제를 정하는 첫걸음이다. 이를 위해서는 쓸거리를 중심으로 그것들을 둘러싸고 있는 여러 가지 가능한 생각들을 나열하고 정리하는 것이 필요하다. 예를 들어, '아름다움'에 대해 한 편의 글을 쓴다고 할 경우, 다음의 〈예시2〉와 같이 다양한 방면으로 의문을 제기하는 것은 주제를 정하는 것뿐만 아니라 가능한 생각들을 헤아려 깊이 있게 사고를 다지는 데에도 도움을 준다.

예시 2

– 무엇이 아름다움일까: 아름다움을 정의해본다.	정의
– 아름다움을 어디에서 찾을 수 있을까: 아름다움의 구체적 대상을 찾아본다.	대상
– 아름다움을 느낀 적이 있었나: 아름다움에 대한 체험을 돌이켜본다.	경험
– 아름다움의 반대편은 무엇일까: 추함에 대해서도 생각과 경험을 모아 본다.	역발상
– '아름다운 사람'이라고 할 때의 조건은 무엇일까: 실생활에서 가능한 사례를 찾아본다.	실제 사례
– 나는 과연 아름다운가: 자신의 경우로 적용하여 의문을 제기해본다.	자기반성

다음으로, 쓰고자 하는 글의 범위를 제한한다. 앞서 제기한 여러 가지 항목 중에서 글쓴이가 가장 관심을 갖고 있고 자신 있게 쓸 수 있는 항목을 선택한다. 이 때 자신의 능력과 글 쓸 분량을 아울러 고려하여 글의 완성도를 높이도록 배려하는 것이 필요하다. 예를 들어, 앞서 제기된 여러

가지 의문 가운데 다음의 〈예시3〉과 같이 택하였다면, 이제부터는 이에 대한 관심을 집중적으로 모아가는 것이 필요하다.

예시 3

- 무엇이 아름다움이며, 이를 어디에서 찾을 수 있을까?

그래서 강의실 건물 복도나 도시의 뒷골목, 기차역에 설치된 자동판매기에서 커피를 뽑아 마시며 잠시 휴식을 취하고 있는 사람들의 모습을 떠올리게 되었고, 이내 이들에게서 받은 느낌과 생각을 아름다움과 연결시켜 생각을 정리할 수 있게 되었다고 한다.

이 정도로 쓸거리에 대한 생각의 범위가 좁혀지고, 생각도 구체화되었다면 주제 잡기의 다음 단계로 넘어가도 된다. 주제잡기의 마지막 단계는 글의 초점과 시각을 선명히 드러낼 수 있도록 다음의 〈예시4〉와 같이 주제를 제한하는 것이다.

예시 4

- 아름다움은 열심히 사는 것이며, 자신의 일에 몰두하는 모습에서 찾을 수 있다.

덧붙여, 이렇게 범위를 제한하여 주제를 정했으면 다음의 〈예시5〉와 같이 문제의 범위를 구체화하고 자신이 말하고자 하는 핵심적 내용을 집약해 나타내주는 어휘나 문구를 생각해보는 것도 유익할 것이다. 이러한 어휘나 문구가 글을 이끌어나가는 데 중심이 될 수 있기 때문이다.

예시 5

- 삶의 치열한 한복판에서 갖는 커피 한 잔의 여유
- 바쁠 때 잠시 쉬며 마시는 커피 한 잔은 아름다운 문장의 쉼표 같은 느낌을 준다.
- 열심히 산다는 것은 정말 아름다운 일이다.

제목 붙이는 방법

제목은 글의 다른 부분에 비해 길이가 상대적으로 짧다. 그렇기 때문에 자칫 사소하거나 미약한 부분으로 취급할 여지가 크고, 아무렇게나 붙여버리는 경향도 있다. 하지만 제목은 그 글이 완성된 한 편의 글이 될 수 있게 만드는 요소라는 점에서 매우 중요하다. 글을 읽을 때 맨 처음으로 접하게 되어 그 글의 첫인상에 영향을 주기도 하지만, 무엇보다 글의 내용을 이해하는 데 필수불가결한 요소가 되기 때문이다.

제목 붙이는 방법을 간략히 정리하면 다음과 같다.

먼저, 쓸거리나 주제를 직접 드러내는 방법이다. 가장 흔하게 쓰이는 이 방법은 '글쓰기의 좋은 점', '짝사랑 예찬', '새로 쓰는 사랑이야기', '제주도를 다녀와서', '분배정의의 실현, 금융실명제', '살림, 아무나 하는 일 아니다' 등의 예와 같이 글의 주제나 쓸거리, 글의 목적 등과 관련된 부분을 제목으로 삼는 경우이다.

직접적인 제목의 범주에는 쓸거리나 주제, 나아가 주제문을 직접 인용하는 방식도 포함된다. 인물명(홍국영, 연산군, 순이 삼촌)이나 지명(남해 금산, 동두천, 지리산, 태백산맥), 또는 사물의 명칭(화엄경, 동의보감, 꽃신, 개미)을 그대로 제목으로 삼는 경우는 매우 흔하다. 또한 '우리들의 사랑, 우리들의 분노'와 같이 사랑과 분노라는 두 단어를 제목에서 내걸어 글쓴이의 생각과 입장을 집약적으로 나타내주는 경우도 있으며, '가끔은 주목받는 생이고 싶다', '세계는 넓고 할 일은 많다'와 같이 주제를 강하게 압축한 멋진 문장을 곧바로 제목으로 내걸기도 한다.

다음으로, 쓸거리나 주제를 비유나 암시의 방법으로 간접적으로 나타내는 경우이다. 이는 '떨림', '입 속의 검은 잎', '서있는 여자', '추락하는 것은 날개가 있다' 등과 같이 쓸거리나 주제를 암시적으로 비유해서 나타내는 방법이다. 간접적인 제목은 읽는 이로 하여금 이런 제목이 과연 어떤 것을 이야기하고 있는 것일까 하는 흥미와 관심을 불러일으키고, 그 글을 다 읽고 난 이후에는 '아, 그래서 그렇구나'라는 확인을 함으로써 더욱 인상적으로 글 읽기를 마칠 수 있게 하는 묘미가 있다.

이 방법은 암시의 정도나 은유의 수준에 따라 매우 다양하게 나타난다. 예컨대, '바람의 넋'(오정희)은 바람이란 것이 흔히 역마살이 낀 사람을 연상케 한다는 점에서 소설 속 주인공의 심리를 나타냈으리라는 예상을 하는 것이 수월해 보이지만, '바람이 바람 불러 바람 불게 하고'나 '새들도 세상을 뜨는구나'는 그 글 전체를 읽지 않고는 제목의 의미를 제대로 예상하기가 쉽지 않기 때문이다.

그러므로 일상적인 글쓰기에서는 비유나 암시의 정도가 과해지는 것은 피하는 것이 좋다. 비유나 암시의 정도가 심하여 지나치게 기발한 제목을 붙일 경우 참신성은 극대화되겠지만 제목의 역할을 제대로 수행하지 못하여 역효과를 내는 경우도 생긴다. 제목의 역할은 무엇보다도 글에 대한 정보를 제공하는 데 있기 때문이다. 또한 학술적이거나 논리적인 성격이 강한 글의 경우에는 암시적인 제목이 어울리지 않기도 한다.

어느 방향으로 제목을 붙이건 효율적인 제목 붙이기가 될 수 있도록 다음의 4가지 사항을 기억하기로 하자.

첫째, 글이 무엇에 대해 썼는지를 제시할 수 있어야 한다. 제목은 그 글의 내용을 음미하여 가장 요령 있는 짧은 말로 그 글을 대표할 수 있는 말을 붙여야 한다.

둘째, 글에 대한 흥미를 불러일으켜야 한다. 내용의 지나친 암시도 좋지 않고, 포괄력이 부족한 것도 바람직하지 못하다.

셋째, 제목은 가능한 한 간단하게 붙이는 것이 산뜻한 느낌을 준다. 제목은 완전한 문장이기 보다는 완전한 문장의 어느 '부분'이라고 생각하면 제목 붙이기가 보다 수월해질 것이다.

넷째, 완성된 글의 무게에 맞게 어울리는 제목을 고르는 것이 중요하다.

(2) 문단 구성의 기본 익히기

문단 개념이 중요한 이유

글이 몇 개의 작은 이야기로 이루어졌을 때 그 작은 이야기 하나하나를 대표하는 것이 바로 문단이다. 모든 문단은 하나의 주요 생각과 그 주요 생각을 뒷받침하거나 보다 구체적으로 설명해 주는 요소들을 중심으로 전개된다. 그래서 '문단은 하나의 사고단위'라고 하기도 한다. 따라서 문단 그 자체는 홀로 존재하든 글 전체의 부분으로 다른 문단들과 연결되어 존재하든 독립된 완결성을 지녀야 한다.

문단은 이처럼 글을 구성하는 중요한 요소이므로 글을 쓰면서 문단을 염두에 두지 않는 일이란 있을 수 없다. 글을 몇 개의 문단으로 만들 것인가, 한 문단의 크기는 대개 어느 정도로 할 것인가, 이 문단에는 어떤 내용을 담고 저 문단에는 어떤 내용을 담을 것이며, 또 서두 문단은 어떻게 꾸밀 것인가 등을 충분히 고려하지 않고서 글을 쓰기란 어렵기 때문이다. 말을 바꾸면 문단 하나하나를 바로 만들지 않고서는 좋은 글을 얻을 수 없다는 의미로, 그만큼 글과 문단은 끊으려야 끊을 수 없는 긴밀한 관계에 있다.

따라서 글 전체와 관련시켜 보면, 문단은 글을 전개하는 기본 단위라고 할 수 있다. 글이 몇 개의 작은 이야기로 이루어졌을 때 그 작은 이야기 하나하나를 대표하는 것이 문단이라는 점에서, 문단은 어떤 통일된 이야기를 기준으로 토막낸 글의 단위가 된다. 문단은 글의 측면에서 보면 전체를 적당한 부분으로 분할하는 방법, 즉 주제를 뒷받침하는 논점이며 재료를 배열하는 수단이라 할 수 있다.

문단을 나누는 이유

전형적인 문단은 하나의 소주제와 그 소주제를 중심으로 뒷받침문장들이 모여 성립한다. 다시 말하면 문단은 소주제 하나로만 성립하지 않고 그 소주제문을 구체화하고 뒷받침하는 문장들로 구성됨을 기본적인 틀로 한다. 문단을 나무라 한다면 소주제문은 줄기에, 뒷받침문장을 잎에 비유할 수 있다. 가지가 있고 잎이 있어야 나무 모습을 갖추듯이 소주제문으로 대표되는 중심생각을 확대하고 구체화하는 세부적인 이야기들이 덧붙어야 비로소 문단의 모습을 갖추게 된다.

이렇게 만들어진 한 문단마다의 시작은 행을 바꾸면서 동시에 들여쓰기를 하는 것으로 표시된다. 즉 행갈이를 한 후 한 글자 정도를 오른쪽으로 들여놓음으로써 자국을 남겨 앞 행과 구별한다. 이러한 문단표시 방법은 글에 무리한 변형을 가하지 않으면서 앞 행의 내용과 또다른 하나의 중심생각이 펼쳐질 것을 시각적으로 나타내는 것이다.

이렇듯 문단을 구분하여 표시하는 것은 한 단위의 사고 내용을 다른 사고 내용과 구분해 놓음으로써 글 전체의 구성관계를 명확히 보여주는 구실을 한다. 또한 새 이야기가 시작된다는 것을 시각적으로 알려 독자로 하여금 마음의 준비를 하도록 하는 구실도 한다. 즉 한 번도 행이 바뀌지 않았을 때 느낄 지루함과 혼란을 덜어주어 글의 내용을 좀 더 명료하게 이해하도록 하기 위한 방법인 것이다.

문단이 제대로 이루어지기 위해서는 이런 형식적 표시와 내용이 잘 어울려야만 한다. 내용을 충분히 펼치지 않은 채 행갈이와 들여쓰기를 자주 해 문단을 잘게 쪼개놓는 것은 형식만 좇고 내용을 갖추지 못하는 실수를 하는 것이다. 반면 충분히 펼쳐진 내용을 쪼개지 않고 이어놓는 것은 내용에 맞는 형식을 갖추기에 소홀하다는 흠이 있다. 한 번 들여쓰기를 할 때마다 그 문단의 소주제가 충분히 다루어지도록 하는, 즉 형식과 내용을 일치시키는 노력이 필요하다.

예를 들어, 다음의 〈예시1〉도 짧은 분량의 글이어서 한 문단으로 만들어도 무방하다 느껴지지만, 실제 가독성을 높이려면 두 개의 문단으로 나누어주는 게 훨씬 효율적이다. 어느 지점을 기준으로 하면 좋을지 생각해 보자.

예시 1

신문은 인간 세상에서 실제로 일어나는 모든 일들을 담고 있다. 즉 신문은 인간의 삶이 담긴 가장 보편적이고 대중적인 일일 역사서이다. 그러므로 신문만 잘 읽어도 인간 세상의 굵고 자잘한 일들을 이해하기 위한 기초적인 배경 지식은 충분히 얻을 수 있다. 이러한 배경 지식은 자신이 소속된 사회의 구성원으로 살아가는 데 필요한 최소한의 공통 지식이며, 다른 읽을거리들을 충분히 이해할 수 있도록 도와주는 기반 역할을 해준다. 또한 신문에는 세상을 바라보는 다양하고 깊은 시각이 배어있다. 신문은 나름대로의 시각으로 선택 배열된 기사들을 통해서 세상을 먼저 읽어주기 때문이다. 따라서 신문을 주의 깊게 읽으면 세상을 읽는 시각과 방식을 배울 수 있고, 이는 곧 읽는 방식 자체를 배우는 수준 높은 읽기가 된다.

문단의 크기를 결정하는 요인들

문단의 길이는 그 안에 포함된 주제에 따라 다양하다. 문단의 내용이 단순할 경우에는 문단의 길이가 짧고, 그 내용이 복잡할 경우에는 문단의 길이가 길어진다. 문단의 길이가 너무 짧을 경우에는 주제를 충분히 다룰 수 없고 너무 긴 경우에는 여러 문단으로 나누어야 할 내용을 포함하게 되는 경우도 있으니 주의해야 한다.

문단의 길이는 글의 성질에 따라 다소 차이가 있다. 글의 내용이 쉽고 가벼운 것이라면 그 길이는 비교적 짧다. 수필이나 소설, 잡지글 등이 이런 부류의 글로, 이런 글의 문단은 평균 50-150단어 정도이다. 반면 글의 내용이 학술적이고 전문적인 것이면 문단은 더 길어진다. 논술문이나 설명문이라면, 글의 성격상 소주제를 더 철저히 깊이 있게 다뤄야 하기 때문이다. 이런 글의 길이는 평균 150-200단어 정도이다. 200자 원고지로 3장에서 4장 정도가 되는 것이다.

독자층에 따라 문단의 길이가 달라지기도 한다. 대부분의 글은 일반적인 독자를 예상하기 마련이지만, 동화나 연설문을 쓸 경우에는 그 글을 읽을 독자의 나이나 교육 정도를 생각하지 않을 수 없다. 나이 어린 독자를 상대로 하는 글을 쓸 경우, 그들이 쉽게 싫증을 내고 복잡한 사고를 하지 못한다는 점을 고려하면서 글을 쓰게 된다. 그에 따라 문장의 길이뿐만 아니라 문단의 길이도 짧아지게 된다. 연설문도 특히 그 글이 대상으로 하는 독자의 기호나 수준에 알맞은 문단 나누기를 할 때 훨씬 효과적이다.

무엇보다 문단의 길이는 글 전체에서 그 문단의 내용이 차지하는 비중에 맞게 조절돼야 한다. 한 문단이 그 자체로 아무리 완벽하게 잘 쓰였다 해도 글 전체와의 관계에서 그 문단이 지나치게 비대하다면 오히려 역효과를 낼 수도 있다. 따라서 각 문단을 짤 때, 그 문단의 내용에 걸맞게 길이를 조절해야 한다는 점도 잊지 말아야 한다.

문단을 펼치는 원리

앞서 한 문단은 소주제문과 뒷받침문장으로 이루어졌다는 점을 지적했다. 그렇다면 이 두 요소에 해당하는 문장들이 서로 뒤섞여 있으면 자연스레 하나의 문단이 되는 것일까. 그렇지는 않다. 각 문장들이 모여 제대로 된 하나의 문단을 이루기 위해서는 그 각 문장들의 내용과 위치가 문단과의 관계에서 개연성 있게 설정되어야 하고, 그 문장들에 의해 짜인 한 문단은 문단 나름의 요건을 갖추어야 한다.

이제부터 검토할 문단을 펼치는 원리는 대체로 한 편의 글에서 문단과 문단을 엮는 원리로도 확대할 수 있는 것들이다. 특히 통일성과 일관성, 연속성의 요건은 한 문단을 짜는 원리이면서 동시에 한 편의 글에서도 꼭 지켜야할 중요한 사항이므로 확실히 정리해두는 게 유익하다.

첫째로 강조할 점은, 한 문단 안에 쓸 만큼만 대상의 범위를 제한하되 너무 큰 범위를 택하지 않도록 한다는 것이다. 하나의 문단은 그 문단에서 소화할 수 있는 정도로 논의 대상을 제한해야 한다. 한 문단으로 쓰기에 지나치게 큰 주제를 잡았을 경우, 자세하고 구체적인 설명이 뒤따를 수가 없어 용두사미 꼴이 되기 쉽다. 소주제가 설득력 있게 전달되지 않는다면, 그 소주제가 아무리 의미 있는 것이라 해도 소주제로 대접받기가 힘들다. 따라서 자신이 충분한 뒷받침을 할 수 있는 생각이 소주제가 되어야 하며, 또 그렇게 되도록 문단의 내용을 설정해야 한다.

둘째, 한 문단을 제대로 펼치기 위해서는 통일성의 요건을 지켜야 한다는 점이다. 여러 문장을 하나의 중심생각이 드러나도록 묶는 것이 통일성의 요건이다. 따라서 통일성이 없으면 각 문장들은 생각들의 단편일 뿐, 하나의 중심생각으로 환원되지 못한다. 그러므로 한 문단이 통일성을 유지하려면 내용의 측면에서 통일성의 요건을 깰 이야기를 그 문단에 포함시키지 말아야 한다. 글을 쓰다보면 내친 김에 또는 버리기가 아까워 통일성을 깰 이야기까지 한 문단에 포함시키는 경우가 생기는데, 이를 버리는 용기가 필요하다.

문단의 통일성은 행 바꿈을 잘못하여 깨어지는 수도 많다. 내용 전개상 마땅히 한 문단으로 묶어야 할 것을 나눠놓아, 글 전체의 관점에서 보면 문단 나누는 기준의 통일성이 깨어지는 경우가 있다. 내용이 비록 하나의 소주제에 따라 통일되어 있더라도 그에 따른 형식을 갖추지 않으면 그 내용을 효과적으로 전달하지 못하게 된다.

셋째, 문단은 일관성이 있어야 한다는 점이다. 일관성이란 앞뒤의 내용이 논리적으로 이어짐을 뜻한다. 하나의 문단은 소주제와 그것을 설명해 주는 뒷받침문장들이 일정한 순서를 가지고 논리적이고 명료하게 상호 연관되어 있을 때 일관성을 가졌다고 할 수 있다.

통일성이 갖춰졌다고 해서 일관성이 보장되는 것은 아니다. 비유컨대, 온갖 책들이 함부로 쌓여있는 것은 통일성도, 일관성도 없는 상태이다. 이들을 분야별로 구분해 놓는다면 각각은 통일성을 달성했다고 볼 수 있다. 그러나 이들 각 분야의 책이 무질서하게 모여 있다면 일관성은 결여된 상태이다. 출판연대 순서나 가나다 순서 등 일정한 질서를 가지고 정돈되어 있을 경우 비로소 일관성이 달성되는 것이다. 이런 관점에서 다음의 〈예시2〉를 살펴보자.

예시 2

수필은 수필가의 생활이 곧 소재다. 수필가는 자기의 생활을 소재로 수필을 쓴다. 그러면 모든 생활이 다 수필이 되는가? 그럴 수는 없다. 아무거나 생활이면 다 수필이 될 수는 없다. 우리의 생활이라는 것이 그지없이 사소하고 하찮은 것 투성이가 아닌가? 특별한 생활이면 수필의 소재가 된다. 그러나 특별한 생활을 영위하는 사람만이 수필을 쓸 수 있다는 말은 아니다. 하찮은 생활의 더미 속에서 값진 것을 발견해내는 밝은 눈이 있으면 된다. 금괴가 그대로 굴러있는 노천금광은 그리 흔하지 않다. 대부분의 금광은 땅 속 깊은 곳에 있다. 깊은 땅 속을 뚫고 들어가 바위에 싸라기처럼 박힌 금싸라기를 쪼아 내게 되어 있다.

넷째, 문단은 연속성이 있어야 한다는 점이다. 연속성이란 각 부분들의 연결이 매끄럽게 연결되는 것을 의미한다. 이 연속성을 나타내기 위해서는 이음말을 적절하게 사용하는 방법과 앞 문장의 어떤 단어나 한 구절로써 새 문장을 시작하는 방법, 다른 장치 없이 논리적인 배열만으로 긴밀한 연관관계를 보여주는 방법 등이 있다.

다섯째, 소주제와 관련 있는 내용이 중심이 될 수 있도록 중요한 내용을 비중 있게 서술하려는 균형 감각이 필요하다는 점이다. 글을 쓰다 보면 하고 싶은 이야기를 이끌어내기 위한 도입부를 따로 두게 되는 경우가 있다. 그런데 다음의 〈예시3〉에서처럼 도입부를 자세하게 서술하느라 자칫 해야 할 이야기를 놓쳐버리는 경우, 그 도입부가 아무리 훌륭하다고 해도 글 전체와의 관계에서 보면 없느니만 못한 꼴이 되고 만다.

예시 3

나는 일 년 전쯤에 아주 끔찍한 교통사고를 목격했는데, 그것은 그야말로 내 생애 가장 비참한 경험 중의 하나였다. 나는 방학을 맞아 부산에 있는 친구에게 가는 길이었다. 오전 10시에 터미널을 출발한 고속버스는 마침 퍼붓기 시작한 소나기를 맞아가며 시속 100km 정도로 달리고 있었다. 나는 대학생이 되어서 처음 맞이한 여름방학을 어떻게 보낼까 하는 궁리로 매우 즐거웠다. 부산에 도착하면 나를 맞아줄 친구와 여러 곳을 여행하며 나에게 주어진 자유의 시간을 만끽하리라 생각했다. 그런 나의 기분을 알고 있듯이 고속버스 안내양이 틀어놓은 라디오에서는 흥겨운 노랫소리가 흘러나오고 있었다. 그런데 갑자기 금속성 물체끼리의 거대한 충돌이 일어난 것이었다. 유리가 깨지고 사람들의 비명소리가 들렸다. 사고를 목격한 나는 부산에서의 즐거운 계획을 까맣게 잊게 되었다.

(3) 좋은 문장의 토대 갖추기

문장 배열의 순서를 명확하게 해주기

문장 성분을 제대로 갖춰 온전한 문장을 만드는 것도 중요하지만, 이들 성분을 순서에 맞게 잘 배열하는 것도 중요하다. 문장 성분의 위치가 잘못되면 의미를 파악하기 어려울 뿐 아니라 오해를 불러일으킬 수 있으므로 단어나 구절을 적절한 곳에 두어야 한다.

다음의 〈예시1〉을 살펴보고, 고칠 부분을 찾아보자.

예시 1

1	제가 말씀드린 문제에 대한 솔직하고 냉정한 교수님의 답변을 부탁합니다.
2	시민들이 사고로 숨진 희생자들을 추모하기 위해 건물 외벽에 포스트잇을 붙여놓으며 애도를 표시하고 있다.
3	한류 열풍을 타고 한국 드라마가 일본 · 중국 · 다낭 등에서 인기를 끌고 있다.

1번의 경우, 수식어는 수식되는 말 가까이에 두는 습관을 가지면 해결되는 문제이다. 글의 흐름상 수식어는 바로 뒷말을 꾸미는 것으로 받아들여지므로, 수식어가 피수식어와 멀리 떨어져 있으면 엉뚱한 말을 꾸미는 것으로 인식되어 전혀 다른 의미로 해석될 수 있다.

2번의 경우, 주어와 서술어는 너무 멀지 않게 되도록 길이를 조절하는 습관을 가지면 해결된다. 긴 수식어 때문에 수식 관계가 복잡할 때는 그 부분을 독립시켜 문장의 앞부분에 위치하도록 조정하면 좋다.

3번의 경우, 단어를 나열할 때는 같은 성격을 유지해야 한다는 원칙을 지켜주면 되는 문제이다. '한국 · 일본 · 중국'에서처럼 국가를 나열할 때는 국가만 나와야 하고, '서울 · 도쿄 · 베이징'에서처럼 도시를 나열할 때는 도시만 나와야 한다. 이 둘이 섞이면 문장 성분이 유기적으로 관계를 맺지 못한다.

이러한 조언을 받아들여 다듬어 고친 문장을 보이면 다음의 〈예시2〉와 같다.

예시 2

1–1	제가 말씀드린 문제에 대한 교수님의 솔직하고 냉정한 답변을 부탁합니다.
2–1	사고로 숨진 희생자들을 추모하기 위해 시민들이 건물 외벽에 포스트잇을 붙여놓으며 애도를 표시하고 있다.
3–1	한류 열풍을 타고 한국 드라마가 일본 · 중국 · 베트남 등에서 인기를 끌고 있다.

호응의 관계를 분명하게 해주기

첫째, 주어와 서술어의 호응관계를 분명하게 해주는 것이 필요하다. 다음의 〈예시3〉을 살펴보자.

예시 3

1	성탄절에 어린이들이 가장 원하는 선물은 최신형 게임기를 받는 것이다.
2	가장 더운 곳은 서울에서 기온이 38도까지 올랐다.
3	명지문구는 올해 15억 원의 예산을 들여 타당성 조사 등을 마치고 내년 5월부터 공사에 들어갈 방침이다.

주어와 서술어를 호응시키지 못하는 것은 대부분 주어와 서술어가 멀리 떨어져 있어 글 쓰는 사람이 어떤 것을 주어로 했는지 잊어버리기 때문이다. 1번 문제가 바로 그런 경우에 해당된다. 1번의 경우, '선물은'과 '휴대전화를 받는 것이다'가 호응이 안 된다.

주어를 생략함으로써 서술어와의 호응이 모호하게 되는 경우도 있는데, 2번 문제가 해당된다. 2번의 경우, 주어 '곳은'에 해당하는 서술어가 없다. 3번의 경우에도, '들어가다'는 '시작하다'와 마찬가지로 순간의 개념이므로 '~부터'와 어울리지 않는다.

이러한 조언을 받아들여 다듬어 고친 문장을 보이면 다음의 〈예시4〉와 같다.

예시 4

1–1	성탄절에 어린이들이 가장 원하는 선물은 최신형 게임기다.
2–1	가장 더운 곳은 서울로, 기온이 38도까지 올랐다.
3–1	명지문구는 올해 15억 원의 예산을 들여 타당성 조사 등을 마치고 내년 5월 공사에 들어갈 방침이다.

둘째, 단어의 특성에 따른 호응관계를 분명하게 해주는 것이 필요하다. 다음의 〈예시5〉를 살펴보자.

예시 5

4	이번 평가에서 우리 학교의 위상을 올려야 한다.

단어도 타고난 성격에 따라 저마다 잘 어울리는 짝이 있으므로 그 둘을 붙여 놓았을 때 가장 조화롭다. 특히 한자어의 뜻을 정확히 몰라 부자연스러운 낱말과 결합시키는 경우가 많다. 단어가 가진 의미와 특성을 생각하면서 그에 잘 어울리는 낱말을 선택해야 한다. 4번의 경우, 위상은 어떤 사물이 다른 사물과의 관계 속에서 가지는 위치나 상태로, '올리다'보다 '높이다', '강화하다'가 잘 어울린다.

이러한 조언을 받아들여 다듬어 고친 문장을 보이면 다음의 〈예시6〉과 같다.

예시 6

4-1	이번 평가에서 우리 학교의 위상을 높여야 한다.

셋째, 논리적 호응에 대한 관심이 필요하다. 글에서 논리적이라 함은 이치에 맞게 문장이 흘러가는 것을 가리킨다. 말을 조리 있게 해야 하듯이 문장도 이치에 맞게 써야 한다. 앞뒤 흐름에 적합하지 않은 내용이 오거나 지나치게 비약하면 어설픈 얘기가 되고, 인과관계가 적절하지 않으면 틀린 말이 된다. 연결어미나 접속사로 문장을 연결시킬 때는 그에 맞는 내용이 와야 한다. 다음의 〈예시7〉을 살펴보자.

예시 7

5	내가 보면 꼭 지기 때문에 이번에는 경기를 보지 않겠다.
6	따스한 봄이 오고, 취업난으로 얼어붙은 우리의 가슴은 아직도 차갑다.

5번의 경우, 경기를 시청하는 것과 승패의 결과가 나쁜 것 사이의 인과관계를 확인하기는 어렵다. 따라서 직접적인 인과관계를 배제하고 문장을 수정해야 한다. 6번의 경우에도, '~고'는 둘 이상의 사물을 같은 자격으로 이어 주는 연결어미이므로 문장의 앞부분과 뒷부분을 대등한 내용으로 구성해야 한다.

이러한 조언을 받아들여 다듬어 고친 문장을 보이면 다음의 〈예시8〉과 같다.

예시 8

5-1	내가 본 경기마다 졌기 때문에 이번에는 경기를 보고 싶은 생각이 없다.
6-1	따스한 봄이 오고, 취업난으로 얼어붙었던 우리의 가슴도 풀리기 시작했다.

언어표현의 중복을 피하고 경제적으로 표현하기

언어표현의 경제성에 대한 관심도 필요하다. 한 문장에서 같은 단어나 구절이 여러 번 나오기도 하고, 형태는 다르지만 같은 뜻이 반복되기도 한다. 이렇게 같은 단어나 표현이 반복되면 읽기 불편하고 지루해지며, 문장의 기본 요건인 간결성이 떨어짐으로써 글의 세련된 맛이 없어진다.

무엇보다 언어표현의 효율성이 떨어지면서 낭비가 생기는 게 큰 문제다. 따라서 의미를 크게 다치지 않는 선에서 중복된 부분을 다른 말로 바꾸어 주거나 불필요한 표현을 빼면 한결 깔끔하고 부드러운 문장이 될 것이다.

첫째, 단어의 중복을 피하는 문제이다. 다음의 〈예시9〉를 살펴보자.

예시 9

1	수업시간에 배운 것은 수업시간에 다 이해하고 넘어가야지 수업시간에 놓치면 따라오기 힘들다.
2	우리 학교는 이 지역에서 역사가 가장 오래된 학교이며, 훌륭한 인재를 많이 배출한 학교다.
3	나만 이런 취미를 갖고 있는 것이 아니라는 것을 알게 된 것이 가장 좋았다.

1번 문제의 경우, 한 문장에서 '수업시간'이 세 번이나 나오므로 문맥에 맞게 적당히 다른 말로 바꾸어 주면 된다. 2번 문제의 경우, '학교'가 겹쳐 나오는데 다른 단어로 교체하거나 말을 바꾸어 주면 된다. 3번 문제의 경우, 글을 쓰다 보면 이처럼 한 문장에 '것'이 여러 번 나오는 경우가 종종 있는데 가능하면 다른 단어로 바꾸어 최대한 줄이는 것이 읽기에 편하다.

이러한 조언을 받아들여 다듬어 고친 문장을 보이면 다음의 〈예시10〉과 같다.

예시 10

1-1	수업시간에 배운 것은 그 자리에서 다 이해하고 넘어가야지 한번 놓치면 따라오기 힘들다.
2-1	우리 학교는 이 지역에서 역사가 가장 오래된 곳이며, 훌륭한 인재를 많이 배출했다.
3-1	나만 이런 취미를 갖고 있는 게 아니라는 사실을 알게 된 점이 가장 좋았다.

둘째, 구절의 중복을 피하는 문제이다. 다음의 〈예시11〉을 살펴보자.

예시 11

4	EBS 수능 강좌가 사교육비를 획기적으로 줄일 수 있는 계기가 될 수 있을 것으로 기대된다.
5	이 업체는 다음달 10일까지 '봄맞이 대축제' 행사를 벌이면서 노트북은 40%, 냉장고는 25% 할인 판매하는 행사를 벌인다.

4번 문제의 경우, 비슷한 구절인 '줄일 수 있는'과 '될 수 있을'이 겹쳐 나와 어색하다. 뒤의 '수 있을'은 불필요하다. 5번 문제의 경우, '행사를 벌이면서 ~행사를 벌인다'는 중복으로 어색해진 표현이다.

이러한 조언을 받아들여 다듬어 고친 문장을 보이면 다음의 〈예시12〉와 같다.

예시 12

4-1	EBS 수능 강좌가 사교육비를 획기적으로 줄일 수 있는 계기가 될 것으로 기대된다.

5-1	이 업체는 다음달 10일까지 '봄맞이 대축제' 행사를 벌이면서 노트북은 40%, 냉장고는 25% 할인 판매한다.

셋째, 의미의 중복을 피하는 문제이다. 다음의 〈예시13〉을 살펴보자.

예시 13

6	취업에 대한 중압감으로 너무 많이 신경을 써 지나치게 고민하면 건강을 해칠 수 있다.
7	행복해지려면 우선 자신의 건강부터 먼저 신경 써야 한다.
8	중국은 자국을 방문하는 외국인들에 대한 입국심사 절차를 대폭 강화하겠다고 밝혔다.
9	정치적 의사표현은 누구나 자유롭게 밖으로 표출할 수 있는 헌법에 보장된 국민의 권리다.
10	국민에게 봉사하는 공무원이 되겠다고 시험에 응시한 사람들이 어떻게 이처럼 몰상식한 행동을 하는지 이해할 수 없다.

6번 문제의 경우, '너무 많이 신경을 쓰는 것'이나 '지나치게 고민하는 것'은 비슷한 뜻이다. 7번의 경우, '우선'과 '먼저'는 같은 뜻이므로 하나만 있으면 된다. 8번 문제의 경우에도, '입국'이 '나라 안으로 들어가는 것'이므로 '자국을 방문하는'이라는 표현은 없어도 된다. 9번의 경우, '표출'이 밖으로 드러내는 것이므로 '밖으로'는 필요 없는 말이다. 10번의 경우, '응시'가 '시험에 응하다'라는 뜻이므로 '시험에'는 겹말이 된다.

이러한 조언을 받아들여 다듬어 고친 문장을 보이면 다음의 〈예시14〉와 같다.

예시 14

6–1	취업에 대한 중압감으로 지나치게 고민하면 건강을 해칠 수 있다.
7–1	행복해지려면 자신의 건강부터 먼저 신경 써야 한다.
8–1	중국은 외국인들에 대한 입국심사 절차를 대폭 강화하겠다고 밝혔다.
9–1	정치적 의사표현은 누구나 자유롭게 표출할 수 있는 헌법에 보장된 국민의 권리다.
10–1	국민에게 봉사하는 공무원이 되겠다고 응시한 사람들이 어떻게 이처럼 몰상식한 행동을 하는지 이해할 수 없다.

우리말 바로 쓰기에 대한 지식을 채워 넣기

첫째, 올바른 맞춤법에 대한 이해를 강조하고 싶다. 〈예시15〉의 2번에서 '되–'에 '어'로 시작하는 어미가 결합하면 '돼–'가 된다. '되어서'에서 온 말은 '돼서'가 되고, '되어요'는 '돼요'로, '되었다'는 '됐다'로 줄어든다. 5번의 경우, 사이시옷과 관련된 문제이다. 한자어끼리 된 말의 경우 사이시옷을 쓰지 않는 것이 원칙이다. '내과/외과/이비인후과' 등이 그러한 예이다. 예외적으로 '곳간(庫間)/ 셋방(貰房)/ 숫자(數字)/ 찻간(車間)/ 툇간(退間)/ 횟수(回數)'는 한자어이지만 사이시옷을 적는다. '피자집, 핑크빛' 등과 같이 외래어 다음에는 사이시옷을 쓰지 않는 원칙도 재확인하는 것이 필요하다. 6번에서 '–스럽다'는 명사에 결합하여 쓰이므로 "옛스럽다"는 잘못된 표현이게 된다.

예시 15

	맞춤법이 틀린 부분을 찾아보기	정답
1	오늘이 몇 월 몇 일이지?	며칠이지
2	그러면 안 되요.	안 돼요
3	그것은 우리의 바램이었어.	바람이었어
4	세째 아들이 태어났다.	셋째 아들
5	토론의 촛점을 확인해야 한다.	초점
6	곱게 차려입은 한복이 옛스럽다.	예스럽다
7	열둘째로 결승선을 통과했다.	열두째로
8	값을 치루고 와라.	치르고
9	어제 백일잔치를 치뤘다.	치렀다

이제 다음의 〈예시16〉을 살펴보고, 잘못된 부분을 찾아 바르게 고쳐보는 시간을 가져보자.

예시 16

	맞춤법이 틀린 부분을 찾아보기	정답
1-1	제주도로 갈꺼야.	
2-1	내일 학교로 찾아갈께.	
3-1	그것은 내 착각이였다.	
4-1	걔는 철수에요.	
5-1	늦은 시간에 어디를 갈려고 하니?	
6-1	뗄래야 뗄 수 없는 관계?	
7-1	사랑이 뭐길래.	
8-1	언제 경제가 좋아질런지 모르겠다.	
9-1	자장면을 곱배기로 시켰다.	

둘째, 발음이 비슷해서 실수하기 쉬운 경우가 있다. 예를 들어, '-므로'는 이유나 원인을 나타내고 '-으로써'는 수단이나 방법을 나타내는데, 〈예시17〉의 13번에서 신문 배달을 하는 것은 학비를 버는 수단이 되므로 '-함으로써'로 고치는 것이 옳다. 14번에서 눈을 감는 모양을 나타내는 말은 '지그시'이다. 15번과 16번에 나오는 '잠그다, 담그다'는 '으' 불규칙 동사이므로 '잠궈라'는 '잠가라'로, '담궜다'는 '담갔다'로 고쳐야 맞다.

예시 17

	맞춤법이 틀린 부분을 찾아보기	정답
10	그 안건을 토의에 [부친다 ⇔ 붙인다].	부친다
11	기둥 밑을 돌로 [받친다 ⇔ 받힌다].	받친다
12	국방비를 10% [늘린다 ⇔ 늘인다].	늘린다
13	신문 배달을 [하므로써 ⇔ 함으로써] 학비를 벌었다.	함으로써
14	눈을 [지그시 ⇔ 지긋이] 감았다.	지그시
15	어서 문을 [잠궈라 ⇔ 잠가라].	잠가라
16	잘 익은 포도로 포도주를 [담궜다 ⇔ 담갔다].	담갔다
17	그는 중요한 임무를 [띠고 ⇔ 띄고] 파견되었다.	띠고

이제 다음의 〈예시18〉을 살펴보고, 잘못된 부분을 찾아 바르게 고쳐보는 시간을 가져보자.

예시 18

	맞춤법이 틀린 부분을 찾아보기	정답
10-1	남의 사생활을 [들치다 ⇔ 들추다].	

11–1	친구와 논쟁을 크게 [벌렸다 ⇔ 벌였다].	
12–1	[거칠은 ⇔ 거친] 벌판에 푸른 솔잎처럼	
13–1	실내에서는 흡연을 [삼가해 ⇔ 삼가] 주십시오.	
14–1	다음 문제의 답을 [맞춰 ⇔ 맞혀] 보세요.	
15–1	이 자리를 [빌어 ⇔ 빌려] 감사의 말씀을 전합니다.	
16–1	그대는 왜 촛불을 [키셨나요? ⇔ 켜셨나요?]	
17–1	빈칸에 [알맞는 ⇔ 알맞은] 답을 쓰시오.	

셋째, 띄어쓰기에 대한 지식을 다시한번 점검해보자. 〈예시19〉의 18번부터 내리 3개 문제는 의존 명사 '것/ 수/ 줄'에 관한 것으로, 이들 의존명사는 앞의 관형형과 띄어 쓴다는 원칙과 관련된다. 21번의 경우, "해 줄게"의 '–ㄹ게'는 하나의 어미이므로 붙여 쓴다. 22번과 23번에서 "부터"는 조사이고 "입니다"의 "이–"도 조사이므로 앞말에 붙여 쓴다. 24번에서 "할지 모르겠어"는 '하–'에 어미 '–ㄹ지'가 결합한 말이므로 붙여 쓴다. 25번에서 '뿐'은 의존 명사이므로 "기다릴∨뿐이야"와 같이 띄어 쓴다.

예시 19

	띄어쓰기를 맞게 표시해보기	정답
18	먹을것이없어.	먹을∨것이∨없어.
19	너는할수있어.	너는∨할∨수∨있어.
20	나는할줄몰라.	나는∨할∨줄∨몰라.
21	내가해줄게.	내가∨해∨줄게.
22	처음부터다시하자!	처음부터∨다시∨하자!

23	철수는학생입니다.	철수는∨학생입니다.
24	어떻게할지모르겠어.	어떻게∨할지∨모르겠어.
25	그저기다릴뿐이야.	그저∨기다릴∨뿐이야.

이제 다음의 〈예시20〉을 살펴보고, 띄어쓰기를 바르게 고쳐보는 시간을 가져보자.

예시 20

	띄어쓰기를 맞게 표시해보기	정답
18-1	제발무사해야할텐데….	
19-1	너는너대로해라.	
20-1	그럴리가있나.	
21-1	지금가야겠다.	
22-1	비가올것같다.	
23-1	잘난체를한다.	
24-1	비가오는데우산도없이길을걷는사람이있었다.	
25-1	그사람은오직졸업장을따는데목적이있는듯전공공부에는전혀관심이없다.	

연 습

한 편의 글쓰기에서 글의 주제를 직접적으로 드러내는 제목을 붙일 수도 있고, 이와 다르게 글의 주제를 암시적으로 비유하는 제목을 붙일 수도 있다. 주제를 직접적으로 노출시키는 제목이 명료한 이해를 돕는 반면, 은유적인 제목은 그 나름대로 멋스러움을 간직하고 있음을 쉽게 예상할 수 있다. 어느 쪽을 택하는가는 글쓴이의 의도와 취향, 판단에 달려있다.

1. 제목 붙이기에 관한 자신의 취향을 돌아보고, 이야기를 나눠보자.
2. 최근 관심을 두고 있는 장르의 작품 제목을 선택하여, 원래의 제목과 다른 방향으로 제목을 바꿔서 표현하는 연습을 해보자.

2장 칼럼 형식으로 자기색깔 찾기

1. 칼럼 형식을 연습하는 목적

칼럼이란

다음의 〈예시1〉을 통해 칼럼에 대한 이해를 높여보자.

예시 1

칼럼이라는 말의 유래를 알고 있니?

라틴어의 '콜룸나(columna)'에서 나온 '원주(圓柱) 모양의 것'을 뜻하는 말이 바뀌어 신문 지면에서 일정 크기의 외곽선으로 정형화(定型化)한 기사의 난을 의미하게 되었다고 하네.

칼럼은 미국에서 발생하여 독립 전쟁 중에 《뉴욕 저널》과 《펜실베이니아 크로니클》 지상에 〈금주에 생긴 일〉이라는 제목으로 주간 뉴스해설의 형식으로 연재된 것이 그 효시라고 해. 19세기 후반에 이르러 신문이 사회 뉴스를 중시하게 되면서부터 각 사가 앞을 다투어 유능한 사회부 기자로 하여금 항간의 특종 기사감을 연속 게재하게 하였는데, 20세기 초에는 신문에 오락적인 내용이 증가됨에 따라 가십과 유머를 중심으로 하는 연재란이 생겼는데 이 부분을 칼륨(colyum)이라고 불렀다고 하더라.

그렇구나. 사설과는 어떤 차이가 있는지도 알고 있니?

사설이 사론(社論)을 대표하고 정치 · 경제 · 사회에 속하는 중요 사항을 거론하는 것과는 대조적으로, 칼럼은 우리 주변에서 일어난 일부터 자연현상이나 계절의 변천에 이르기까지 모든 것을 소재로 삼을 수가 있고, 필자의 주관적인 감상을 서술하는 경우가 많아 독자들에게 보다 친근감을 주기도 한다고 하네.

보충을 하자면, 사설은 여러 명의 논설위원이 교대로 집필하여 신문사의 공식 견해를 표명하는 것임에 비해, 칼럼은 한 사람의 필자가 정보나 의견을 글에 담아내는 것이라 아무래도 친근감이 더 생기기도 하고, 경우에 따라서는 여론 형성에 큰 힘이 될 수 있도 있지.

그런데 칼럼 중에도 사설과 같이 이슈를 다루는 것도 있더라.

맞아. 시사문제를 다루는 칼럼은 신문사의 논설위원이나 편집위원이 담당하고, 따라서 그 신문의 권위나 입장 등을 공유하는 경우가 많다고 해. 미국에서는 전통적으로 어느 회사에도 속하지 않는 독립된 칼럼니스트가 활동하며, 독특한 취재원에 의한 정보나 설득력 있는 의견을 칼럼으로 정리하여 각 신문에 제공하는 방식을 취하고 있고, 이름을 써넣게 되어 있다고 해.

인지도가 높은 칼럼을 소개해줄 수 있겠니?

《조선일보》의 〈만물상〉, 《동아일보》의 〈횡설수설〉, 《한국일보》의 〈지평선〉, 《중앙일보》의 〈분수대〉, 《서울신문》의 〈외언내언〉 등이 떠오르네. 이런 칼럼은 대개는 익명(匿名)으로 날카로운 비판의식을 담고 있는 경우가 많아서 독자들에게도 영향력을 발휘하고 있는 듯해.

하지만, 요즘 신문에서는 원래의 의미에 충실한 것 말고도 다양한 영역에서 다양한 필자들이 자기 색깔의 글쓰기를 보여주고 있어 더욱 흥미로워. 무엇보다 사람마다 좋아하는 칼럼 등이 다양하니까, 너도 한번 신문의 칼럼 코너를 찾아보는 게 더 도움이 될 거야.

개인적 취향의 발견 내지 발현 기회

사람은 자신의 성격, 취향 또는 기질에 따라 같은 문제, 같은 대상에 대해서도 서로 다른 태도를 지닐 수 있다. 이와 같은 개인적 취향은 글쓰기 작업에서도 그대로 드러난다. 사소한 듯 보이지만 단어 하나를 어떻게 쓰느냐에 따라 그 사람의 취향을 알아챌 수 있고, 동일한 주제에 대해 어떤 입장을 취하느냐에 따라 그 사람의 가치관을 미루어 짐작할 수도 있다. 낙천적이냐 비관적이냐에 따라, 감각적이냐 사변적이냐에 따라, 분석적이냐 종합적이냐에 따라 완성된 글쓰기에서도 차이가 드러나게 되는 것이다.

다음의 〈예시2〉를 살펴보고, 독자 입장에서 소감을 교환해보자.

예시 2 **지수와 함께 한다는 것**

지난 주말 '햇살 가득한 집'에 다녀왔고, 열두 살 말없는 소년 지수를 만났다. 이 곳은 서대문 장애인복지관의 단기보호센터로, 지체 장애 성인들의 주간 보호 프로그램과 특수학교 아동들의 방과후 교실을 운영하고 있다.

지난 가을 처음 들렀을 때는 북아현동의 비탈길에 노란 은행잎들이 가득했었다. 봉사라는 말이 새로워 잠깐 설레기도 했던 내게 장애인들과의 경복궁 나들이는, '정신지체 1, 2급 장애, 듣기는 하나 말을 하지 못하며, 의사소통 불편'이라는 설명을 들어 알고 있었음에도, 생각보다 힘들었다. 의욕만큼 몸이 선뜻 나서주지 않아서이기도 했고, 무엇보다 장애인들을 낯설어하는 마음이 의외로 컸기 때문이다. 일견 씁쓸하고도 괴로운, 이런 발견이 그 가을에는 나를 잠시 우울하게 했었는데, 이 곳의 새순 돋은 은행나무를 보니 다시금 설레었다.

이번 나들이는 북아현동의 뒷길을 따라 봉원동 뒤편에 있는 안산의 봉수대까지 다녀오는 것이다. 짝이 된 지수는 개나리가 참 좋구나, 하는 나의 탄사에는 아무 대꾸도 않더니, '산불조심'이라 쓰인 현수막이 나무 사이에서 펄렁이는 모양에는 반색을 하며 좋아라 한다. 발돋움을 하며 콩콩 뛰다 못해 양말을 벗어 들어 바람에 날려보기까지 하는 지수를 보며, 숲 속 작은 집에 살고 싶다 한 오에 겐자부로의 소박한 꿈이 떠올랐다. 누구라도 한번쯤은 꿈꾸었을 이런 소망은, 학교라는 작은 사회에조차 적응하지 못하고 오히려 숲 속의 새를 보며 행복해 한 장애 아들을 둔 그에게는 아주 절실한 것이었다. 지수에게 필요한 것 역시 자연의 빛과 소리가 아닐까 하는 생각에, 말을 걸기보다 낮게 흥얼거리며 노래를 불러주었다. 지난번보다 익숙해서일까, 나 역시 어린 아들과 함께 한 봄나들이마냥 적당히 노곤하고 푸근해져 있었다.

이 곳의 주임사회복지사인 성수진 선생은, 그 역시 장애인으로 장애를 극복하기까지 누구보다 치열하게 살았을 터인데, 일주일에 한 번 이렇게 자연 속으로 나들이하는 시간이 이들에겐 소중하다고 말한다. 의사소통이 불편한 이들에게 음악이나 미술을 '프로그램'으로 만들어 지도하는 것이 어려운 일이어서이기도 하지만, 그보다는 자연을 '자연스레' 느끼는 것 이상의 공부가 어디 있을까 싶은 생각에서이기도 하단다. 무엇보다 산을 오르며 육체적으로 힘들기는 장애인이나 봉사자나 마찬가지여서, 지치기 쉬운 산행길에 서로가 손을 붙잡아주는 것만으로도 보람 있으리라는, 어눌하나 힘찬 그의 이야기를 나는, 말없이 대화하는 법을 배우지 않았느냐는 의미로 새겨듣고 있었다.

오를 땐 혼자여도 내려올 땐 친구가 된다는 광고가 굳이 아니더라도, 정도의 차이가 있을 뿐 누구에게나 산행은 힘들고, 혼자 하는 산행이라면 더더욱 외롭다. 내가 지치고 힘들 듯 상대방도 그러함을 배려하는 마음이 봉사의 출발점이라면, '베푸는' 것만이 아니라 '함께 누리는' 것도 봉사가 아닐까? 이런 생각으로 비탈길을 내려왔고, 해질 녘이라 바람이 차가웠음에도 마음이 따뜻하게 데워졌다. 아아, 이 봄날에 지수를 만나고 왔다!

대부분의 공적인 글쓰기에서는 개인적 취향의 자제가 좀더 바람직한 미덕이라는 식으로 자기 성향의 발현에 제한을 두는 경향이 있다. 개인적인 성향을 짙게 드러냄으로써 글 쓰는 이의 특징을 보여주는 효과는 사적인 글에서는 장점이 될 수 있지만, 공적인 글에서는 논리성을 해치는 약점으로 작용할 수도 있다는 우려 때문이다.

하지만 글쓰기 훈련과정에서는 자신의 생각과 취향을 발견하는 것이야말로 글쓰기를 발전시키는 소중한 자산이 될 수 있다. 그런 점에서 칼럼 형식의 글쓰기는 주제 혹은 문제에 대한 관점을 분명히 하기 위한 준비훈련으로 중요한 의미를 지닌다.

이제 칼럼이라는 말의 유래를 떠올리면서 본격적인 칼럼 형식의 글쓰기 연습을 준비해보자.

2. 칼럼 형식의 특징이 발휘되는 지점

(1) 글의 분위기를 만들어간다는 것

◆ 글의 분위기를 주목하는 이유

글쓰기에 관한 고정관념 중 하나는 쓸거리를 찾고 주제를 잡으면 곧바로 글쓰기를 시작할 수 있다고 생각하는 경향이다. 아마도 이전까지의 글쓰기 교육이 과제형 혹은 시험형 글쓰기에 치중되었기 때문일 것이다. 그리고 이런 글쓰기에서는 글쓰기의 목적도 제한적이어서 설득하거나 주장하거나 비판하는 글이 대부분을 차지하였고, 목적에 부합되는 내용을 짜임새 있게 채우는 데 신경을 쏟아왔다.

우리가 대학에서 칼럼 형식을 연습한다고 하면, 이제는 목적에 충실하되 조금은 여유롭게 자신의 개성과 취향을 발휘할 수 있는 여지를 찾아야 할 것이다. 그리고 자신의 개성과 취향을 발휘하는 지점 중 하나로 글의 분위기를 주목하고자 한다. 예를 들어, 글쓴이의 의도가 어디에 있느냐에 따라 완성된 글의 분위기가 활기차거나 재미있거나 진지하거나 우울하거나 할 수 있고, 경우에 따라서는 낭만적이거나 환상적이거나 엄숙할 수도 있기 때문이다.

칼럼 형식의 특징은 바로 이렇게 글의 분위기를 만들어가는 연습을 수월하게 해준다는 데 있다. 사람마다 다양한 특징이 있는데, 그러한 개별성을 오롯이 반영할 수 있는 글쓰기에 칼럼만한 것이 없기 때문이다. 다만, 글의 분위기를 만드는 다양한 방법을 단번에 소화하기는 어려울 것이므로, 글쓰기의 준비단계에서 손쉽게 연습할 수 있는 방법을 간략히 소개하기로 한다.

쓸거리 조정하기가 중요한 이유

쓸거리를 찾았다고 해서 글쓰기를 곧바로 시작할 수 있는 것은 아니다. 정해진 쓸거리가 주어졌거나 쓸거리를 가지고 있는 상황이라 해도 그 쓸거리가 가지고 있는 다양한 내용 가운데 자신이 쓰고자 하는 글의 목적이나 유형에 따라 쓸거리가 가진 성격을 제한하고 범위를 조정할 필요가 있기 때문이다. 이른바 쓸거리 조정하기를 통해 글의 분위기를 만들어가는 연습을 할 수 있다.

이 장에서는 쓸거리를 가지고 한 편의 글을 써나갈 때 어떻게 하면 자신이 택한 쓸거리를 그 글의 분위기에 맞게 보다 구체적으로 조정할 수 있는지를 살펴보기로 한다. 그 하나는 글쓰기의 목적을 분명히 하기 위해 글의 성격이나 종류를 파악하는 것이고, 다른 하나는 주제에 맞게 접근하는 것이다.

다음의 〈예시〉들에서 보다시피, 글의 주제나 목적, 글의 성격이나 종류에 따라 쓸거리의 성격을 조명하는 방식이 달라질 수 있기 때문이다. 그리고 쓸거리의 성격을 제대로 조명하게 되면, 순차적으로 자신의 글에 어울리는 분위기를 만들어가는 것이 보다 수월해지게 된다.

예시 1 **촌락의 그 버스**

내가 부임한 송학중학교는 아름다운 가을산을 뒤로 기대고 아주 편한 자세로 산골소년들을 맞아들이고 있었다. 앞 냇가의 징검다리를 깡총깡총 지나야 교문이 다가서고 햇살 가득 받은 눈부신 운동장과 백일홍 무리가 뭉클뭉클 감동시키고 있었다. 처음 인사할 때 나는 우물쭈물 단 위에 서서 그만 한다는 말이 "나는 여러분을 많이많이 사랑하겠노라"는 것이었다.

산골아이들은 유행가 가사 속에서나 듣던 '사랑'이란 말을 미술선생이 해버린 것에 그만 웃음판이 돼버렸다. 나는 '아닌데, 아닌데' 고개를 저으며 교실로 들어갔고 그것은 저 가을 햇살의 운동장과 백일홍 때문이라 생각했다.

밤새 왼 권위 있는 인사말 대신 사랑이라니, 그러나 그것은 나의 진심이었다. 과연 그랬다.

벽촌의 아이들은 건강했고, 눈 초롱초롱 뜨며 열심이었다. 사랑할 만한 아이들이었다. "너 어디 사니?" 물으면 "저 짝이요."하고 가볍게 대답해도 가정방문을 가보면 십 리가 훨씬 넘는 곳에 사는 아이들. 눈보라 치는 날이나 억센 장마 속에서도 지각, 결석 없이 아이들은 씩씩하게 출석을 했다. 노란 보리철엔 반 고흐의 밀밭과 저 언덕에 펼쳐진 보리밭을 이야기했고, 계절 따라 산골소년들을 몰고 이 산 저 산 산등성을 구르며 많은 그림을 그렸다.

그러다 해가 몇 번 바뀌고 그 마을에도 제천읍과 연결되는 버스가 들어오고 비만 오면 떠내려가던 징검다리 대신 튼튼한 시멘트다리가 놓여지게 되었다. 모든 것이 좋아지고 있었다. 하지만 아이들은 지각과 결석이 잦아졌다. 지각 결석의 이유는 버스 때문이었다. 버스가 결행하는 날은 지각의 이유가 충분히 되었고 그들은 그 이유가 떳떳하고 정당했다. 눈이 그 산골에 깊이깊이 쌓이던 날 아침, 교실은 거의 반이나 텅 비어 있었다. 나의 가슴엔 휑한 바람이 지나가고 있었다. 몇 시간 후 들어서는 뻔뻔스런 지각생들을 줄로 세워놓고 회초리를 들었다. 그리고 반쯤 때리다 그만 펑펑 울며 그들에게 하소연했다. 시멘트다리와 시내버스가 들어오기 전의 여러분은 훌륭했다고, 거머리에 물려 피가 나도 쓱쓱 닦고 십 리를 걷던 여러분이 좋았노라고, 장마에 징검다리가 떠내려가면 여러분 등에 업혀 건너던 씩씩한 그때가 좋았노라고.

그러나 그 하소연은 버스의 유혹 앞에 웃기는 소리였다. 석양 속에 쿵쿵 뛰어서 집에 가던 소년이 아니었다. 한 대뿐인 버스에 복잡한 하교시간을 아우성치며 오르고 있었다. 점점 그 곳이 싫어졌다. 그 이듬해 가을 나는 그 곳을 작별했다. 이번에도 준비한 말 대신 울먹이며 "난 여러분을 사랑했었다."라고 작별의 말을 해버리고 말았다.

그 학교를 떠난 후 나는 많은 소년들의 편지를 받았다. 그중에는 선생님 가신 후 튼튼한 다리로 버스 타지 않고 걸어 다닌다는 내용도 들어있었다.

예시 2 〈동아일보〉에 실린 칼럼

시골 산촌에서 자란 사람들은 10리 안팎의 통학길의 추억을 잊지 못한다. 한겨울 맵짠 하늬바람에 손발이 시려 종종걸음 치던 산모롱이의 기억도 새롭고 가을철에 허기진 배를 채우느라 콩서리도 하고 남의 밭 고구마나 무 따위를 캐어먹던 추억도 아름답다. 무료하고 힘겨운 하학길이지만 친구들과 어울려 장난도 치고 얘기꽃도 피우다 보면 산촌의 왕복 통학길은 학교 가정과는 또 다른 훌륭한 사회화 교육장이 되기도 했다.

14일 밤 KBS 뉴스에 방영된 충북 영동군 상촌국민학교 어린이들의 통학 광경은 산촌 출신들의 이런 공유의 추억을 뒤엎는 충격적인 모습이 아닐 수 없다. 상촌국민학교 이백여 어린이들이 노란 색깔의 스쿨버스로 통학하는 모습은 화면으로만 보아오던 선진국 어린이들의 모습을 연상케 했다. 한 마을에서 4, 5명씩을 태우고 이 동네 저 동네를 도는 차안 어린이들의 즐거운 모습에서는 옛날 힘겹고 고통스럽던, 그러나 낭만이 깃든 통학길을 찾을 수 없었다.

그러나 이러한 풍요의 광경을 보며 마냥 즐거워할 수만 없는 것이 우리 농촌 현실이다. 상촌국민학교의 경우만 해도 70년대까지는 18학급에 800여 명의 학생이 있었는데 지금은 200여 명으로 줄었다. 그나마도 스쿨버스 3대가 아침내 실어 나른 어린이들이다. 영동군내 11개 국민학교에는 모두 13대의 스쿨버스가 있다 한다. 농어촌 산간벽지의 인구 격감으로 92학년도에만 폐교된 국민학교가 179개교에 달했다. 82년 이후 폐교된 학교를 모두 합치면 577개교, 올부터 3년간 369개교가 더 폐쇄될 것이라는 게 교육부의 예측이다. 동네를 들어서도 아기 울음소리를 들을 수 없는 것이 우리 농촌이다. 황폐화하는 농촌에 가장 귀한 존재가 어린이들이지만 이들에게 스쿨버스를 태워주고 맛있는 과자를 안겨준다고 과연 그들이 행복할 것인지는 착잡한 심정이다.

두 편의 글에서 구체적인 쓸거리는 공통적으로 궁벽한 산골에 문명의 이기라는 버스가 들어오면서 생긴 변화를 선택하고 있지만, 한 편의 글로 만들었을 때 쓸거리의 성격은 달라지고 있다. 〈예시1〉에서는 자신의 체험을 토대로 하여 개인적인 성격을 가진 쓸거리가 되었지만, 〈예시2〉에서는 개인의 체험보다는 TV에 비친 산골의 변화상을 끌어들임으로써 시사성을 띤, 보다 사회적인 관심을 갖게 하는 쓸거리가 되었다.

그리고 〈예시1〉이 이러한 변화를 개인적인 감상의 차원으로 환원하여 문명의 이기에 의해 상처받는 동심을 그려내고 있는 반면, 〈예시2〉는 산골의 이러한 변화상을 인구의 서울 집중과 농업정책의 심각한 문제점으로 점차 황폐화해가는 농촌의 미래를 점치게 하는 사례로 삼았다. 곧, 〈예시1〉이 개인적 차원의 추억거리를 이야기하는 것이라면, 〈예시2〉는 농촌문제의 실상에 대한 자각을 보여주고 있다.

또한 이러한 차이는 표현방식이나 글의 전개방식에서도 차이를 드러내는데, 〈예시1〉이 서정적인 분위기를 짙게 나타내면서 한 폭의 풍경화와도 같은 영화의 한 장면을 떠올리게 하는 반면, 〈예시2〉는 긴장된 분위기와 다소 건조한 어휘를 통해 문제의 심각성을 부각시키고 있다.

같은 쓸거리라 하더라도 어떤 식으로 접근하느냐에 따라 얼마든지 다른 분위기와 성격을 가진 글을 만들어낼 수 있다는 말은, 그만큼 한 편의 글에서 쓸거리가 이용되는 부분과 쓸거리가 차지하는 비중이 달라질 수 있음을 의미하는 것이기도 하다.

(2) 글쓰기의 방향을 잡는다는 것

글의 분위기를 잡는다는 것은 글쓰기의 방향을 잡는다는 것과도 연결된다. 한 편의 글이 완성되기까지 글쓴이가 신경 쓸 사항은 참으로 많은데, 칼럼 형식의 글쓰기 연습은 자신의 착안점을 포인트로 삼아 완성된 글쓰기에 어울리게 자신의 의도한 바를 펼쳐놓는 연습을 충실히 할 수 있도록 도와준다.

그런 의미에서 두 편의 사설을 꼼꼼히 살펴보기로 하자. 다음의 〈예시〉들은 글쓰기의 방향을 어떻게 잡는가에 따라 세부적인 사항들도 섬세하게 달라지고 있음을 보여주고 있다. 이 때 우리가 유념해서 볼 부분은 논지를 전개하는 방법으로, 글의 구성을 어떻게 하고 있는가 하는 부분과 여기에서 비롯되는 두 글의 특징에 대한 비교이다.

예시 1 **법부터가 아동에 무관심하다**

버림받은 어린이를 데려다가 서커스를 가르쳐 돈벌이를 해온 서커스단장의 이야기는 한 세대 전만 해도 소년 소녀 소설의 소재로 곧잘 등장하던 것이었다. 악덕 단장의 손아귀에 잡혀 고생하던 소년 소녀 주인공이 어찌어찌해서 부모를 찾거나 서커스단을 탈출해 밝은 새 삶을 찾는 이야기에 대한 기억을 누구나 한 가지쯤은 가지고 있을 것이다. 그러나 오늘 우리들은 그것이 소설이 아닌 엄연한 현실로 살아있음을 확인하고 있다. 우리들의 현실 인식이 얼마나 안이하고 부정확한 것이었나를 새삼 절감하게 하는 것이다. 물론 경찰에 적발된 서커스단장의 동물과 같은 행위가 지난 시대처럼은 흔하지 않을 것이다. 그래서 이번 사건은 특별한 것이라고 볼 수 있을는지도 모르겠다. 그러나 반드시 그렇지만은 않다. 오히려 이번 사건은 우리 사회에 엄연히 존재하고 있으나 무관심 때문에 우리들이 제대로 인식하지 못했던 현실의 한 측면을 상징적으로 보여준 것이라고 보는 것이 더 옳을 것이다.

따지고 보면 버림받은 어린이들은 결코 이번 서커스단 사건의 어린이만은 아니다. 이른바 앵벌이라고 해서 범죄조직의 손아귀에 잡혀 구걸이나 껌팔이 등을 강요받고 있는 어린이들을 우리들은 거의 매일같이 목격하고 있다. 그뿐이 아니다. 최근 보도된 바 있는 한 어린이의 누이동생 살해사건이나 계모의 어린이 구타사건 같은 것도 결국은 이 땅의 어린이가 그 무엇으로부터도 제대로 보호받지 못하고 있는 데서 빚어진 비극들이다. 한 사회가 얼마나 발전했으며 인간다운 사회인가는 그 사회의 어린이가 얼마나 잘 보호받고 있는가에 의해서 단적으로 가늠된다. 어린이의 행복은 그 사회 행복의 척도인 것이다. 그런 면에서 볼 때, 흔히 선진국으로 발돋움하고 있다고들 하지만 우리사회의 아동보호나 복지의 수준은 여전히 후진상태를 벗어나지 못하고 있다. 일반국민도 제 자식에 대해서는 지나칠 정도의 애정을 보이면서도 남의 자식에 대해서는 너무도 냉정하다.

그렇다고 법과 제도에 의한 공공적 차원의 대책이 마련되어 있는 것도 아니다. 현행 아동복지법을 보면 보호를 필요로 하는 아동은 국가와 지방자치단체가 책임을 지고 돌보게 되어 있다. 그러나 실제로 그것을 가능케 하는 제도나 기구는 거의 모두 '설치할 수 있다', '둘 수 있다' 등의 행정적 재량에 맡겨져 있다. 책임이 있다면 마땅히 강제적 의무를 부과해야 하거늘, 법조차 할 수도 있고 안 해도 그만인 재량적 조항으로 만족하고 있는 것이다. 이번 사건이 소녀 자신의 고발에 의해 표면화된 것도 바로 그 때문이다. 법에는 아동에 대한 비인간적 행위를 조사하는 규정이 있지만 그 규정 역시 '조사 질문할 수 있다'로 되어 있기 때문에 실제로는 아무런 조사도 이루어지지 않았던 것이다.

개인의 악덕을 탓하기 전에 이런 형식적인 법의 내용부터 바로 잡아야 한다. 사회복지가 개인의 도덕성에 의해 확보되는 것은 아닐 것이다. 먼저 국가가 그 책임을 망각하고 있다는 것을 일깨워주는 뼈아픈 경종이 되어야 한다.

예시 2 어린 생명을 학대하는 죄

1962년 괄티에로 야코베티 감독의 기록영화는 인면수심의 생생한 현장을 영상에 담아 세계인 앞에 고발했다. 그 영화를 통해 인류는 심한 자괴의 충격을 받았다. 그 중 특히 고발성이 강한 장면들 가운데 하나로 어린이들에게 족쇄를 채워 인공적으로 기형의 불구를 양산해내는 끔찍한 현장기록들은 우리의 뇌리에 아린 각인을 남겼다. 공포에 질린 어린이들의 퀭한 눈빛이 지금도 선하다.

사람이란 그런 짓도 할 수 있는 동물이다. 누가 성선설을 주장했던가. 성악설로도 인간

내면의 수심(獸心)을 설명하지 못할 만큼 사람은 천사의 마음과 범죄의 수심을 함께 지니고 있는 복잡한 동물이다. 그리고 그 짐승같은 잔혹함이 극으로 실행에 옮겨진 살아있는 실례를 바로 우리 곁에서 보게 된 것이 곤혹스럽다. 서울 남대문 경찰서는 네 살 난 여자어린이를 자신의 호적에 올리고 감금해 키우면서 곡예 훈련을 시킨 뒤 밤무대에 출연시키고 그 출연료를 갈취해온 장 씨 부부를 아동복지법과 폭력행위 등 처벌에 관한 법률위반혐의로 구속했다. 네 살 때 데려온 명희라는 여자아이는 지금은 열한 살, 키가 크고 체중이 늘면 인기가 없다고 하루 두 끼에 두 시간밖에 잠재우지 않았다는 명희 양은 일곱 살 정도로 작아 보이는 여윈 모습이다. 그렇게 크기까지 7년 동안 명희 양은 자물쇠까지 채워진 한 평 정도의 골방에 가두어 키워졌고 공연을 잘 하지 못하거나 말을 잘 듣지 않을 경우 각목으로 매를 맞아왔다는 게 경찰보고다. 네 살이면 한창 어리광부릴 나이다. 장난감을 사달라고 떼도 쓸 나이다. 아니 열한 살로 자란 지금도 명희 양은 따뜻한 보살핌이 필요한 나이다. 그러나 그 나이에 명희 양이 겪은 슬픔은 단지 친부모가 없기 때문의 것이 아니다. 사람의 마음속에 둥지를 틀고 있는 '짐승'을 우리 사회가 감시하고 다스리지 못한 탓이며, 그러기에 그것은 우리의 죄다.

우리는 문명국임을 자처한다. 대한민국 어린이헌장은 모두가 함께 어린이를 위해 해야 할 일과 해서는 안 될 일들을 가지런한 글자로 빠짐없이 적어놓고 있다. 1981년에 제정된 아동복지법은 '아동이 건전하게 출생하고 행복하고 건강하게 육성되도록 그 복지를 보장'하기 위해 11개 항에 걸쳐 금지행위를 열거하고 이를 어겼을 때의 벌칙도 마련하고 있다. 그러나 어린이의 복지는 글자로 신장되는 것은 아니다. 그것은 우리의 마음으로 지켜지는 것이며 우리의 실천으로 보장되는 것이다. 만약 법이 정한 규정대로 밤업소를 평소에 단속했던들 명희같은 어린이는 눈에 띄었을 것이다.

설혹 법이 없었더라도 이웃 가운데 어느 하나 또는 그 밤무대의 관중 가운데 어느 하나가 명희 양에 조금의 관심을 가졌던들 그리 오랫동안 학대가 계속될 수는 없었을 것이다. 어린이에게 사회적 보살핌이 필요한 것은 그들이 어리기 때문이다. 그들에겐 저항할 힘도 바르게 판단할 힘도 없다. 그러나 그들이야말로 장래 사회의 주인이다. 아니 그 이전에 그들은 성인과 동등한 '인권'이다. 일차적으로는 부모의 본능적 애정이 그들을 보호하지만 그것으로 모자라는 부분을 기워 모든 어린이를 바르게 양육할 책임을 사회는 공동으로 지고 있다.

함께 눈을 돌려야 한다. 앵벌이가 유난히 많은 것도 우리의 부끄러움이다.

두 사설은 모두 4세 된 여아를 자신의 딸로 입양한 후 7년간이나 감금과 매질로 곡예를 가르친 후 유흥업소 등에 출연시켜 수천만 원의 출연료를 받아 가로챈 서커스 단장이 구속되었다는 동일한 사건을 소재로 하고 있다. 이렇게 쓸거리가 같을 뿐만 아니라, 이 사건에 대한 두 신문의 입장

역시 기본적으로 동일하다. 이 사건은 현실에서 쉽게 간과되고 있는 아동학대의 문제를 단적으로 보여주는 실례이기에 아동 복지의 실상을 분석하고 대책을 마련해야 된다는 요청을 하고 있기 때문이다.

하지만 이러한 문제를 야기한 근본원인으로 지적하고 있는 부분이나, 문제의 해결을 위해 대안으로 제시하는 부분은 두 글에서 다르다. 〈예시1〉의 경우 아동복지법의 유명무실한 측면에 초점을 두어 새로운 법적 장치를 갖추어야 함을 역설하는 한편, 〈예시2〉의 경우에는 아동복지법이 본래의 의미를 갖기 위해서는 무엇보다도 아동 복지에 대한 사회성원들의 인식이 바뀌어야 한다는 점을 강조하고 있다.

이러한 차이는 두 〈예시〉의 골격을 중심으로 비교해보면 보다 명확해진다. 먼저 〈예시1〉은 '법부터가 아동에 무관심하다'라는 제목에서 보다시피, '법'에 초점을 두어 이러한 문제를 해결하는 데 법이 우선해야 된다는 입장을 표명하고 있다. 글의 틀을 보면 도입부에서부터 이번 사건이 우리의 현실인식이 무뎌진 데서 비롯되었기에 무엇보다도 필요한 것이 투철한 현실인식임을 주장하고 있다. 하지만 논자의 시선은 문제 해결의 단서를 아동복지법에서 찾고 있다. 그래서 아동복지법이 가진 재량적 조항에 대해 비난하는데, 아동복지의 수준을 높이기 위해서는 무엇보다 법조항부터가 임의성이 아닌 강제성을 가져야 형식적인 법이 아닌 실제적인 법으로 아동복지를 보장할 수 있게 된다는 것이다. 그런 의미에서 이 글은 사회성원의 노력보다는 법을 제정하고 집행하는 정부의 노력이 문제를 해결하는 대안으로 제시되고 있는 셈이다.

반면 〈예시2〉는 '어린 생명을 학대하는 죄'라는 제목에서부터 읽는 이의 정서를 자극하여 사건의 성격을 법적 차원이 아니라 인정적인 차원에서 조명하려는 의도를 내보이고 있다. 제목에서 읽을 수 있는 이러한 의도는 몬도가네를 거론한 도입부에서도 단적으로 드러나는데, 특히 "공포에 질린 어린이의 퀭한 눈"을 인상적으로 옮겨놓음으로써 인간의 악한 성품 중에서 특히 아동학대에 관한 부분으로 시각을 좁혀놓고 있다.

물론 이러한 인용의 의도는 쓸거리로 주어진 사건의 성격을 맞추기 위함이기도 하다. 곧이어 사건의 내용을 밝히되 피해아동이 얼마나 학대받았나 하는 쪽으로 요약한 경찰의 보고를 인용하고 있기 때문이다. 여기에서 글쓴이가 이 사건을 어떤 관점에서 받아들이고 있는지를 알 수 있다. 그러하기에 글쓴이는 이러한 사건의 배후에는 악독한 한 개인의 죄만 있는 것이 아니라, 그를 방치하여 이러한 사건을 저지르게까지 놔둔 우리 사회 성원의 무책임이 더 크다고 밝힌다. 그래서 이 사설에서 이러한 사회적 무책임은 유명무실한 아동복지법보다 더 큰 비중을 차지하는 것처럼 보인다. 아동복지의 전제는 법의 설정 이전에 아동에 대한 사회성원들의 애정과 책임감이 우선되기 때문이다.

이런 맥락에서 사설에서 결론적으로 내린 것도 사회성원들의 책임감에 대한 촉구이다. 간결하지만 인상적인 문장으로 글을 마무리한 글쓴이의 태도에서 이 글을 읽는 이라면 어느 누구도 예외 없이 이 사건에 대한 공동의 책임을 마음으로부터 깨닫게 될 것이 분명하다.

이러한 비교 작업을 통해 확인할 수 있다시피 앞의 사설이 법 차원의 해결책을 제시하여 사건에 대한 책임을 일차적으로 정부쪽에 둔 것과 달리, 뒤의 사설은 법 이전에 필요한 것이 무엇인가를 살피고 사건에 대한 기본적인 책임은 우리의 몫임을 역설하고 있었다. 그리고 이러한 입장의 차이는 제목에서부터 구체적인 예시나 표현방식, 나아가 논지를 펼쳐나가는 구성에 이르기까지 일관되게 적용된다.

그러므로 한 편의 글을 어떻게 써나가느냐 하는 문제는 작은 부분에서 큰 부분에 이르기까지 전체적으로 적용되는 것으로, 글쓰기의 계획단계에서부터 신중하고 상세히 검토하여 구상의 틀을 준비하는 것이 필요하다. 뿐만 아니라, 이런 계획에 따른다면 제목에서부터 글의 강조점이 달라지며, 논의의 순서를 어떻게 잡느냐에 따라서도 논리적 설득력과 감동의 효과가 달라지게 될 것이다.

3. 효율성을 높이려면

(1) 충분히 구상하기

앞선 부분에서 〈쓰레기 치는 사람들〉이라는 시 한 편을 소개한 적이 있다. 다음의 〈예시1〉은 해당 시를 읽고 자신의 감상을 담아 쓴 짧은 글이다. 한 편의 글에 글쓴이는 시에 대한 어떤 감상을 어떤 짜임새로 담아 놓았는지를 살펴보기로 하자.

예시 1 **우리는 당신들을 몰랐다**

오늘도 쓰레기를 멀리 하며 학교로 왔다. 마치 쓰레기는 나와 아무런 관련 없는 듯 고고하게 걸어왔다. '요즘 길에 누가 쓰레기를 버리는 거야'라는 생각을 하며, 쓰레기와 나는 아무 관련이 없다는 듯이 오만하게 걸어왔다. 이 추위에 형광옷을 입은 환경미화원 분들께 감사한 마음을 갖기는 했지만, 그저 노동을 하는 분들이라는 편견에 나를 가두고 지성인이 되기 위해 학교에 왔다. 가방에는 이제 곧 쓰레기가 될 수많은 것들을 넣어두고 쓰레기를 멀리 하며 학교에 왔다.

49,915톤. 2014년 우리가 버린 쓰레기의 총합이다. 우리는 흔히 지금의 사회를 소비사회라 부른다. 소비하지 않고는 살아갈 수 없는 사회, 소비가 미덕인 사회에서 우리는 살고 있다. 시즌별로 의류 브랜드는 새로운 옷을 만들며 트렌드를 쫓아오라 요구하고, 각종 SNS에서도 인증문화가 만들어지면서 그 소비를 따라가지 않으면 도태되는 사람처럼 느끼게 한다.

우리는 소비사회에 충실하지만, 소비한 그 이후의 일에는 관심이 없다. 우리가 이렇게 많은 물건을 소비하고 있으면서 또다른 물건을 소비하며 삶의 만족을 올리는 순간에도 뒤에서 묵묵히 자신의 일을 하고 있는 '쓰레기 치우는 사람들'이 있기에 가능한 것인데도 말이다.

최근에는 환경미화원이 청소작업 중 음주운전 차량에 치여 두 다리를 잃었는데, 2013년에도 청소차에 매달려가다 차량 바퀴에 깔려 현장에서 숨지는 사고가 있었다고 한다. 하지만 현재까지도 환경미화원에 대한 별다른 대책이 마련되지 않고 있다. 요즘 환경미화원 되기가 '하늘에 별 따기'라는 말이 들릴 정도로 혜택과 복지가 좋아지고 있다고 하지만, 정작 중요한 그들의 안전에는 그다지 관심이 없는 것 같아 아쉽다. 그들은 남들이 잠든 새벽 4시부터 일을 시작해 다른 사람들이 생각 없이 혹은 고의로 버린 쓰레기를 치우며 다른 사람들의 일상을 가능하게 해주는 사람들이다. 음주자와 씨름하고 추운 날씨와 싸우며 사회적 편견을 참아내며 우리의 일상을 가능하게 하는 사람들이다.

얼마 전 음식물쓰레기 봉지가 터져 집안에 고약한 냄새가 가득했다. 잠깐이었지만 불쾌했으며, 빨리 음식물 쓰레기통에 넣고 싶었다. 그 찌릿한 냄새의 원인 제공자에 나도 포함될 것이다. 하지만, 그런 나조차도 음식은 좋으나 음식물쓰레기는 싫고, 새로운 물건은 좋으나 그것 또한 곧 있으면 버려질 것이라고 아무렇지도 않게 생각한다. 매일 고생해주시는 환경미화원들이 있기에 우리는 쓰레기더미에 살지 않아도 되는 게 아닐까? 우리는 그들이 그저 쓰레기만 치우시는 분들이라고만 생각한다. 하지만 그분들은 단순히 쓰레기를 치우는 분들이 아닌, 우리의 일상을 가능하게 만들어주시는 분들이다. 그리고 자연의 것을 다시 자연으로 돌려보내는 가치 있는 일을 하는 분들이다.

나는 당신들을 몰랐다. 남들이 기피하는 일을 하기에 더 많은 연봉을 받으면 좋겠다고 생각했을 뿐, 당신들의 직업의식과 가치에 대해 생각해본 적이 없었다. 새벽바람과 싸우면서 우리의 일상을 가능하게 해주는 당신들이 있기에, 자연의 것을 다시 자연으로 돌려보내는 당신들이 있기에 우리의 하루가 만들어지는 것이었음을, 우리는 정말 몰랐다.

〈예시1〉은 모두 여섯 개의 문단으로 이루어져 있다. 글을 시작하는 도입문단과 마무리하는 종결문단, 글의 중심적인 이야기를 하는 네 개의 중심문단이 그것이다.

글쓴이의 구상개요를 간략히 정리하면 다음과 같다. 도입부에서는 과소비를 하면서 쓰레기에는 큰 관심이 없는 글쓴이의 모습을 이야기한다. 중심부에서는 소비사회라 할 정도로 쓰레기는 늘어가고만 있는데 환경미화원의 역할은 과소평가되는 현실에 대해 이야기하고, 쓰레기 치우는 사람들의 노동시간과 복지 현황 등 속사정을 살펴보고, 사회적으로는 저평가 되는 직업이지만 그들이 있기에 일상이 가능하고 사회가 움직일 수 있음을 지적하는 등 중요한 사항들을 서술한다. 이후 종결부에서는 '우리는 당신을 몰랐다'라는 문장으로 대변되는 자기반성으로 마무리한다.

이러한 글의 짜임새를 볼 때 글쓴이가 생각나는 대로 아무렇게나 글을 풀어나간 것이 아님을 알 수 있다. 아마도 글쓴이는 쓰기 작업에 들어가기 전 주제를 효과적으로 전하기 위해 여러 가지 방법으로 글의 틀 짜기와 내용을 검토해보았을 것이고, 그 중에서 가장 효과적이라 판단된 것을 토대로 한 편의 글을 만들어나갔을 것임을 짐작하기는 어렵지 않다.

글쓴이는 시를 감상한 소회를 이렇게 밝히고 있다. 우선 '쓰레기 치는 사람들'이라는 제목이 진부해서 막연하게 감사를 강조하는 교훈적인 시일 것이라 생각했는데, 막상 시를 읽고 나니 그런 인상과 다르게 쓰레기 치우는 사람들을 전혀 몰랐다는 자각과 함께 이들에 대해 진지하게 생각할 수 있는 계기가 되었다고 한다. 그래서인지 이 글은 반성적 분위기가 조금은 짙게 느껴지는데, 이는 글쓰기의 방향도 자기반성적인 쪽으로 잡아서 공허한 주장이나 당위론적 태도로 귀결되지 않도록 신경 쓰자는 글쓴이의 의도를 잘 살린 결과라고 할 수 있다.

제대로 구상하려면

한 편의 글을 완성하기 위해 필요한 작업은 여러 가지이다. 기초적인 작업으로 필요한 것은 앞서 정리한 바 있는, 글쓰기의 계획을 세우는 작업이다. 곧, 무엇을 가지고 어떤 방향으로 글쓰기를 해나갈 것인가 하는 부분을 채워 넣는 것이다.

이제 글의 주제가 정해지고 그에 따른 쓸거리 또한 정리되면, 주제를 중심으로 쓸거리들을 효과적으로 배열하여 전체 줄거리를 짜는 일을 하게 된다. 이렇게 짜여진 줄거리를 흔히 '구상개요' 또는 '아우트라인'이라고 하는데, '구상하기'가 바로 이 단계에서 이루어지게 된다.

제대로 구상하기 위해 글쓰기의 기초 훈련에서는 다음과 같은 사항을 권장하고 있다.

첫째, 글쓰기의 방향을 정하는 작업이 필요하다. 앞선 장에서 설명한 대로 보다 효율적인 글쓰기가 되려면 주어진 쓸거리의 범위를 제한할 필요가 있고, 과연 무엇을 쓸 것인가 하고 그 방향에 대한 여러 가지 가능성을 생각해보는 것이 필요하다. 글쓰기의 방향이 정해졌다면 이에 대한 자신의 생각을 보다 구체화시켜 주제와 제목을 끌어내는 것이 앞서 배운 글쓰기의 계획 작업이다.

둘째, 글의 분량과 목적에 맞게 논점을 제한할 수 있어야 한다. 이를 위해서는 주제와 관련된 구체적인 생각들을 가능한 한 여러 가지로 끌어내는 작업이 선행되어야 하고, 이를 토대로 글의 분량이나 글쓴이 자신의 능력, 무엇보다 글쓴이의 관심 포인트를 고려하여 한 가지를 택하는 것이 바람직하다. 이 단계에서 주제를 구체화하기 위해 이와 관련된 가능한 생각이나 사례 등을 끌어 모으는 일은 구상개요를 작성하기 위한 기초재료가 된다.

셋째, 글의 기본적 골격에 따라 틀을 잡을 수 있어야 한다. 구상개요를 작성하는 것은 한 편의 글이라면 마땅히 갖추어야 하는 구성의 기본적인 골격을 잡는 것이기 때문이다. 글의 종류에 따라 조금씩 차이는 있을 수 있으나, 대부분의 글은 다음의 〈예시2〉와 같은 틀을 기준으로 삼으므로 이에 맞게 구체적인 내용을 정하고 순서를 정돈하면 될 것이다.

예시 2

도입부	– 글을 시작하는 부분으로, 그 글에 대한 첫인상이 결정될 수 있다. – 독자의 호기심을 자극하고 글의 주제를 잘 이끌어낼 수 있을지를 고민해야 한다.
중심부	– 주제에 대한 본격적인 논의를 하는 부분이다. – 도입부나 종결부와는 달리 단일하지 않은 내용들로 채워지게 되므로 그것들을 다시 성격에 따라 분류하고 묶어 재배열하는 작업이 필요하다. – 어떤 순서로 이야기를 풀어나가느냐에 따라 글의 효과가 달라지게 마련이므로 가능한 한 여러 가지 방법을 모색한 후 가장 효과적인 배열 방법을 선택하는 것이 좋다. – 구상개요의 작성이 다른 어느 부분에서보다 더욱 절실히 요청된다.

종결부	- 글을 마무리하여 끝맺음을 하는 부분이다. - 도입부와 중심부에서 다룬 이야기를 종합하여 마무리 짓는 형식을 취한다. - 어떻게 마무리하느냐에 따라 글의 성격이 달라질 수 있으므로, 어떤 마무리가 적절한지에 대해 미리 구상하는 것이 필요하다.

구상개요의 작성은 글쓴이의 생각을 정리해서 도식화하는 것이므로 전체 글쓰기를 용이하게 해준다. 글쓰기에 숙달된 사람이라면 쓸거리나 주제에 대한 사고를 하는 과정에 구상 작업이 자연스레 포함되기도 한다. 하지만 우리의 경우에는 아직 그러한 단계까지 이르지 못했기에 집필 단계에 들어가기 이전 구체적으로 상세한 구상을 해야 하고, 이러한 구상 작업이 익숙해질 때까지는 반드시 종이 위에 여러 번 작성해보아야 한다.

그리고 한 편의 글이 완성된 뒤에는 과연 구상의 계획에 맞게 글을 잘 펼쳐나갔는지를 검토해보는 것이 필요하다. 이런 과정을 거쳐야만 머릿속으로 한 구상만으로도 짜임새 있는 한 편의 글을 완성할 수 있게 될 것이다.

이어지는 부분에서는 한 편의 글쓰기에서 구상 작업을 보다 체계적으로 훈련할 수 있는 4단계 작업을 간략히 보여주고자 한다. 막연하게 구상하는 습관에서 벗어나 글쓰기의 막막함과 막연함을 덜어버릴 수 있는 단계별 구상작업을 연습해보기 바란다.

1단계 작업: 주제문 만들기

1단계 작업은 글쓴이 스스로 어떤 주제로 쓰고 싶은지 주제문을 만들어보는 것이다. 이때, 주제문을 만들었다면 거기서 그치지 말고 주제문을 뒷받침할 만한 내용을 3가지 정도로 정리해 볼 것을 추천한다. 예를 들어, 이러한 주제문을 만들게 된 이유나 배경에 대한 설명, 혹은 근거에 대한 메모 등을 각각 한 문장 정도씩으로 정리해두는 것이다.

다음의 〈예시3〉은 앞서 살핀 90쪽과 91쪽에 있는 〈예시〉들을 읽고, 한 편의 글쓰기를 하기 위해 준비한 작업 중 일부이다. 글쓴이는 1단계 작업을 통해 아동학대에 대한 자신의 입장을 다음과 같이 정리하고 있다.

예시 3 **1단계 작업: 주제문 만들기**

주제문	준비되지 않은 부모가 아동학대를 낳게 된다.
주제를 보충하는 지점	(1) 요즘 세태를 볼 때, 부모가 된다는 것에 너무 쉽게 노출되어 있다.
	(2) 사회적으로 '부모가 된다는 것, 가정을 꾸린다는 것'에 대한 교육도 부족하다.
	(3) 아동학대의 가해자인 부모도 피해자일 수 있다.

글쓴이는 이번 글에서 아동학대의 요인 중 하나로 '준비되지 않은 부모'라는 존재를 주목하고 있으며, 이를 통해 부모교육이 부재한 우리 현실의 문제점을 지적하고자 한다. 주제를 보충하는 3가지 지점이 구체적이기 때문에 2단계 작업에서 행할 글쓰기의 방향성을 잡는 작업도 훨씬 수월하게 진행할 수 있을 것이라 기대된다.

글쓴이의 구상대로라면, 아동학대 실태 조사 결과 아동의 부모가 약 80%를 차지한다고 하는데 이러한 의외의 지점을 주목하는 것은 피해자인 '아동'에게만 초점을 맞추어 조명되는 아동학대 문제를 새로운 시각에서 접근하는 효과가 있을 것이라 기대된다. 또한, 아동학대를 단순히 신체적 학대로 인식하는 것에서 벗어나 정신적 학대나 교육적 학대 등 여러 형태로 나타나는 문제에 대해서도 관심을 갖게 할 수 있을 것이다. 무엇보다 아동학대의 가해자인 부모도 부실한 제도적 교육으로 인한 피해자인 셈이므로 부모교육에 대한 제도적인 대책 마련이 필요함을 주장할 수 있을 것이다.

다음은 또다른 글쓴이가 구상한 1단계 작업의 결과이다. 어떤 구상을 담고 있는지, 미리 짐작해보자.

예시 4 **1단계 작업: 주제문 만들기**

주제문	아동학대를 근절하지 못하면 사회가 병이 든다.
주제를 보충하는 지점	(1) 아동학대가 버젓이 자행되는 이유는 무엇일까?
	(2) 어린 시절 학대와 폭력에 노출되면 또다른 학대와 폭력의 가해자가 된다.
	(3) 아동학대는 사회구성원 모두에게 책임이 있다.

2단계 작업: 글쓰기의 방향성 고민하기

한 편의 글에 담긴 내용 중 거르고 걸러 남은 핵심적인 문장이 주제문이라고 한다면, 이제부터는 주제문에 살을 붙이고 붙여 한 편의 글로 펼쳐 놓는 작업이 필요하다. 그리고 이 단계에서는 어떤 내용을 어떤 순서로 써나갈지 글의 흐름을 미리 예상해보는 작업을 하게 되는 것이다. 그래야 독자의 반응을 예상하고, 기대되는 효과와 합치되는지를 가늠해볼 수 있게 된다.

다음의 〈예시5〉 역시 앞서 살핀 90쪽과 91쪽의 〈예시〉들을 읽고 한 편의 글쓰기를 준비하고 있는 작업 중 일부인데, 청소년문제로 초점을 맞추고 있다. 우선 앞선 설명대로 1단계 작업으로 주제문을 만들고 있다.

예시 5 1단계 작업: 주제문 만들기

주제문	우리나라는 청소년 가해자에게 너무 관대해서 제대로 처벌하지 않는다.
주제를 보충하는 지점	(1) 청소년 범죄 사건은 그 잔혹함에 비해 처벌 강도가 낮다.
	(2) 사람들은 '청소년'이라는 이유로 면죄부를 주지만, 그들은 결국 범죄 '가해자'일 뿐이며 이는 피해자를 외면하는 행위이다.
	(3) 가해자의 나이가 어리다는 이유로 피해자의 고통이 외면되어서는 안 된다.

〈예시5〉의 글쓴이는 다음과 같이 글쓰기의 방향성을 고민하고 있다. 2단계 작업에서는 2가지 이상으로 글쓰기의 틀을 잡아보고 각각의 경우에 맞춰 독자의 반응이 어떨지 기대되는 효과를 메모해두는 것이 필요하다.

예시 6 2단계 작업: 글쓰기의 방향성 고민하기

	글쓰기의 방향성을 고민한다면?	예상되는 효과는?
1안	– 한창 떠들썩한 청소년 잔혹 범죄 사례 제시(부산 여중생 사건이나 밀양 여중생 사건 등). – 가해자가 청소년이라고는 하나 범죄의 잔혹성은 성인 가해자와 다를 바 없다. – 그러나 청소년이기 때문에 처벌 강도가 낮다. – 단지 청소년이라는 이유로 주어지는 면죄부는 필요 이상의 관대함이자 피해자를 외면하고 기만한 결과이다. – 청소년이라도 가해자이자 범죄자라는 점을 기억하고, 피해자의 편에 설 수 있어야 한다.	– 제시되는 사례들은 국민의 관심이 쏠려있던 사건이었으므로, 글에 대한 흥미를 끌기에 충분하다. – 청소년 가해자에게 내려진 솜방망이 처벌에 분노한 적이 있다면, 충분히 공감할 수 있을 것 같다.

2안	– '청소년'이라는 단어의 정의 내리기 – 청소년 가해자의 나이와 그에 따른 미성숙함, 남은 삶을 이유로 그들의 범죄 행위를 '실수'로 생각하여 정작 고통 받은 피해자들은 외면하고 있다. – 단지 청소년이라는 이유로 주어지는 면죄부는 필요 이상의 관대함이자 피해자를 외면하는 결과이다. – 청소년이라도 가해자이자 범죄자라는 점을 기억하고, 피해자의 편에 설 수 있어야 한다.	– '청소년'이라는 단어의 의미를 집중적으로 파헤침으로써 청소년이라는 점이 면죄부를 받기에 타당한지에 대해 새로운 논점을 제시해줄 수 있을 것이다.

다음의 〈예시7〉 역시 아동학대—청소년 문제를 다룬 글쓰기 연습 중 일부이다. 글쓴이의 구상 작업을 따라가면서 단계별 작업이 충실히 되었는지를 살펴보자. 〈예시8〉에서 2단계 작업 중 2안은 여러분의 몫으로 비워놓았으니, 어떤 글쓰기가 가능할지 새로운 글쓰기의 방향성을 고민해 보자.

예시 7 1단계 작업: 주제문 만들기

주제문	여전히 '보이지 않는 교육적 학대'를 당하고 있는 청소년들이 있다.
주제를 보충하는 지점	(1) 유명무실한 대한민국의 교육시스템(여전히 일류대학을 위한 교육, 경쟁을 부추기는 사회 분위기 등)이 문제다.
	(2) 권장학습시간을 훨씬 초과한, 과도한 학습량에 지쳐가는 청소년들이 불쌍하다.
	(3) 청소년의 학업스트레스로 인한 우울증도 심각하다.

예시 8 2단계 작업: 글쓰기의 방향성 고민하기

	글쓰기의 방향성을 고민한다면?	예상되는 효과는?
1안	– 유명무실한 대한민국의 교육 시스템 현황 – 행복은 성적순이었고, 어른이 된 지금도 변한 건 없다. – 과도한 학업스트레스가 가져다주는 청소년 우울증의 심각성 – 교육시스템의 개선 방향에 대한 제언	– 청소년의 우울증의 요인으로 학업 스트레스를 주목하면 자연스러운 전개가 될 듯. – 교육 현황에 대한 이해가 피상적인 소개에서 벗어나야 설득력을 가질 듯. – 나의 경험을 서술하면 또래들의 공감을 얻기가 쉬울 듯.
2안		

3단계 작업: 키워드 잡기

구상하기 단계에서는 대부분 주제를 잡고 글의 틀을 잡는 선에서 구상 작업을 마무리하기가 쉬운데, 한 걸음 나아가 한 편의 글쓰기에서 중심을 잡을 만한 키워드를 잡아두는 작업까지를 해두는 것이 효율적이다. 여기에서 키워드를 활용한 효과적인 표현까지를 만들어두면, 글쓰기 과정에서 겪게 되는 막막함이나 막연함을 쉽게 떨치고 만족스러운 글쓰기 작업을 해낼 수 있기 때문이다.

다음의 〈예시〉들은 앞서 소개한 사례들의 경우를 주목하여, 지금 설명한 3단계 작업을 수행한 결과들이다. 각기 선행 단계에서 어떠한 작업을 하였는지 다시 살펴보고, 3단계 작업에서는 해당 글쓰기의 주제를 살려줄 키워드로 어떤 것들을 뽑아냈고 이를 활용하여 효과적인 표현들을 어떻게 만들어내고 있는지 찬찬히 따져보기로 하자.

예시 9 3단계 작업: 키워드 잡기

	키워드	키워드 활용하여 표현해보기
A	– 아동학대 – 부모답지 않은 부모 – 부모의 자격 – 부모교육 – 결혼관/가족관의 부재	– 훈육과 학대의 경계 – 아이와 함께 자라는 부모 – 아이는 부모의 거울이다 – 아이의 권리를 존중하기 위한 부모교육 – 어떤 부모가 좋은 부모인가 – 부모 교육에 맞춘 조기교육은 아동학대 – 달라진 결혼관/가족관
	키워드	키워드 활용하여 표현해보기
B	– 아동학대 – 폭력의 대물림 – 개인, 가정의 문제 – 방관 – 행동	– 슬퍼하는 아이들은 어디에나 있다 – 아이들이 슬퍼하는 사회에 미래는 없다 – 남의 집 가정사가 아닌, 우리 사회의 이야기 – 반복되는 고리는 밖에서 끊어야 한다 – 끝없는 피해자의 양산 – 우리 모두가 방관자이자 가해자 – 남의 집 가정사에 참견해야 한다 – 발 벗고/두 팔 걷고 나서자

예시 10 3단계 작업: 키워드 잡기

	키워드	키워드 활용하여 표현해보기
C	– 청소년 – 아직은 어린아이 – 가해자/범죄자 – 피해자 – 실수 – 관대함 – 면죄부	– '청소년'이라는 이름이 면죄부가 될 수는 없다 – 청소년은 가해자가 될 수 없는가? – 피해자의 고통과 트라우마 – 피해자를 외면하고 기만한 결과 – '아직은 어린아이'가 저지른 '실수' – 필요 이상의 관대함 – 청소년은 미성숙하고 무지하며 남은 생이 길다 – 면죄부는 피해자로부터 주어지는 것이 아니다 – 우리 사회는 피해자의 편에 서기를 주저한다 – 가해자이자 범죄자를 가엽게 여길 필요는 없다

	키워드	키워드 활용하여 표현해보기
D	– 보이지 않는 학대 – 청소년의 가방 – '권장' 학습시간 – 나의 경험 – 우울증 – '청소년다운'이라는 것 – 교육개선	– 행복은 성적순이었다 – 어른이 된 지금도 변한 것은 없다 – 보이지 않는 교육적 학대 – 권장학습시간을 초과한 과도한 학습량 – 무거운 청소년의 책가방 – 허리도 휘고 꿈도 휘는 청소년 – 여전히 청소년은 꿈꿀 시간이 없다 – 격렬한 감정변화가 주는 내적 심리 불안정 상태 – 청소년기 우울증이 성인기 우울증보다 위험하다 – 교육개선 인지의 중요성

3단계 작업으로 이렇게 키워드를 잡는 것은 한 편의 글을 써나갈 때 중심을 이룰 지점을 잡는 것과 마찬가지 효과를 갖는다. 키워드를 활용한 표현 목록에서도 보다시피 키워드를 동원하여 이러저러한 표현들을 만들어보는 것만으로도 글쓴이가 말하고자 하는 바가 보다 명확해지거나 논점을 정교하게 다듬을 수 있게 된다.

만약 이러한 작업들을 생략하게 된다면, 실제 글쓰기 과정에서는 그때그때 필요한 표현을 생각해내고 다듬어내야 하므로 시간상으로 비효율적인 글쓰기 작업이 될 수 있다. 우리가 구상하기 작업에 충분히 시간과 노력을 투자하는 것은 이러한 비효율성을 줄이기 위한 것이다.

4단계 작업: 인상적인 표현 만들기

이제 3단계 작업에서 한걸음 더 나아갈 수 있는 지점을 소개하고자 한다. 구상하기의 4단계에서는 말하고자 하는 바가 분명해질 수 있도록 표현을 매끄럽게 다듬어보는 작업을 추천하고자 한다. 이미 3단계에서 키워드를 잡고 이를 활용한 다양한 표현을 고민해보기는 했지만, 그래도 미진

한 부분이 조금은 남아있을 것이다. 그런 의미에서 우리가 할 수 있는 작업은 자신의 의도를 핵심적으로 보여줄 멋진 표현을 만들어보는 것이다. 다음의 〈예시〉들을 살펴보자.

예시 11 **4단계 작업: 인상적인 표현 만들기**

	긴 표현	짧은 표현
A	현명한 부모가 된다는 것은 넘치게 주는 것이 아니라 필요한 것을 주는 것이다. 부족함을 깨닫고 채워주는 것이지, 이미 가진 것이 무엇인지 생각지 못하고 더 주는 것이 아니다.	누구를 가여운 사람이라 할 수 있을까. 누구든 가여운 사람일 수 있다.
B	수천 번의 생각보다 그저 한 번의 작은 움직임이 더 큰 불씨를 지필 수 있다. 아동학대를 근절하고자 하는 생각만으로는 부족하다. 아동학대를 근절해야만 한다는 움직임이 필요하다.	슬피 우는 아이들은 어디에나 있다. 우리가 손을 내밀지 않았을 뿐.
C	청소년이라는 단어는 묘해서 어떻게든 '아직은 어린아이'라는 특징을 발견해내게 만든다. 그래서 수천 가지 답보다 질문 하나가 많은 불씨를 만들어낼 수 있다. 이토록 참혹한 범죄를 저지른 이들은, 단지 '아직은 어린아이'라는 이유로 가해자가 될 수 없다는 것인가?	가여운 사람들은 얼마든지 있다. 이들을 가엽게 만든 사람들까지 가엽게 여길 필요는 없다.
D	현명해진다는 것은 끊임없이 무엇인가를 주입시키는 것이 아니라, 스스로 몰랐던 현상을 깨닫게 하는 것이다. 청소년이 현명해진다는 것은 새로운 것을 알게 하려는 것이 아니라, 그들이 알지 못하는 것을 깨닫게 하려는 것일지 모른다.	대한민국 교육의 문제는 이 문제를 잉태시킨 사고의 틀로는 해결할 수 없다.

이렇게 다듬어보는 과정을 거치면서 보다 확실하게 인상적인 표현을 만들어볼 수 있을 것이다. 그리고 이렇게 멋진 표현이 있다는 것만으로도 글쓰기의 전개과정에서 자기가 원하는 글의 분위기, 자신이 쓰고자 하는

글의 방향성이 절로 재확인되어 성과를 높일 수 있으리라 기대한다.

(2) 구성 감각 발휘하기

한 편의 글을 구성한다는 것

한 편의 글은 여러 개의 문단으로 이루어져 있다. 물론, 이 문단들은 궁극적으로 주제를 나타내기 위해 존재하는 것들이다. 따라서 한 편의 글에서 여러 개의 문단들은 그 속에 간직하고 있는 소주제들끼리 서로 긴밀히 연결되면서 동시에 글의 주제를 중심으로 통일성을 유지하면서 이어지지 않으면 안 된다. 그리고 주제에 대한 것을 효율적으로 강조할 수 있어야 한다.

하나의 전개되지 않은 논의는 여행 계획을 세워놓았으나 실제로 여행을 떠나지는 않은 상황과 같다. 이것은 좋은 글, 멋진 글이 될 수 있다는 가능성을 갖고 있다는 점에서는 흥미롭지만, 이 가능성들은 단지 머릿속에만 잠재해 있을 뿐이다. 그러므로 이를 뚜렷하고 생생하게 하기 위해서는 그 가능성들을 전개시켜 좀 더 명확하게 해야 한다. 이렇게 한 편의 글에서 잡은 주제의 가능성을 실현하는 것이 문단과 문단을 엮어나가는 구성 작업이다.

한 편의 글을 구성한다는 것은 문단과 문단을 엮어 한 편의 글로 완성해내는 것을 말하며, 이는 자신이 잡은 주제를 명확하고도 충분하게 구체적으로 설명하는 것을 의미한다. 이 때 필요한 것이 바로 구성 감각이다. 구성 감각이란 한 편의 글이 갖춰야 할 기본적인 구성을 토대로 문단과 문단을 효율적으로 엮어나가는 것을 말하며, 이때 필요한 것이 바로 수사학에서 강조되는 세 가지 원칙이다.

한 편의 글을 완성하기 위해서는 글의 각 부분, 곧 도입부와 중심부와 종결부에 해당하는 문단들을 잘 만드는 것뿐만 아니라, 각각의 부분들을 잘 엮어나가는 것도 중요하다. 글의 길이가 짧든 길든, 또 주제가 단순하든 심화되어있든 간에 글을 써나가는 과정에서 반드시 구비해야 할 기본적인 사항이 있다. 통일성과 연결성, 그리고 강조성의 원리가 그것이다. 통일성과 연결성과 강조성이라는 세 가지 원리는 글다운 글이 갖추어야 할 요건으로 매우 중요하기 때문에, 흔히 '수사학의 3대 원리'라고도 한다.

통일성의 원리 살리기

통일성의 원리란, 글의 주제와 그것을 뒷받침하는 재료들, 예컨대 문장과 문단, 소재와 주제 등이 내용상으로 일치해야 함을 뜻한다. 곧 글에 쓰인 모든 재료들은 주제를 뒷받침하는 것이어야 하고 주제는 글에 사용된 모든 재료들이 모여서 나타내는 하나의 중심생각이어야 한다. 그렇다고 해서 내용의 측면에서만 통일성이 강조되는 것은 아니다. 형식적인 측면에서, 그리고 부차적인 부분에서도 통일성은 요구된다. 내용과 형식이 조화되어야 좋은 글이 되기 때문이다. 그러므로 통일성이란 글 전체에 적용되는 가장 중요한 원리라고 생각하면 될 것이다.

또한, 한 편의 글을 구성하는 차원에서 문단을 나눌 때 통일성을 보장하는 기준을 적용하는 것이 필요하다. 그 하나는 각 문단이 소주제와 그 소주제를 뒷받침해주는 문장만으로 이루어지도록 하는 것이다. 이는 문단을 짤 때 그 문단에서 드러내려 하는 중심생각과 관련이 없는 내용은 일체 배제해야 한다는 것으로, 문단 내적인 통일성이라고 할 수 있다. 다른 하나는 글 전체와의 관계에서 볼 때 각 문단이 다른 문단과 구별되도록 배려하는 것이다. 이를테면 한 편의 글에 소주제가 똑같은 두 개의 문단이 있을 수는 없다는 것으로, 소주제의 상대적 통일성이라고 할 수 있다.

그렇다면 한 편의 글에서 통일성의 원리를 살리려면 어떻게 해야 할까? 크게 두 가지 측면에서 통일성의 원리를 살려주면 된다.

첫째, 통일성 있게 글을 엮기 위해서는 주제와 관련 있는 내용만을 택하는 것이 필요하다는 점이다. 한 편의 글에 통일성을 부여하기 위해서는 글을 쓸 때 주제가 선명히 드러날 수 있도록 재료들을 주의 깊게 선별하고, 주제와 관련이 없는 불필요한 재료라면 과감히 생략하는 태도가 필요하다.

다음의 〈예시1〉은 도입문단에서 밝힌 바와 같이 사랑의 동기가 무엇인가를 탐색한 글이다. 중심문단들이 사랑을 하게 되는 여러 가지 동기들을 탐색하고 설명하는 데에 집중하여, 도입문단에서 밝힌 글의 의도를 잘 살려내고 있다. 글 전체의 통일성이 달성되고 있음은 물론이다.

예시 1 사랑의 동기

우리는 가끔 자기도 모르게 어떤 대상에게 마음이 끌리는 수가 있는가 하면, 반대로 아무리 애를 써도 사랑할 수 없는 대상을 발견하기도 한다. 왜 우리는 어떤 이는 사랑하게 되며 어떤 이는 사랑하지 못하게 되는 것일까? 이 글에서는 이런 물음 곧 사랑의 동기에 관해 살펴보기로 한다.

우리가 사랑을 하게 되는 동기의 하나는 아름다움을 추구하는 본성에서 비롯된다. 우리는 누구나 아름다움을 동경하고 있다. 누구나 예쁜 꽃을 보면 즐거워하고 아름다운 그림이나 음악에 마음이 끌린다. 같은 값이면 고운 빛깔, 아름다운 모양, 멋진 맵시를 찾으려 한다. 이처럼 아름다움은 어떤 대상에서도 우리의 마음을 강렬하게 끌어당기는 요인이 되어, 아름다움을 발견할 때 우리는 호감을 가지게 되며 마침내 사랑의 정서를 불러일으키게 된다. 물론 아름다움은 겉으로만 판단되는 것이 아니요, 또 그것이 우리의 마음을 끄는 유일한 요소도 아니다. 그러나 동일한 조건이라면 아름다운 곳에서 사랑의 싹은 자라기 마련임은 틀림이 없다.

사랑을 불러일으키는 다른 한 가지 요인은 진리이다. 우리는 본성적으로 거짓이 아닌 진실, 또는 진리를 희구한다. 오늘날 고도로 발달한 과학문명과 인류문화의 찬란한 꽃은 모두 진리를 향한 인간의 강렬한 욕구로 말미암은 것이라고 할 수 있다. 이는 결국 진리가 우리의 마음을 세차게 끌어당기는 힘, 곧 우리의 뜨거운 사랑을 불러일으키는 마력이 있음을 말해준다. 더구나 진리를 위해 헌신한 사람들을 역사적으로 살펴보면 재산, 명예, 지위 등 온갖 세속적인 욕망을 다 희생했음을 알 수 있다. 이와 같은 사실에서 우리는 진리야말로 가장 순수한 사랑의 동기를 부여하는 요인임을 깨닫게 되는 것이다.

우리가 사랑을 하게 되는 또 한 가지 동기는 선을 추구하는 본성에서 찾을 수 있다. 우리는 누구나 선량한 마음과 착한 행실을 보면 흐뭇한 마음을 가진다. 방정환 선생이 아니더라도 천진난만한 아이들의 착한 모습을 보고 흐뭇한 마음을 갖지 않는 이는 없다. 백합처럼 깨끗한 성자의 마음씨, 구슬처럼 맑은 순교자들의 일편단심을 보고 고개가 숙여지지 않는 이는 없다. 온갖 고통과 희생을 무릅쓰고 자식을 위해 헌신하는 어머니의 끝없는 마음에 감동을 느끼지 않는 목석은 없다. 반면 사악한 무리들의 행위를 보고 불쾌한 감정을 갖지 않는 이 또한 없다. 이는 결국 선이라는 가치가 우리의 호의와 사랑의 행위를 일으키는 또 하나의 요인이 됨을 역설해주는 것이다.

그렇다면 다음의 〈예시2〉에서는 통일성의 원리가 어떻게 구현되고 있을까? 비교적 간단명료하게 파악되는 〈예시1〉과 달리, 다음의 〈예시2〉는 좀더 심층적인 분석이 필요하다.

예시 2 **꿈을 꾸는 누군가에게**

'꿈이 있는 삶'은 멋진 일이다. 우리들은 꿈을 꾸며 하루를 살아갈 힘을 얻고, 미래를 그려나갈 희망을 가진다. 우리보다 앞서 살았던 사람들이나 수없이 쏟아져 나오는 책 등에서도 종종 발견할 수 있는 문장이다. 그렇지만 우리에게 꿈은 어떤 의미일까? 자기의 장래희망을 꿈이라고 말할 수 있을까. 그것을 이루면, 그 뒤에는 다른 꿈을 가져야 할 터이다. 이 꿈을 이루면 저 꿈을, 저 꿈도 이루면 또 다른 꿈을 선택하게 된다. 그렇게 수없이 반복하다 보면 제자리에서 맴돌고 있는 자신을 발견하게 될 것이다. 결국, 나에게 있어 진짜 꿈은 무엇일까?

사실 꿈이라는 개념에 큰 의미를 부여하는 것은 아니다. 사람들은 꿈만 쫓다 보면 정상적인 삶을 영위할 수 없을 것이라 한다. 남들과 맞게, 자기 분수에 맞게 살아가는 것이 자신에게 주어진 훌륭한 인생이라고 말한다. 그렇지만 수없이 반복되는 일상에서, 자기만의 특별한 목표를 가지고 있지 않다면 우리가 살아가는 것에 어떤 의미를 부여할 수 있을까. 자기의 장래희망과는 다른, 좀 더 특별한 무언가가 필요하다. 그리고 이 특별한 무언가는 꿈을 꾸는 것으로 대체할 수 있을 것이다.

그렇다면 꿈을 꾸기 위해선 무엇을 해야 할까. 내가 전하고 싶은 것은 많이 걷는 것, 느리게 사는 것, 그리고 땅보다는 하늘을 보고 사는 것이다. 우리는 너무나도 빠른 세상에서 살아가고 있다. 하루에도 수없이 많은 정보가 생겨나고, 남들에게 뒤처지지 않기 위해 자신을 채찍질하며 달려가고 있다. 그렇지만 꾸준히 달리기 위해서는 휴식이 필요하다. 내 목표를 향해 뛰쳐나가기 전에, 조금은 느린 발걸음으로 상태를 점검하고 앞으로의 계획을 세워야 한다. 이러한 휴식조차 없다면, 우리는 금방 나가떨어지고 말 것이다.

사람들은 꿈을 이야기하면서 희망을 같이 이야기한다. 오늘을 살아갈 희망, 그리고 앞으로 살아갈 희망을 이야기한다. 우리는 희망을 통해 내일을 살아갈 힘을 얻는다. 좀 더 나아진 모습을, 좀 더 달라진 모습을 꿈꾸며 말이다. 희망은 위를 보면서 살아가는 것이다. 패배를 맛본 사람들은 아래를 바라보지만, 그 안에서 새로운 희망을 찾은 사람들은 위를 보면서 살아간다. 땅보다는 하늘을 보면서 살아가는 것, 내가 전해주고픈 두 번째 메시지이다.

희망은 안에서 찾을 수도 있지만 밖에서 찾을 수도 있다. 내가 무심코 지나가는 길, 가게, 그리고 수많은 사람들에게는 각자의 희망이 있다. 그렇지만 이 모습을 바라보기에는 우리에게 주어진 시간이 너무나도 짧다. 버스나 지하철 안에서 풍경을 바라보는 것은 어떤 의미가 있을까. 걷는다는 것은 올레길을 시작으로 다양한 의미를 지니게 되었다. 그렇지만 여기서는 걷는 것을 통해 새로운 희망을 찾을 수 있다는 것을 말하려 한다. 많이 걷는다는 것은 그동안 보지 못했던 새로운 것들을 더 많이 발견할 수 있다는 것을 뜻한다. 결국 이것을 통해 새로운 희망을 가지고, 더 나아가 나를 이끄는 꿈을 발견할 수 있다는 것이다.

지금까지 이야기한 것들을 무척 뜬구름 잡는 소리라고 생각할 수도 있다. 그렇지만 지금 꿈을 꾸고 있을 미래의 자녀들에게 꼭 전해주고픈 말이기도 하다. 남들처럼 구체적이거나 현실적인 조언을 해주지는 못하지만, 이 세 가지 희망사항을 통해 아이들이 자신의 미래를 키워갈 꿈을 얻었으면 좋겠다.

〈예시2〉는 미래의 자녀에게 바라는 희망사항을 쓴 글인데, 문장도 안정감 있고 전개도 차분하여 좋다. 군더더기에 해당되는 부분들을 좀더 다듬고, 비슷한 표현의 반복을 수정하면 훨씬 좋은 글이 될 것이다.

다만, 〈예시2〉에서 가장 아쉬운 점은 이 글에서 글쓴이가 전하는 메시지들이 다소 두루뭉술하게 느껴진다는 점이다. 아마도 아직 경험하지 않은 미래의 일이라 그러할 텐데, 이제 다음의 독자 소감을 살펴 좀더 완벽한 글쓰기 연습에 도전해보자.

예시 3 독자 소감

자녀들을 누군가라고 표현한 것이 참신하다고 생각했고, 나 또한 꿈에 대해서 생각이 많기 때문에 이 글을 선택하게 되었다.

이 글에서는 꿈이 무엇인지를 탐구하고, 자녀들에게 바라는 것 3가지(많이 걷는 것, 느리게 사는 것, 땅보다 하늘을 보면서 사는 것)를 말하는데, 이 3가지는 궁극적으로 꿈을 꾸기 위함으로 연결된다.

문단별로 살펴보면 그 내용은 정말 아름답다. 꿈의 의미에 대해서 생각도 해보고, 관조하면서 살아가라고도 하고, 마지막에는 자녀들에 대한 사랑도 느낄 수 있다.

그러나 그 문단이 유기적으로 연결되지 않는 것은 정말 아쉬웠던 것 같다.

먼저, 첫 번째 문단에서는 꿈이라는 개념에 대해서 고민하는 내용을 담고 있지만, 바로 두 번째 문단의 첫 문장에서 '사실 꿈이라는 개념에 큰 의미를 부여하는 것은 아니다.'라는 대목이 나온다. 여기서 첫 문단은 그 의미를 상실했다. 글의 나침반이 될 수 있는 부분이 사라진 사실은 참 애석한 것 같다.

이렇게 첫 번째 문단이 의미를 상실해 버리면 두 번째 문단 또한 의미가 없어져 버린다. 두 번째 문단의 핵심은 '꿈을 이루기 위해서는 꿈을 꿔야 한다'인데 꿈이 무엇인지에 대한 개념이 확실하지 못하다면 상당히 난해한 문장이 되어버리기 때문이다.

그리고 자녀에게 바라는 점으로 ① 많이 걷는 것, ② 느리게 사는 것, ③ 땅보다는 하늘을 보면서 사는 것을 세 번째 문단에서 이야기하고 있지만, 실제적인 글에서는 ②-③-① 순으로 나오기 때문에 각 문단이 무엇을 근거로 하는지가 불분명하게 느껴진다.

또한 앞에서는 '사실'이라든가 '그렇다면'과 같은 수식어로 문단을 매끄럽게 이어준 반면에, ①, ②, ③을 설명하는 각각의 문단에서는 이러한 수식어가 없기 때문에 바로 본론부터 꺼내는 느낌이 들어서 매끄럽지 못하다.

마지막으로 첫 번째 문단과 네 번째 문단은 서로의 근거를 상충시키는 역할을 하기에 좋지 못한 것 같다. 첫 번째 문단은 하루하루 꿈을 이루면 다시 다른 꿈을 찾는 자신을 '제자리를 맴돈다.'와 같은 부정적인 속성의 것으로 연결시키지만, 네 번째 문단에서는 '오늘 살아갈 희망', '희망을 통해 내일을 살아갈 힘을 얻는다.'와 같은 문장과 같이 하루하루의 희망을 결코 부정적인 속성으로 생각하지 않는다. 그렇다면 '꿈'과 '희망'의 개념이 다르기 때문에 이런 결과가 나온 걸까? 이렇게 헷갈릴 수 있는 문제라면 '꿈'이라는 것의 개념 정의는 중요한 것 같다.

사소한 지적을 덧붙이자면, 다섯 번째 문단에서 무심코 지나가는 길을 관조하기에는 주어진 시간이 너무 짧다고 말하면서 그 곳을 걸을 수 있는 시간을 과연 확보할 수 있을지 궁금했으며, 안과 밖의 구분은 무엇이 하는지에 대해 궁금했다.

둘째, 형식적인 측면에서의 통일성을 얻기 위해서는 들여쓰기를 정확하게 하여 문단의 구성을 명확히 나타내는 것이 필요하다는 점이다. 이런 관점에서 다음의 〈예시〉들을 비교하면서 살펴보자.

예시 4

A	B
(1) 요즈음 '-것 같아요'라는 말의 남용이 문제시되고 있는데, 자주 쓰는 것과 잘못 쓰는 것을 혼동하지 말았으면 한다. (2) 꼭 써야 할 때는 수백 번이라도 써야겠고, 단 한 번이라도 틀리게 썼을 때는 문제로 삼아야 할 줄 안다. 이를테면 음식 맛을 보고나서 "맛있는 것 같아요"라고 할 때는 매우 귀에 거슬린다. (3) 자기 혀로 방금 맛본 것도 책임 있는 말을 하지 못하고 어떻게 그런 불확실한 추측을 하는 것일까. 매워서 펄펄 뛰는 시늉을 하면서도 맵다고 똑 부러지게 말하지 않고 "매운 것 같아요"라고 하는 까닭은 무엇일까. 황홀하게 물든 단풍을 바라보면서도 "좋은 것 같아요" 하니, 정말 맥 빠지는 노릇이다. (4) 이렇게 감각적이고 직접적인 당장의 체험조차 직설적으로 말하지 못하고 불확실한 추측으로 얼버무릴 때 그 사람은 눈치꾸러기거나 아무 것도 책임지기 싫어하는 사람으로 보일 수 있다. (5) 특히 젊은이들이 그런 불확실한 말씨를 즐겨 쓰는 사이에 행여 우유부단한 성격, 무책임한 인격으로 길들여지지 않을까 몹시 우려된다. 또 '너무'라는, 무엇이	(1) 요즈음 '-것 같아요'라는 말의 남용이 문제시되고 있는데, 자주 쓰는 것과 잘못 쓰는 것을 혼동하지 말았으면 한다. 꼭 써야 할 때는 수백 번이라도 써야겠고, 단 한 번이라도 틀리게 썼을 때는 문제로 삼아야 할 줄 안다. (2) 이를테면 음식 맛을 보고나서 "맛있는 것 같아요"라고 할 때는 매우 귀에 거슬린다. 자기 혀로 방금 맛본 것도 책임 있는 말을 하지 못하고 어떻게 그런 불확실한 추측을 하는 것일까. 매워서 펄펄 뛰는 시늉을 하면서도 맵다고 똑 부러지게 말하지 않고 "매운 것 같아요"라고 하는 까닭은 무엇일까. 황홀하게 물든 단풍을 바라보면서도 "좋은 것 같아요" 하니, 정말 맥 빠지는 노릇이다. (3) 이렇게 감각적이고 직접적인 당장의 체험조차 직설적으로 말하지 못하고 불확실한 추측으로 얼버무릴 때 그 사람은 눈치꾸러기거나 아무 것도 책임지기 싫어하는 사람으로 보일 수 있다. 특히 젊은이들이 그런 불확실한 말씨를 즐겨 쓰는 사이에 행여 우유부단한 성격, 무책임한 인격으로 길들여지지 않을까 몹시 우려된다. (4) 또 '너무'라는, 무엇이 도를 지나쳐 과도할 때 쓰는 강조의 말이 어째서 '-것 같다'

A	B
도를 지나쳐 과도할 때 쓰는 강조의 말이 어째서 '-것 같다'는 완곡하고 우회적인 말에 꼭 붙어 다니는지 모를 일이다. (6) '너무'란 정도를 넘었을 때나 이루 말할 수 없을 때 쓰는 말이었다. 그런데 요새는 '참으로', '매우', '퍽', '정말' 등으로 말해야 할 때 모두 '너무'를 쓴다. '너무'도 모자라서 '너무너무' 아니면 '너무너무너무'라고까지 한다. 별로 좋지도 않은 전시회를 보고나서 그 전시회를 가진 미술가를 만났다고 해 보자. (7) 그 미술가가 평소에 안면이 있거나 사회적으로 정평이 나 있는 사람이라면 "너무너무 좋은 것 같아요" 해 버리면 가장 무난한 말이 된다. "너무너무"로 일단 상대방을 기쁘게 해주고 나서 별로 좋지도 않더라는 자신의 솔직한 느낌 때문에 "좋은 것 같아요"로 '좋다'에 대한 책임을 회피하려 드는 것이다. (8) 이렇게 자신과 듣는 이, 쌍방의 비위를 적당히 맞추고 눈치를 최대한으로 보기 위해 생겨난 말이 바로 "너무 -것 같아요"가 아닌가 한다.	는 완곡하고 우회적인 말에 꼭 붙어 다니는지 모를 일이다. '너무'란 정도를 넘었을 때나 이루 말할 수 없을 때 쓰는 말이었다. 그런데 요새는 '참으로', '매우', '퍽', '정말' 등으로 말해야 할 때 모두 '너무'를 쓴다. '너무'도 모자라서 '너무너무' 아니면 '너무너무너무'라고까지 한다. (5) 별로 좋지도 않은 전시회를 보고나서 그 전시회를 가진 미술가를 만났다고 해 보자. 그 미술가가 평소에 안면이 있거나 사회적으로 정평이 나 있는 사람이라면 "너무너무 좋은 것 같아요" 해 버리면 가장 무난한 말이 된다. "너무너무"로 일단 상대방을 기쁘게 해 주고 나서 별로 좋지도 않더라는 자신의 솔직한 느낌 때문에 "좋은 것 같아요"로 '좋다'에 대한 책임을 회피하려 드는 것이다. 이렇게 자신과 듣는 이, 쌍방의 비위를 적당히 맞추고 눈치를 최대한으로 보기 위해 생겨난 말이 바로 "너무 -것 같아요"가 아닌가 한다.

〈예시4〉에서 보다시피 A와 B는 모두 동일한 내용을 가지고 있다. 그러나 내용의 차이가 없으면서도 문단의 구성은 크게 다르다. A의 경우가 비교적 짧은 8개의 문단으로 이루어져 있다면, B의 경우는 5개의 문단으로 이루어져 있다.

여기에서 우리가 주목해서 살펴볼 것은 각 문단이 문단의 요건인 소주제를 중심으로 잘 정돈되어 있는가 하는 문제이다. 그런 관점에서 볼 때 A의 경우는 소주제의 개념이 없이 적당한 편의에 따라 길이가 너무 길어지지 않는 선에서 들여쓰기를 하고 있음을 알 수 있다. 그래서 동일한 내용임에도 소주제를 잘 살려 문단을 구성한 B의 경우에 비해, A의 경우는 산만한 느낌을 주고 주제의 전달력이 떨어지게 되면서 글에 대한 평가까지 달라지게 되는 것이다.

따라서 통일성의 원리를 살려 한 편의 글을 구성하려면 내용적인 측면에서 뿐만 아니라 형식적인 측면에서 문단 나누기와 같은 부분도 살펴보아야 한다. 글을 이루는 기본적인 형식단위인 문단 구성에 있어서도 통일성의 원리가 적용되기 때문이다. 한 문단 한 문단이 문단의 요건을 잘 갖춘 상태로 전개되어야만 한 편의 글이 통일성 있게 정연하게 완성되게 될 것이다.

연결성의 원리 살리기

주제에 적합한 재료만을 선별하는 것이 통일성의 원리라고 한다면, 연결성의 원리는 그렇게 선택된 재료들을 알맞게 배열하고 정돈하는 것을 말한다. 선택된 재료들을 순리적으로 배열하여 주제를 효과적으로 드러낼 수 있도록 하는 것이 연결성의 원리이다.

글쓰기 작업에서 연결성의 원리는 작게는 문장과 문장이 긴밀하게 연속되는 것에서부터 크게는 문단과 문단이 연결되는 것, 나아가 글 전체의 논지가 원활하게 전개되게끔 글을 엮어나가는 것까지 두루 적용될 수 있다.

그런 점에서 연결성의 원리를 살리는 방법도 다양하다. 연결성의 원리가 가장 쉽고도 자연스럽게, 그러면서도 중요하게 취급되는 글쓰기는 시간적 배열의 방법을 중심으로 글이 전개되는 경우이다. 어떤 사건이 발생하고 진행되는 시간적 순서에 따라 글의 재료를 배열하는 방식을 취하면 되는데, 시간적 경과에 따라 자연스런 흐름이 되게 하는 것이 중요하다.

공간적 배열의 방법을 적용하는 경우에도 연결성의 원리를 잘 살릴 수 있다. 공간적 배열의 방법이란 일정한 공간적인 순서에 따라 글을 전개하는 것을 말하는데, 위치나 방향, 높낮이나 깊이 등 시선의 이동을 좇아 글을 엮어간다고 생각하면 될 것이다.

연결성의 원리를 살리려면 문단 간의 긴밀성을 살릴 수 있는 방법을 이용해도 된다. 각각의 문단들은 그 자체로 완결된 것이기도 하지만 글 전체를 구성하는 일부 단위이기도 하기에 유기적으로 연결되어야 한다. 글을 읽어 나가면서 문단과 문단과의 관계를 유추해 나갈 수 있는 글은 문단 간의 논리적인 연결성을 잘 살린 글이기도 하다.

사소하게는 접속어와 접속 구절을 적절히 사용하여 글 전체가 매끄럽게 연결되도록 다듬어줄 수도 있다. 예를 들어, 꼭 필요한 부분을 찾아 적절한 접속사(특히, 물론, 그러므로, 따라서, 반대로, 하지만, 그럼에도 불구하고, 마찬가지로, 결국, 왜냐하면, 한편, 그런데, 그러나, 이런 점에서, 이상에서 밝힌 바와 같이 등)를 넣어주는 식으로 문단 간의 연속성을 살리는 것이다.

하지만, 이 방법의 경우 지나치게 자주 사용하면 오히려 글의 흐름을 끊을 수 있다. 따라서 접속어나 접속 구절을 적절히 사용하되 다양하게 구사하는 것이 바람직하다는 사실을 기억하자.

이제 다음의 〈예시〉를 읽으면서 어떻게 연결성의 원리를 살리고 있는지 살펴보기로 하자. 독자 입장에서 보기에 부족한 부분이 있다면 체크하고 보완할 수 있는 방법도 생각해보자.

예시 5 나는 7급 명태다

나는 나의 직업으로 공무원을 생각하고 있다. 아버지께서 공직에 계셨던 것과 어머니께서 내가 공무원이 되길 간절히 바라고 계신 것도 이유가 되겠지만, 안정적인 생활과 무엇보다도 국가를 위해 일한다는 것이 이 직업을 선택한 이유이다. 아버지께서 공무원이셨기 때문에 이 직업이 보수가 넉넉하지 않다는 것은 알고 있다. 내가 보기에 공무원은 명예직에 가까운 것 같다. 한번은 아버지께서 진급을 하셨는데 본봉이 만 원 올랐다고 하셨다. 참 가슴이 아팠다. 이렇듯 공무원은 보수를 바라고 일한다기보다 자부심을 가지고 일을 해야 한다고 생각한다.

나는 강릉에서 태어나 자랐다. 바닷가와 접해있는 도시라 물 좋은 생선을 많이 볼 수 있었다. 그 중에서 식구들 모두 즐겨먹는 생선은 바로 명태였다. 말려서도 먹고 얼려서도 먹고 알도 먹고 창자도 먹고 구워서, 쪄서, 조려서, 끓여서 혹은 생으로까지 내가 모르는 방법도 수십 가지는 있을 것이다.

나의 어린 시절은 생태라고 표현할 수 있겠다. 넓은 바다에서 앞으로 펼쳐질 미래에 대해 아무 것도 모르는 생태. 실로 나는 순하다는 말을 많이 들었는데, 딱히 걱정하거나 하는 성격도 아니었다. 장래희망도 그냥 무턱대고 좋아 보이는 것이면 무조건 한다고 덤벼들었다. 물론 다른 아이들도 그러했겠지만, 나는 더욱 그러했던 것 같다. 하지만 생태와 다른 점이 있다면 엄청난 희생정신이다. 지금 생각해도 대견한 어린 나의 희생정신을 생각하면 미소를 머금게 된다. 은근히 욕심이 있었어도 그건 다른 아이들에 비하면 매우 미약했다. 난 무엇이든지 양보했다. 다른 아이들이 욕심을 부리면 난 너그러이 양보하는 그런 아이였다. 세상물정을 너무 몰라서이었겠지만, 손해를 보면서까지 양보하는 나는 흔히 말하는 순둥이였다. 착하고 순한 성품, 희생정신은 정말 내 최고의 장점이 아닌가 싶다. 이런 점을 공무원이 되어서 활용할 수 있게 된다면 국가에 많은 보탬이 될 자신이 있다.

학창시절도 역시 착하고 유순한 성격으로 공부도 열심히 하며 친구들과도 잘 지냈다. 한번 굳은 나의 우정은 결코 변함이 없었다. 딱딱한 동태처럼 결코 쉽사리 깨지지 않는 우정을 과시할 수 있는 학창시절이었다. 소극적인 성격 탓에 많은 친구들과 어울리지는 못했지만 한번 친해진 친구와는 대단한 희생정신으로 우정이 흐트러지는 일은 없었다. 소극적이라는 말은 그만큼 꼼꼼하고 침착하다는 말이기도 해서, 친구들을 잘 챙기는 편이었다. 초등학교와 중학교 때까지만 해도 수학과 시 쓰기에 꽤 재능 있는 촉망받는 학생이었다. 그런데 무슨 이유에선지 시에 흥미를 잃게 되었고 그 후로는 공부에만 전념하고 친구들과 돈독한 우정을 유지하는 학생이 되었다. 비록 나의 이런 재능은 다 시들어 버린 듯하지만, 친구와의 곧은 우정은 결코 시드는 법이 없다. 이런 나의 성격은 공무원으로 몸담으면서 동료와 잘 어울리고 동료의 믿음을 절대 저버리지 않는 훌륭한 파트너가 되기에 충분한 자질이라고 본다.

군대시절은 나에게 추운 기온에 얼렸다가 말렸다가를 반복하는 황태와 같은 시기였다. 비록 나름대로 힘들고 고생도 했지만 나중에는 황금빛을 발하는 최상급의 황태가 되었기 때문이다. 초반에는 고참들에게 욕도 많이 먹었지만, 앞서 말한 나의 희생정신과 굳건한 전우애로 고참들이 많은 애정을 주기도 했다. 남들은 군대에서 많은 것을 잃었다고 말하지만 나는 잃은 것보다 얻은 것이 더욱 많았다. 나의 소극적인 성격도 많이 고칠 수 있었고 추진력과 리더십도 익힐 수 있었다. 그리고 많은 사람을 얻었다. 군대에 가기 전까지는 고생이라고는 해보지 못한 내가 군에서 많은 것을 경험하고 잊지 못할 추억을 함께 한 사람들을 얻은 것은 나의 인생에 있어서 커다란 변환점이 되었다. 나를 생태에서 황태로 만들어 준 소중한 시간들이었다.

물론 내가 부정적인 시각으로 매사에 불만만 털어 놓았다면 결코 얻지 못했을 것들이다. 모든 것을 긍정적으로 보고 적극적으로 대처해야만 얻을 수 있었던 소중한 선물. 이것 또한 나의 장점이라 할 수 있겠다. '좋은 것이 좋은 것'이라는 말이 있지만 이렇게 생각한다면 '나쁜 것도 좋은 것'이 될 수 있다. 이렇게 매사에 긍정적이고 적극적인 사고가 나의 공무원으로서의 자질 형성에 지대한 영향을 주었다.

나는 생태, 동태, 황태 등 여러 과정을 거쳐 왔다. 이제는 내가 공무원이 되어서 어떻게 요리되느냐만 남았다. 얼큰하게 혹은 구수하게 공무원의 역할을 열심히 해낼 자신감이 가득 차 있다. 나의 알로 명란젓을 만들거나 나의 창자로 창란젓을 만들 수도 있다. 어떠한 일을 하게 되더라도 잘 해낼 수 있도록 꾸준히 준비해 왔다. 적극적이고 대인관계도 원만하고 때로는 양보하고 희생할 줄도 아는 공무원. 자부심과 투철한 소속감으로 무장된 명예로운 공무원. 바로 지금 여기에 있다. 나는 7급 명태다.

강조성의 원리 살리기

강조성이란 글의 주제를 한층 더 강도 있게 드러내도록 하는 원리를 말한다. 즉, 재료의 선택이나 배열의 과정에서 주제와 밀접한 재료에 대해서는 양적으로나 질적으로 한층 비중을 두어 다루어야 한다는 말이다.

만약 어떤 부분에 강조점을 두지 않고 글을 써나갈 경우, 글이 너무 평이해져서 읽는 이의 관심을 반감시킬 우려가 있다. 그러므로 주제와 관련도가 높은 재료일수록 그 선택과 배열에서 특별한 고려를 함으로써 주제를 보다 돋보이게 드러내야 할 필요가 있다.

강조성을 살리는 첫 번째 방법은 분량을 늘림으로써 강조하는 것이다. 강조해야 할 부분의 분량을 다른 부분보다 월등히 늘림으로써 강조하는 방법인데, 분량이 많아진다는 것은 그만큼 충분한 설명이 뒷받침된다는 의미가 되기 때문이다. 하지만 안이한 설명을 되풀이한다든지 불필요하게 길이만 늘려놓게 되면 오히려 효과가 반감되기에 더욱 세심한 주의가 필요하다.

강조성을 살리는 두 번째 방법은 위치를 바꿈으로써 강조하는 것이다. 한 편의 글에서 중심문단의 경우 처음이나 끝 부분이 내용을 강조하기 쉬운 위치라는 점을 염두에 두어, 강조하고 싶은 부분의 위치 배열에 신경을 쓰는 방법을 말한다.

그렇다면 다음의 〈예시6〉은 어떤 식으로 강조성의 원리를 살리고 있을까 살펴보기로 하자.

예시 6 **철학으로 가는 길**

철학의 즐거움은 다른 종류의 즐거움과 어떻게 다른가? 우선 그것은 다른 즐거움과 비견될 수 없을 정도로 수준이 높은 즐거움이다. 아리스토텔레스는 이것을 '관조의 즐거움'이라고도 했는데 인간의 영혼이 지니는 최고의 기능, 즉 이성을 구사해서만 경험할 수 있는 즐거움이기 때문이다. 더구나 이성은 인간의 신적인 부분이므로 그것은 신의 즐거움에 육박하는 지속적인 즐거움, 혹은 자족에 이르는 즐거움이기도 하다.

또한 철학의 즐거움은 고통을 전혀 수반하지 않는다는 점에서 다른 즐거움과 다르다. 대부분의 즐거움에는 반드시 고통이 따른다. 예를 들어 음주나 흡연 뒤에는 두통이나 그 밖의 질병이 기다리고 있다. 그러나 철학의 즐거움에는 어떤 종류의 괴로움도 수반되지 않는다. 쾌락주의자인 에피쿠로스는 이것을 '수동적인 쾌락'이라고 부르며 인간이 추구할 수 있는 가장 바람직한 즐거움이라고 말한다. 즐거움을 극대화하는 것이 인생의 목적이라고 가르쳤던 그에게는 이러한 즐거움만이 심적 부동의 상태인 아타락시아의 경지에 들어갈 수 있는 통로를 마련해주는 것이다.

끝으로 철학의 즐거움은 인간이면 반드시 누려야 할 즐거움이라는 점에서 다른 즐거움과 질적인 차이가 있다. 그것은 역설적으로 들릴지는 모르나 공리주의자인 밀의 표현을 빌리자면 "바보로 만족하기 보다는 소크라테스로 불만에 차 있는 편이 낫다."라고 생각할 때 누리는 즐거움이다. 분명히 동물의 경우에는 즐거움의 양만이 문제가 될 것이다. 철학의 즐거움이 다른 종류의 즐거움과 확연히 구분된다는 사실은 그것이 고뇌와 방황과 질곡을

딛고 일어선 후에야 비로소 얻어질 수 있는 즐거움임을 시사해준다. 그것은 니체의 표현처럼 '얼음과 준령 속에서도 자유롭게 사는' 즐거움이며 '언제나 비상한 것을 체험하고 보고 듣고 의심하고 희망하며 꿈꾸는 사람들만'의 즐거움인 것이다 그것은 또한 초로 만든 날개를 달고 태양을 향해 마구 돌진해가는 이카루스의 비극적인 즐거움이며 눈 덮인 정상에 오르기 위해서는 스스로의 목숨을 바쳐도 좋은 산악인들의 비장한 즐거움이기도 하다.

위의 〈예시〉는 "철학의 즐거움이 다른 종류의 즐거움과 어떻게 다른가"라는 질문에 답하는 형식으로 쓰였고, 각 문단은 "철학의 즐거움은 … 라는 점에서 다른 종류의 즐거움과 다르다."라는 동일한 구조로 이루어져 있다. 뿐만 아니라 각 문단은 한결같이 '철학의 즐거움'이라는 동일한 낱말로 시작되고 있음도 특이하다.

이러한 문단들을 묶어 한 편의 글이라는 보다 큰 관점에서 바라보면, 이 글 전체를 관통하는 문단 내의 연결성이 이와 같은 어구의 반복에 의해서 지탱되고 있음을 알 수 있다. 다시 말하자면, 문단 상호간의 연결성과 함께 문단 내부의 긴밀성도 '철학의 즐거움'이라는 동일어의 반복원리에 의해서 유지되고 있다.

중요한 것은 글쓴이가 주장하는 철학의 세 가지 즐거움이 동등한 무게로 전해지지는 않는다는 점이다. 그 어느 것 하나 중요하지 않은 것은 없지만, 세 번째 즐거움으로 언급한 인간이면 반드시 누려야 할 즐거움이라는 항목이 훨씬 더 설득력 있게 강조되어 전해진다.

이는 서술된 글의 분량을 볼 때, 그리고 열거되는 순서를 따져볼 때 세 번째 즐거움이 강조성을 살릴 만한 조건을 잘 갖춰주었기 때문일 것이다. 그리고 이렇게 강조성의 원리를 잘 살림으로써, 이 글은 세 가지 즐거움을 단조롭게 나열하는 단순 구성에서 벗어나는 효과까지도 얻게 되었음을 같이 기억하기로 하자.

연 습

다음의 〈예시〉들은 옥탑방을 공통항으로 만들어진 글쓰기의 사례들이다. 한 편씩 살펴보면서, 옥탑방이라는 소재가 어떤 식으로 한 편의 글쓰기로 소화되고 있는지 따져보는 시간을 갖기로 하자.

첫 번째로 소개할 글은 〈중앙일보〉 2018년 7월 17일자 〈분수대〉라는 코너에 게재된 서경호 논설위원의 칼럼이다.

예시 1

옥탑방 박원순

2002년 5월 이회창 한나라당 대통령 후보는 "옥탑방을 아느냐"는 질문에 "잘 모르겠다"고 답했다가 구설에 올랐다. '귀족 후보'라는 이미지를 불식시키기 위해 가락시장에서 배추를 나르는 등 서민 행보를 이어가던 중에 악재가 터진 것이다. 민주당은 '위장 서민'이라고 이 후보를 몰아붙였다. 하지만 다음날 노무현 민주당 후보도 방송 인터뷰에서 "옥탑방 생활 형태에 대해서는 얘기를 들어봤지만 용어 자체는 몰랐다"고 진솔하게 대답해버렸다. 민주당 선거캠프는 호재를 놓쳤지만 노 후보의 이런 솔직함은 나름대로 평가를 받았다.

1999년 이상문학상을 받은 박상우의 단편소설『내 마음의 옥탑방』에서 주인공 민수는 옥탑방이란 말에서 "인간들이 북적대는 지상으로부터 아득하게 유배된 공간, 요컨대 공간 자체에 이미 깊은 절망과 고뇌가 배어 있는 것처럼" 느낀다. 여주인공 주희는 옥탑방에서 아래를 내려다보며 "저 가련한 고난의 세계, 저곳이 아무리 미물스럽고 속물스럽다고 해도… 그래도 저곳으로 내려가 편안하게 안주하고 싶다"고 말한다. 그들에게 옥탑방은 힘들게 버텨내는 삶일 뿐이다.

서민의 고단한 삶을 상징하는 옥탑방이 드라마에선 로맨스의 무대가 됐다. '옥탑방 고양이'의 인기는 소설에서 드라마로, 다시 연극으로 이어지고 있다. '옥탑방 왕세자' '넝쿨째 굴러온 당신' '쌈 마이웨이' 같은 드라마도 옥탑방에서 찍었다. 드라마 속의 옥탑방은 전망 좋고 쾌적해 보이지만 실제론 무더위와 추위를 견뎌야 하고 불법 건물인 경우 전세보증금을 제대로 보호받지 못한다. 정부는 1980년 이후 5차례에 걸쳐 특별법을 만들어 일부 옥탑방을 양성화했다. 서민을 위한다는 명분이었지만 결코 서민이라고 할 수 없는 건물주의 위법을 사후적으로 인정해 도덕적 해이를 조장한다는 비판을 받았다.

2015년 인구주택총조사에 따르면 전국의 옥탑방 5만3832가구 중 절반(2만8894가구)이 서울에 있다. 김지혜 국토연구원 박사는 "서울의 주택 임대수요가 많기 때문"이라고 분석했다. 박원순 서울시장이 서울 강북구 삼양동의 30㎡(9평) 옥탑방에서 한 달간 거주하는 '시민과 함께 살기 동고동락' 체험을 한다. 주거 환경이 열악한 동네에서 그것도 한창 무더위가 기승을 부릴 때여서 고생 좀 하겠다. "옥탑방에 꼭 살아봐야 서민 힘든 걸 아느냐"(이원종 전 정무수석)는 뜨악한 반응도 있지만 현장 행정의 일환이라는 점에서 결과가 주목된다. 분명한 건 앞으로 박 시장은 '옥탑방도 모르는 정치인' 소리는 안 들어도 될 것 같다.

두 번째로 소개할 글은 〈중앙일보〉 2018년 9월 12일자 〈시선 2035〉라는 코너에 실린 윤정민 기자의 칼럼이다.

예시 2

'적당한 집'의 꿈은 사라졌다

10년 전, 옥탑방에 살았다. 학교 근처 낡은 4층 건물이었다. 옥탑방은 조립식 건물이었다. 지붕도 벽도 부실했다. 여름엔 햇빛에, 겨울엔 한기에 너무 쉽게 뚫렸다. 주방 겸 베란다에선 종종 바퀴벌레가 쏟아져 나왔다. 집안엔 가구라고 할 만한 것도, 놓을 공간도 없었다.

5년 전, 취업한 뒤 한동안 고시텔에 살았다. 고시텔은 그냥 고시텔이었다. 종일 집에 있던 주말엔 스트레스가 평일보다 컸다. 치킨 한 마리를 시켜 영화를 보는 '소확행'도 쉽지 않았다. 음식을 올릴 곳이 마땅찮았다. 침대 위에 양념을 흘리기라도 하면 거대한 분노가 밀려왔다.

지금은 몇 년간 모은 돈에 대출을 얹어 작은 오피스텔에 산다. 큰 창 2개가 있고, 바퀴벌레는 3년간 한 번 봤다. 엘리베이터도 있고, 방에 책상과 밥상과 TV도 함께 있다. 옥탑방과 고시텔엔 들이지 못했던 많은 가구와 물건을 두고 산다.

그러나 옥탑방과 고시텔엔 있었지만, 지금은 없는 게 있다. '적당한 집'에 대한 희망이다. 10년 전과 5년 전, 부동산은 너무 먼 단어였고 그만큼 무지했다. 취업하고 돈을 벌고 차곡차곡 모으면, 어느 순간 가족들과 그럭저럭 살 만한 집을 갖게 될 거라 생각했다. 이제 적당히 살 만한 집에 대한 꿈은 조금씩 사라졌다.

특별히 상황이 더 나쁜 것도 아니다. 물려받은 재산만 없을 뿐, 취업이 늦었던 것도 아니고, 또래 평균에 비춰 볼 때 결코 적다고 할 수 없는 월급을 꼬박꼬박 받고 있다. 그냥저냥 사는 것이다. 부러움을 살 정도로 떵떵거리며 살고 싶은 욕심도 없는 편이다.

그런데도 일터에서 멀리 떨어진, 지은 지 20년 넘은, 60㎡ 이하로 범위를 넓혀 봐도 마땅히 살 만한 곳을 찾기 어려운 게 현실이다. 계산해보니 지금처럼 돈을 모으면 회사와 멀지 않은 곳에 '괜찮은 집'을 사기까지 50년 이상, 출퇴근에 1시간이 넘게 걸리는 곳의 '적당한 집'도 20년은 넘게 걸린다. 저축을 늘리고 더 낡고 좁은 집을 찾아도 수십 년이다. 그동안 집값은 내 월급보다 더 많이 오를 것이며, 싼 집을 찾아 회사를 옮길 수도 없는 노릇이다. 물려받은 것 없는 내 또래 대부분이 비슷하다.

이런 상황에선 국가에 기대를 걸 수밖에 없다. 정부도 평균 이상의 임금을 받아 꼬박 10년 이상 모아도 적당히 살 만한 거주공간을 찾기 어려운 상황이 비정상적이라고 여긴다면, 이젠 바로 잡아야 한다. 노력을 해도 안 된다면, 그건 정부의 무능이라고밖에 할 수가 없다. 이전 모든 정부가 그랬듯, 더는 무능한 정부가 늘지 않았으면 한다.

세 번째로 소개할 글은 수업시간에 연습한 학생의 글이다. 이 글에서 글쓴이는 서울 청년 인구 5명 중 1명 이상이 지옥고(지하, 옥탑방, 고시원을 줄여서 만들어진 말)에 살고 있는 현실을 주목하여 자신의 경험담을 풀어내고 있다.

글쓴이는 어려운 사람들일수록 지옥고에 살 확률이 높아지지만 지옥고에 살수록 더 어려워지게 만드는 것이 현재 상황이라면서, 왜 이들이 지옥고에 살게 되었는지를 생각해보고 지옥고에 살지 못하게 하는 것이 아니라 그러한 환경 및 처우 개선을 도모해야 함을 주장하고 싶었다고 한다. 글을 마치고 나서 글쓴이는 자신의 이야기를 깔끔하게 풀어낸 것은 좋았지만, 개인적인 입장에서 글을 쓰다 보니 핵심적인 부분인 해결책이나 결론 부분이 조금 밋밋하게 끝난 느낌이라 아쉬움이 남았다고 하였다.

예시 3

나는 '지옥고'에 살고 있다

〈갑을고시원 체류기〉에서, 자신이 살게 될 방을 처음 본 주인공은 망연자실한다. 일반적인 주거 환경에서 살아왔다면 '이런 곳에 사람이 살 수 있나?'라는 생각이 드는 것이 첫째일 것이고, 이런 곳에 살지 않기로 결정하는 것이 보편적인 반응일 것이다. 그러나 최근 서울 청년 인구 다섯 명 중 한 명 이상은 이러한 곳–지하, 옥탑방, 고시원, 줄여서 지옥고–에 살고 있다고 한다. 나 또한 지옥고에 살고 있는데, 지옥고에 대한 일반적인 인식이나 반응 등을 고려하면 상당히 높은 수치가 아닐 수 없다. 그렇다면 어째서 나, 혹은 우리는 지옥고에 살게 된 것일까.

2015년 1월, 복무를 마치고 복학을 준비하던 나는 부모님 없이 자취할 곳을 구해야만 했다. 그러나 생활비나 등록금 등도 고려했을 때 일반적인 원룸 등은 내가 쓸 수 있는 돈에 비해 너무 비쌌고, 어쩔 수 없이 '덜 비싼' 고시원을 택할 수밖에 없었다. 그러나 이마저도 부담이 된 나는 1년 후 학교에서 멀리 떨어진 허름한 옥탑방으로 옮기고 말았다. 나의 경우에 비추어 볼 때, 사람들이 지옥고에 사는 이유는 단 하나, 돈 때문이다. 가난한 학생들이 높은 물가 속에서 한 푼이라도 덜 쓰기 위해 최대한 저렴한 주거 시설을 찾는 것이다.

지옥고에 산다는 것은 늪에 발을 담그고 있는 것과 같다. 〈갑을고시원〉처럼 방음 문제는 기본이고, 좁은 면적, 가구나 가전의 부재, 방 위치에 따른 채광 및 통풍 문제 발생 등 일반적인 가정에서는 상상할 수 없는 일들이 마치 지옥처럼 세입자를 괴롭힌다. 이미 어려운 상태에서 지옥고에 입주한 사람을 더 어려운 상황에 놓이게 하는 것이다. 몸이 가난하다고 마음도 가난할 순 없지만, 가난한 몸은 마음을 병들게 한다. 〈갑을고시원〉의 사람들도 마찬가지로 마음이 병들어 처지를 부끄러워하고 서로를 피해 다닌 것이다. 이와 같은 악순환이 반복되며 지옥의 늪으로 점점 빠져드는 게 지옥고의 생활이다.

지옥고에 살게 된 이유로 미루어보아, 지옥고에 사는 사람들이 바라는 것은 단 하나, 지옥고의 가격을 내리는 것이다. 일반 주거 공간에 비해 낮은 가격이지만, 어디까지나 일반적인 곳에 비해서이지 가격 자체가 결코 낮다고 할 수 없다. 이러한 가격이 생활비에서 많은 비중을 차지하게 되면서, 지옥고에서 사는 경제적 이점을 제대로 누리지 못하는 것이다. 이상적인 해결책은 지옥고에 대한 가격 상한 규제를 실시하는 것인데, 시행될 확률은 높지 않다. 또한 현재 시행되고 있는 행복주택이나 국립 기숙사 등은 꽤나 좋은 정책이나, 수요에 비해 공급이 절대적으로 적어 대부분의 사람들에게는 남의 이야기일 뿐이다.

슬프게도, 지옥고의 가격이 내려가거나 여러 문제가 해결되는 것보다 내가 시간이 흘러 지옥고를 떠나는 게 더 빠르고, 실현 확률이 높을 것이다. 그러나 내가 떠나더라도 내가 살던 지옥고엔 비슷한 누군가가 비슷한 이유로 들어와 비슷하게 살아갈 것이다. 아무것도 변한 건 없다, 마음만 병들어 갈 뿐. 그렇다. 그런 곳이다, 지옥고란 곳은.

1. 〈예시〉들을 찬찬히 살펴보고, 글의 분위기와 글쓰기의 방향을 꼼꼼히 따져보자.
2. 〈예시〉들에서 동일한 소재로 다루어진 옥탑방은 어떤 의미를 지니는지 살펴보고, 내가 생각하는 옥탑방의 의미에 대해 이야기를 나눠보자.
3. 이런 식으로 동일한 소재를 다룬 시론이나 칼럼을 두 편 이상 찾아 읽고 글의 분위기를 비교해보자.

3장 일기 형식으로 자기 들여다보기

1. 일기 형식을 연습하는 목적

일기 쓰기는 그날그날에 대한 자신의 기록을 남기는 것으로 참으로 좋은 글쓰기 공부가 된다. 온전히 자신의 이야기를 담을 수 있다는 점에서 일기 쓰기는 가장 솔직하고 진실해질 수 있는 시간을 갖는 것이 되기도 한다. 자신을 들여다보고 솔직하게 드러내는 일, 이것이야말로 성장하는 데 가장 중요한 밑거름이 아닐까?

무엇보다 일기 형식의 글쓰기에서는 여타의 글쓰기와 달리 독자의 시선이나 반응을 구태여 신경 쓰지 않아도 된다는 점에서 매력적이다. 다음의 〈예시1〉은 가장 흔하게 볼 수 있는 일기 형식의 글쓰기이기도 하다.

예시 1

2014년 11월 어느 날의 일기

오늘 하루는 굉장히 생각이 많은 날이었다.

결국, 잠을 자기 위해 누웠다가 다시 일어나서 이 일기를 쓰고 있다. 평소 같으면 이불을 목까지 올리고 편안히 하루를 마감했을 밤이다. 그러나 온종일 내게 머물렀던 생각들이 끝내 잠자리까지 파고들어 왔다. '업데이트 후 종료'를 실행시킨 내 방 컴퓨터도 윙윙거리며 아직 돌고 있다. 무엇 하나 편안히 잠을 청할 만한 여건은 아닌 것 같다.

아침부터 굉장히 이상한 기분이었다. 2010년 오늘, 모두의 부러움을 사며 위병소를 빠져나왔다. 군 복무를 마친 지 정확히 4년째 되는 날. '사회로 돌아가면 꼭 열심히 살아야지'라며 굳게 마음을 먹고 집에 도착하자마자 퍼질러 잤던 날. 일어나서 처음 먹은 밥이 생굴이 들어간 김장김치에 두툼한 돼지 목살이어서 굉장히 만족했던 날. 말년 병장의 다짐은 푸짐하게 차려진 저녁과 함께 쌈 싸먹은, 그런 날이었다. 4년이 지난 오늘은 난 여기서 뭐 하고 있지, 난 그동안 뭐했지, 이불이 따뜻해서 나오기 싫었던 것과는 별개로 한동안 멍하게 앉아 있었다.

씻고 나서 느긋하게 컴퓨터를 하다 보니 오늘은 '2014년도 대입 수학능력 시험'이 있는 날이기도 했다. '그러고 보니 오늘 춥네.'라며 한가한 생각으로 다른 뉴스를 클릭했다. 사실 1학기 수시로 대학을 붙었기 때문에 수능에 대해 별다른 추억이 없다. 수능시험이 끝나고 성적을 비관해 고3 학생이 자살했다는 뉴스만 나오지 않기만을 바랄 뿐이었다.

그러고 나서 이일 저일 처리하고 책 좀 읽다 보니 어느덧 잘 시간이 됐다. 그때부터 온갖 잡념이 떠올랐다. 난 수능시험이 끝나고 대학에 들어와서 뭐했지? 아니, 제대하고 나서 뭘 해왔던 거지? 별 생각도 없이 그저 열심히 살다가 내 주변 사람들을 다 놓치고 죽게 되면 무슨 소용이지? 등등. 일기를 쓰면서 답을 내릴 수 있길 기대한 내가 어리석긴 하다. 지금 이 질문들에 대해 답을 내릴 수 있긴 한 걸까. 뭔가 할 일이 있을 때는 잠잠하던 생각들이 잠들기 전 하루 중 가장 고요한 시간을 틈타 나의 가장 은밀한 영역까지 침범했다.

'업데이트 후 종료'를 실행시킨 내 방 컴퓨터가 이제야 꺼졌다. 나도 이렇게 뒤척이다 잠들고, 다음 날 아침에 일어나면 업데이트가 될 수 있으려나…. 내일의 나를 기대해본다.

〈예시1〉에서 보다시피 일기는 원래 남에게 보여주는 것이 아닌, 내가 느낀 그대로 쓰고 싶은 내용을 마음대로 서술한다는 점에서 여타의 글쓰기와는 다르다. 그래서 일기 형식의 글쓰기를 '자신이 필자인 동시에 독자'가 되는 글쓰기라고 하기도 한다. 하지만, 글쓰기 훈련 과정에서 일기 형식을 연습하는 목적은 여기에서 멈추지는 않는다. 일기 형식의 특징을 발휘한 글쓰기를 통해 글쓴이 자신뿐만 아니라 다른 독자들에게도 공감을 확대하면서 결과적으로 혼자만의 '기록' 이상의 의미를 획득할 수 있기를 기대하기 때문이다.

이 장에서는 크게 두 가지 측면에서 일기 형식의 글쓰기를 연습하는 목적을 설명하고자 한다.

자신의 경험을 주목하고 변화의 계기 포착하기

앞서 자기성찰의 글쓰기라는 타이틀을 설명하며 우리가 흔히 접하는 글쓰기 상황에서 특히나 자기소개서 작성의 어려움이 매우 크다는 점에 대해 언급한 바 있다. 우리가 자기소개서를 쓸 때 가장 큰 어려움을 느끼는 부분은 쓸 만한 '재료'를 찾기가 쉽지 않다는 데 있다. 곧 적절한 소재를 선택해야 하는데, 실상 우리네 삶을 돌아보면 마땅한 것이 떠오르지 않게 마련이다. 그런 의미에서 일기 형식의 글쓰기는 우리들이 가진 경험을 소재로 다양한 글쓰기를 가능케 해준다는 점에서 주목할 만하다.

예를 들어, 다음의 〈예시2〉는 자기소개서에서 즐겨 묻는 질문들을 몇 개만 추려본 것이다. 이른바 '경험 목록표'라 부르는 것인데, 자기소개서 작성에서 이러한 항목들을 접하고 글쓰기를 하려 하면 무척 당황스럽고 막막할 테지만, 하나씩 살펴보면 사실은 모두가 일기장에 써놓았을 법한 일상의 경험사들이기도 하다.

중요한 것은 독자가 이런 질문을 던질 때 답을 듣고자 원하는 것은 어떤 지점일까를 간략하게라도 살펴보는 일이다. 그러니 일기 형식의 글쓰기를 했던 경험을 떠올리며 조금이라도 막막함과 막연함을 덜 수 있도록 노력해보자.

예시 2

경험 목록표	
A	– 본인의 성장과정에서 가장 기억에 남는 경험은 무엇이었나요? 그 이유와 과정 속에서 본인이 했던 행동과 생각, 이를 통해 느끼고 배운 점을 구체적으로 기술하시오.
B	– 본인이 지금까지 겪었던 가장 힘들었던 상황과 가장 성취감이 컸던 상황을 서술하시오. 가장 어려웠던 경험은 무엇이었으며, 이를 극복하기 위해 했던 노력과 느낀 점을 기술해 주십시오. – 살아오면서 가장 힘들었던 일과 이를 극복했던 경험 또는 도전정신, 끈기, 헌신으로 남들과 차별화된 성과를 낸 사례를 기술해 주십시오.

	– 본인의 성장과정을 통해 자신을 소개해 주세요. 단, 힘들었던 상황이나 극복과정, 인생 최고의 순간 등 자신에게 큰 영향을 끼친 사건이나 인물 등을 포함하여 작성해 주세요.
C	– 삶은 선택의 연속이라고 합니다. 지금의 나를 있게 만든, 가장 기억에 남는 순간은 어떤 것이었으며 그 결과는 어떻게 되었는지 구체적으로 설명해 주십시오.
D	– 본인의 경험사례 중 타인에게 추천 또는 소개하고 싶은 경험과 그 이유를 기술하십시오. 또는, 지금까지 본인이 한 일 중에서 가장 열정적이고 주도적으로 한 일은 무엇이며, 그 일을 통해 배우고 느낀 점을 중심으로 설명해 주십시오. – 더 높은 목표를 세워 달성하는 과정에서 느꼈던 한계는 무엇이고, 이를 극복하기 위해 기울였던 노력과 결과를 구체적인 사례를 바탕으로 말씀해주세요.
E	– 타인과의 관계에서 가장 힘들었던 상황을 설명하고, 그 상황을 극복하는 과정에서 새롭게 발견한 자신의 가치에 대해 구체적인 경험을 들어 설명해 주십시오. – 사회활동 중 겪었던 어려움을 극복한 사례에 대해 구체적으로 작성해 주시기 바랍니다. – 가장 강한 소속감을 느꼈던 조직과 그 조직의 발전을 위해 헌신적으로 노력했던 경험에 대해 작성해 주시기 바랍니다.

예를 들어, A의 경우를 살펴보자. 이 항목은 본인의 성장 과정에서 가장 기억에 남는 경험을 서술하는 것으로, 그 이유와 과정 속에서 본인이 했던 행동과 생각, 이를 통해 느끼고 배운 점을 구체적으로 기술하라는 부연 설명도 되어있다.

이 질문은 자기소개서에서 빼놓지 않고 등장하는 기본적인 항목이기도 하다. 사람은 살아가면서 다양한 경험을 하게 되고, 이를 통해 '현재의 나'라는 존재를 만든다. 성장 과정에서 가장 기억에 남는 경험이라는 것은 결국 지금의 나를 있게 하는 데에 큰 영향을 끼친 사건이라는 뜻이기도 하다. 그런 의미에서 독자가 궁금해 하는 부분은 글쓴이가 선택하여 서술하는 해당 경험을 주목하고, 이러한 경험을 통해 글쓴이가 과거에서 현재에 이르기까지 어떻게 변화했는지 그 성찰의 과정을 살펴보고 싶은 것이다.

그러자면 막연하게 어떤 경험을 선택하여 서술할 것이 아니라 구체적인 정보가 필요한데, 이 때 흔히 등장하는 것이 신문기사나 뉴스에서 많이 사용하는 육하원칙이다. 예를 들면, 다음과 같은 방식으로 자신의 경험에 대한 기본사항을 정리하는 것이다.

예시 3

When	– 고등학교 2학년 여름방학, 엄마가 교통사고로 입원하셨을 때의 일이다.
Where	– 엄마가 입원한 병원과, 엄마가 안 계셔 엉망인 집에서 이루어진 일이라 할 수 있다.
Who	– 당시 고2였던 내가 장녀이자 자식으로 한 일이다.
What	– 엄마의 병간호를 하고 집안일을 도맡아 하였다.
Why	– 자식된 도리로 마땅히 해야 할 일이라고 생각하였다.
How	– 주로 엄마의 병실을 지키면서 간병을 하였고, 교대를 하는 때는 집안일도 하였다.

경험 이전의 '나'는 부모의 내리사랑을 당연하다고 생각하는 존재였다. 두 분이 맞벌이를 하셔도 엄마는 집안일도 저녁 준비도 당연히 잘 챙겨주셔야 한다고 생각해서 잘 안 도와드릴 정도였다고 하는데, 이 모든 것들이 힘들고 어려우며 희생이 필요한 일이라는 것을 알지 못했기 때문이다.

경험 이후의 '나'는 누군가를 책임지고 보살피며 사랑을 주고 희생한다는 건 정말 어렵고 힘든 일이라는 걸 비로소 깨닫게 된 존재이다. 아무리 핏줄이라 해도 그러한 희생과 노고가 당연한 일이 되는 것은 아니기에 항상 감사해야 하는 일이라는 것을 깨닫게 된 것이다. 그래서 이후엔 집안일은 남매끼리 분담해서 하고 저녁 준비도 매일 도와드리게 됐으며, 보살핌이 힘든 것을 알기 때문에 그렇지 못하는 것에 대해 크게 실망하거나 서운해 하지도 않게 되었다고 한다.

이러한 경험을 통해 너무도 당연하게 여겨왔던 부모님의 존재와 은혜에 대해 진심으로 자각하게 된 것이다. 어쩌면 철든 자식이 되어간다는 것은 단지 한 사람 몫을 하게 되는 것이 아니라 부모의 존재를 깨달아가는 것일지도 모른다는 생각과 함께 말이다.

우리가 일기 형식의 글쓰기를 통해 자신의 경험을 주목한다는 것은 이러한 변화의 계기를 보다 섬세하게 포착하고 자신이 깨우친 바를 진정성 있게 표현하기 위한 것이라 할 수 있다. 이 사람의 일기장을 펼쳐본다면, 아마도 다음의 〈예시4〉와 같은 구상개요가 드러나지 않을까? 소박하지만 자신의 소중한 경험이 오롯이 담겨있으리라 기대한다.

예시 4

고등학교 2학년 여름, 어느 날의 일기

- 요즘 내가 변했다는 것을 친구와의 만남을 통해 확인하게 된다. 친구들은 부모님에 대한 불평이나 불만이 줄어들었다고 놀라워한다.
- 이렇게 변한 계기가 최근 있었다.
- 기말고사를 앞두고 엄마가 교통사고를 당해 크게 다치셨다. 입원 치료가 불가피하다고 한다.
- 그래서 집안일을 비롯하여 엄마의 병간호가 첫째인 내게 맡겨졌는데, 처음에는 너무 당황스러웠고 불만스럽기도 했다.
- 하지만, 이 일을 계기로 아낌없이 주는 나무는 멀리 있는 것이 아니라 바로 부모님이라는 것을 알게 되었다고나 할까?
- 그제야 부모님을 통해 누리고 있던 모든 것들이 결코 당연한 일이 아니라는 걸 깨닫게 되었고, 부모님의 존재에 대해 다시한번 생각해보게 되었다.
- 그래서 부모님께 항상 감사하는 마음을 갖고, 가사분담 등으로 두 분을 도와드리고자 노력하게 되었다.
- 어느덧 '철든 자식이 되어간다는 것'의 의미에 대해 생각해보게 되는 요즘이다.

2. 일기 형식의 특징이 발휘되는 지점

(1) 나를 돌아본다는 것

내 속엔 내가 너무도 많아

일기는 글을 통해 자신의 감정을 해소하는 하나의 방법이다. 다음의 〈예시1〉은 바이런의 일기 중 두 편으로, 『또 다른 나에게로 가는 일기』에 수록된 글이다.

예시 1

1813년 11월 14일

기억하고 싶지 않은 사건이 너무 많다. 인생의 즐거움이라는 것을 나는 나대로 누려보았거니와 유럽과 아시아를 돌아보았다. 세상 사람들은 "미덕은 미덕의 대가를 받는다"고 하지만 그 때문에 받은 고통은 확실히 보상되어야 한다. 인생의 순진한 시절이 지나고 이제 스물 다섯이 되었다. 이젠 사람이 좀 되어야겠다. 그런데 대체 나는 무엇이란 말인가? 나이를 스물 다섯 살 하고 몇 개월 더 먹은 것밖에 무엇이란 말인가? 나는 도대체 무엇을 보았단 말인가? 어디를 가나 똑같은 남자뿐 아닌가. 아, 그렇지. 그런 여성도 있을 게 아닌가!

1813년 12월 6일

이 일기는 하나의 구원이 된다. 언제나 마찬가지로 피곤할 때면 이 일기책을 꺼내어 일일이 모든 것을 적어본다. 그러나 이 일기를 읽을 수는 없다. 거기에 들어 있는 내용이 얼마나 모순투성이인지 하느님은 아시리라. 만일 내가 나 자신에게 좀 더 솔직하다면 (그러나 다른 사람에게보다도 자기 자신에게 향하여 더 거짓말을 하는 것을 나는 두려워한다) 이 일기의 한 장 한 장은 논평을 받고 반박을 받아야 하리라. 또 그만 집어치워야 하리라.

11월 14일 일기에서 글쓴이는 25세가 된 시점에서 '나는 무엇인가?'에 대한 고민을 털어놓는다. "그런데 대체 나는 무엇이란 말인가?"라는 표현을 통해 스스로 치열하게 고민하는 글쓴이의 내면 심리가 직설적으로 잘 드러나고 있다. 다소 무거운 주제와 문체이지만 누구나 한번은 해봄직한 내면세계에서의 본질적 질문들이 생각할 거리를 던져주고 있다.

12월 6일 일기에서 글쓴이는 일기 쓰기라는 행위에 대한 자신의 생각을 짧고 강한 어조로 적어 놓고 있다. 일기 쓰기가 글쓴이에게는 '구원'의 의미를 지니는 것처럼, 일기 쓰기를 오래도록 지속해온 사람들에게는 일기 쓰기가 그 사람의 라이프 스토리와 함께 하는 큰 의미를 지니게 될 것이다.

〈예시1〉에서 글쓴이의 문체는 다소 자조적이면서도 음울해 보이는데, 명확히 무엇이라 정하지는 않았지만 무엇인가에 대해 후회하고, 그리워하고, 보상받고 싶어 하는 그의 심리를 잘 나타내고 있다. 일기 형식이어서인지 자신의 진솔한 감정과 심리에 대해 소탈하게 털어놓고 있어 인상적인데, 구체적인 그날의 사건이나 행위에 대한 서술보다는 순간적인 상념을 서술하고 있다. 그런 점에서 상념이나 감정의 측면에서는 풍부하지만, 이 날의 정보에 대한 서사적 기록의 의미는 많이 약화된 사례라 할 수 있다.

내 속의 나와 그런 나를 보는 나

일기 형식의 글쓰기는 단순하게 그 날 있었던 일을 쓰는 것 이상의 의미를 얻기 위해 연습한다. '기억'한 것을 토대로 '기록'을 하고, 그 '기록'을 통해서 자신의 일상에 대해 '성찰'하는 과정이 일기를 작성하는데 있어서 중요하다. 매일 쓰지 못하더라도 가끔씩이라도 일기를 쓰면 이를 통해 성찰하고 성장하는 삶이 가능해지는 이유이기도 하다.

다음의 〈예시2〉를 살펴보자.

예시 2

어느 날의 일기: 최선을 다하는 삶을 다짐하다

'의욕 없음', '무기력함'이 나의 특징이었던 때가 있었다. 하루 24시간이 너무나도 길고, '이 시간이 빨리 지났으면 좋겠다.'라는 생각만 가득했었던 시절, 아무것도 하지 않고 있지만 더욱더 아무것도 하기 싫은 그런 '잉여' 같은 시절이 있었다.

'시간을 효율적으로 사용하는 법' 같은 것은 나와 어울리지 않는다고 생각했다. 잉여의 삶은 꽤나 순조로웠기 때문에, 아무것도 안하고 그저 멍하니 있어도 그건 편안함을 추구하는 나의 삶의 방식이고, 그 누구도 간섭할 수 없다고 생각했다. 어쨌든 나에게 주어진 시간은 많았고, 나는 그저 그 시간을 때울 뿐이었다.

하지만 어느 날, 나에게 주어진 시간은 한계가 있음을 느끼게 되었다. 역시 사람은 경험해봐야 아는 것일까. 갑작스러운 작별 인사에 나는 처음으로 이런 나의 삶에 회의감을 느꼈다. 나는 너무 대충, 그냥 이리저리 물 흘러가는 듯한 생활을 한 것은 아닌지, 나에게 주어진 시간은 얼마나 남았을지, 그리고 내가 정말 이렇게 무기력한 삶을 살아도 내 마지막에 후회는 없을 것인지에 대한 생각이 들었다.

결국 나는 매순간, 매시간을 최선을 다해 후회 없는 것이 행복하다고 결론지었다. 그리고 앞으로는 이런 삶을 살면 안 되겠다고, 한 순간이라도 내가 좋아하는 것, 싫어하는 것, 아니 무엇이든 최선을 다해야겠다고 생각했다. 삶은 다시 주어지는 것이 아니니까. 나 자신으로 사는 삶은 이번 한 번, 이 순간 지금 이 때만 존재하는 것이니까 말이다.

흔히들 삶을 촛불에 비유하곤 한다. 촛불은 스치는 바람에도 쉽게 꺼진다. 하지만 촛불이 타고 있는 모양은 꽤나 치열하다. 자그마한 불꽃은 마치 거대한 육식동물처럼 맹렬히 초를 갉아먹는다. 꺼질 땐 꺼지더라도 주위를 밝힌다는 자신의 임무를 다하고 사라지는 것이다.

우리들의 삶 또한 그래야 하는 것이 아닐까. 시간이 흘러 나 자신의 마지막 순간이 다가왔을 때, 이번 삶에서는 후회는 없다, 미련은 없다고 생각하는 삶이 가장 행복한 삶이 아닐까.

무엇인가에 대해 후회하며 자조적인 감상에 젖어드는 글쓴이의 모습이 마지막 문장을 통해 강렬한 인상으로 다가온다. 일기 형식의 글쓰기는 이렇게 자신의 상태를 글로 잘 정리해보는 것만으로도 자신에게 위로가 될 수 있다. 다만, 자신의 내면에 대한 서술에 집중하느라 구체적인 사건(사실)에 대한 서술이 생략되어 있다는 점은 많이 아쉽다. 자신이 의미 있게 생각한 하루에 대한 기억이 구체적으로 기록되어 있지 않으면 훗날 어떤 계기로 이러한 고민과 각오를 하게 되었는지 의아해질 수도 있기 때문이다.

일기 형식의 글쓰기는 자신의 일상을 기억하여 기록하고, 다시 나를 돌아보는 성찰의 과정이다. 일상을 경험한 나는 일기 안에 그려진 나와는 다르다. 사실을 기록한다는 측면에서는 같지만, 그것을 자신의 필터로 기억하고 기록하면서 성찰하는 나는 이전의 나와는 '변화된 나'로 달라지게 되는 것이다. 따라서 일기 형식의 글쓰기에서는 기억 속에 있는 '과거의 자기 자신'과 실천하고 반성하는 '현재의 자기 자신', 어떤 식으로든 변화될 '미래의 자기 자신'의 모습이 함께 공존하는 것이 대단히 자연스러워지게 된다.

일기 속에 남겨지는 이때의 기억은 사실에 근거한 기억이지, 꾸며진 기억이 아니라는 점에서 자신의 라이프 스토리를 구축하는 소중한 자원이 될 수 있다. 무엇보다 이러한 일기 쓰기의 매력은 자신을 보여주는 글쓰기를 하는 데 있어 굉장한 자산이 될 수 있다는 점에서 제대로 연습을 해보는 것이 필요하다.

경험을 통해 성장하는 나를 들여다보기

다음의 〈예시3〉은 앞서 제시한 경험 목록표 중 B의 경우를 주목하여, 일기 형식의 글쓰기를 연습한 결과물이다.

예시 3

어느 날의 일기: 헛된 일은 없다

토론대회를 나갔었다. 기말고사 기간에도 공들여 쓴 에세이였다. 에세이가 통과된 후에는 친구들의 도움을 받아 모의토론까지 하며 대회준비를 했었다. 주위의 기대도 컸고, 우리의 목표도 높았다. 꼭 상을 받을 것이라고 생각했다. 하지만 첫 경기에서 졌다. 토너먼트였기에 다음 기회는 없었다. 차라리 접전 끝에 아쉽게 진 경기라면 덜 창피했을 텐데, 스스로 생각해보아도 명백히 우리가 진 경기여서 더 창피하고 절망적이었다. 너는 잘 하니 상을 탈 것이라는 주위의 기대로 자신감이 하늘을 찔렀던 터라 더 뼈아프고 좌절했다. 우리가 만났던 팀이 결국 우승했으니 대진운이 없었다며 합리화로 이겨내 보려고도 했지만, 점점 더 수렁에 빠져들 뿐이었다. 결국 여태껏 준비하던 토론 관련 대회들을 모두 중단하기에 이르렀다.

이런 내가 다시 일어나야겠다고 생각한 계기는 오늘 계절학기 수업에서 들었던 교수님의 말씀 때문이었다. 처음에는 두각을 나타내지 못했지만 누구보다 열심히 노력했던 후배가 결국 최연소로 교수가 되었다는 이야기, 1학년 때는 열심히 해도 B^{+}밖에 받지 못하던 제자가 언제나 열심히 하더니 4학년 때는 그 누구보다 성장했다는 사례와 함께 "무엇이든 열심히 하려는 삶의 태도가 모여 차이를 만듭니다. 무엇이든 헛된 일은 없으니 매 순간 최선을 다하세요."라고 말씀하셨다. 여느 때와 다를 것 없이 학생들을 격려하기 위한 말씀이었지만 그날따라 마음 속 깊이 들어온 말씀이었다. 분명 그 제자와 후배도 성과가 나지 않았던 처음이 힘들었을 것이라는 생각과 함께, 마음을 다잡아야겠다고 다짐했다.

토론을 하며 개인적 성장에 의의를 두고 그에 기쁨을 느꼈다. 그래서 힘들더라도 좌절하지 않을 수 있었다. 그런데 어느새 '나의 성장'이 아니라 '성과' 위주로 생각하게 되었다. 잘한다는 소리를 들으며 스스로 안 그런 척 했어도 자만심이 생겼기 때문이었다. '이제 나 정도면 상을 탈 수 있겠지'라는 자만심, 그리고 자기소개서에 한 줄이라도 남겨야 한다는 조급함이 초심을 잃게 만든 것일 테다. 그러나 교수님의 말씀처럼 성과가 나지 않는다고 하더라도 헛된 일은 없으며 이 노력과 순간들이 모여 더 큰 나를 만들 것이다. '성과'에 집착하지 말고 처음처럼 '나의 성장'에 초점을 두어야겠다. 무엇이든 헛된 것은 없다. 어쩌면 현명해진다는 것은 새로운 것을 더 많이 알게 되는 것이 아니라 내가 놓치고 있는 것이 얼마나 많은지 깨달아가는 것인지도 모른다.

글쓴이는 주목하고 싶은 경험으로, 2016년 여름에 있었던 일을 떠올리고 있다. 토론대회를 나가 좋은 성과를 내지 못한 후 좌절했던 경험이 인상적이었기 때문이라고 한다.

글쓴이는 어떠한 나쁜 일이 있어도 금세 털고 일어나는 편이라 스스로 긍정적이라 생각했음에도 2016년의 여름에는 그러지 못했다고 한다. 대학 입학 후 처음 겪은 슬럼프인 셈이었는데, 정말 생각지도 않게 여느 때와 같았던 교수님의 말씀이 갑자기 머릿속에 들어왔고 슬럼프를 극복하게 되었다면서, 이후 힘들 때마다 긍정적으로 이겨내게 된, 인생의 이정표 같은 말을 얻게 된 경험이 되었다고 한다.

이렇게 일기 형식의 글쓰기는 어떤 경험을 토대로 자신이 경험 이전과 이후, 어떻게 변화하였는지를 알려주는 데 용이하다. 경험을 통해 성장하는 나의 모습을 담기에 더할 나위 없이 적합한 글쓰기가 바로 일기 형식의 글쓰기인 것이다. 그렇다면 우리는 일기를 쓰면서 나를 돌아보고, 다시 나에 대한 약속을 할 수 있게 되는 것이 아닐까?

(2) 일상에 의미를 부여한다는 것

어떤 물건이나 습관이 특정인의 단면을 보여줄 수 있다면 그것은 한 순간에 이루어진 결과가 아닐 것이다. 단편적 기준으로 한 사람의 됨됨이를 파악하기 위해선 그가 지금까지 살아온 삶의 특징이 일부분이나마 압축되어 있어야 하기 때문이다. 이러한 역사성은 지속적인 행위의 반복을 통해 누적되는데, 대표적인 예를 들라면 누구나 일기 쓰기를 떠올릴 것이다.

사회가 발전하면서 더 좋은 기록물들이 발달했지만 그것들이 나를 위해서 존재하지는 않는다. 오롯이 나를 위하고 나라는 사람이 이렇게 살았다는 증거를 남기는 것이 매우 즐겁지 않겠는가? 그런 맥락에서 다음의 〈예시〉를 살펴보자.

예시 1

2003년 8월 19일 화요일 흐리고 이따금 비가 옴

나는 지금 하루하루가 또 다른 한평생으로 살아간다. 오늘도 또 한평생을 살았으니 그것을 대강이나마 적는다.

새벽에 일어나 시 몇 편을 썼다. 10시에 나서서 빗길을 가니 12시 40분에 녹색병원에 닿았다. 곧 담당 의사인 내과 과장실에 들어갔다. 나를 보자 담당 의사는 손을 잡고, 그것을 암이라고 단정했는데 너무 경솔했어요, 그게 췌장 자리인데 어쩌면 췌장이 그렇게 나타났는지도 모르고, 또 그것을 확실히 알아보려면 조직 검사를 해 봐야 하는데……, 여기까지 얘기하는 말을 듣고 내가 가로막았다.

"선생님, 더 얘기하실 필요가 없습니다. 저는 그때 밖에서 기다리면서 다 짐작했어요. 사실은 암이든 아니든 아무 상관없어요. 암이란 말 듣고 내 마음은 조금도 동요하지 않고 아주 평온했어요. 하루하루 쇠잔해져서 이제는 다시 일어날 수 없겠다 싶어 얼마 전부터 죽을 준비 조금씩 하고 있어요. 살 만큼 살았고, 이 세상의 모든 인연과 헛된 욕망 다 버리고 또 다른 저세상으로 가는 것 참 즐거워요. 입에 발라 놓고 하는 말이 아니라 진정이래요. 내가 죽을 때는 조금도 슬퍼 말고, 모두 웃으면서 흙에 묻어라, 그날은 기쁘게 잔치를 해라고 해요. 그리 아시고 나 같은 사람 뭐 이제는 죽을 사람인데 돌볼 것 없다고 생각하시면 몰라도 끝까지 봐주세요. 참으로 선생님은 마지막으로 나를 도와주신 가장 고마운 분이었습니다. 다만 암이라면 혹시 거기가 많이 아파서 고통스럽지는 않겠나 좀 염려됩니다."

이랬더니 부디 일주일에 한 번씩만 와 달라면서 약은 전과 같이 먹도록 처방해 주었다. 그런데 내과 담당 의사실에 들어가기 전에 그 문 앞에서 기다리는 동안 외과 담당인 원장이 우리를 보고 몇 번이나 지나가면서 인사도 안 했다. 전에는 보면 아주 다정하게 말해 주었는데 참 이상했다. 이제 너 같은 사람은 죽을 사람이고 우리 병원에서 별 볼일 없는 사람이라는 태도로밖에 안 보여서 참 섭섭했다. 세상에 사람이란 이런 것인가. 의사란 이런 냉혈동물인가? 기가 막혔다. 병원에서 나오는데 정우 친구한테서 전화가 와서, 과천 아파트 살 사람이 오늘 계약하자고 하면서 그 소유자를 확인하고 싶다고 한다 했다. 그래서 과천 복덕방으로 갔다. 그런데 사는 사람이 내 이름을 보더니 아동문학가 이오덕 선생 아닙니까, 했고, 평소에 내 책을 많이 읽고 존경한다면서, 자기 남편은 소설가고 자기도 신춘문예 나와서 글을 쓴다고 했다. 그러니까 알아보고 뭐고 할 것 없었다. 친정이 충주인데, 가끔 우리 가게 앞을 지나기도 하는 것 같았다. 계약을 하고 계약금까지 받고 왔다. 집에 오니 4시 15분.

당장 녹색병원 원장한테 전화를 걸었다. 어디 그럴 수 있는가, 이제 나 같은 사람 거들떠볼 필요가 없는 사람이라고 하는 것 같은데, 그렇다면 가지 않겠어요. 그래도 두 분 선생님은 어느 병원보다, 의사보다 나를 도와주셨는데, 그래서 고맙게 생각했는데, 어찌 그럴 수 있나요, 했더니, "참 그때 제가 정신없었어요. 제가 세 가지 일을 하고 있지요. 정신없이 왔다 갔다 하다 보니 그렇게 됐어요." 했다. 아무래도 변명이었다.

오늘 과천 아파트 일은 아주 잘 풀렸다. 아직도 오늘 하루 내 인생은 많이 남았다. 집에 와서 누워서 음악을 듣고, 하루 일을 대강 적고, 정우하고 저녁을 먹으면서 오늘 이야기를 하고, 발 목욕을 하면서 앞으로 서둘러야 할 일을 의논했다. 내 삶의 한평생, 오늘 하루를 끝낸 것이다.

위의 〈예시〉는 『이오덕 일기』에 실린 글쓴이의 일기 한 편으로, 일상의 삶에 의미를 부여한다는 일기의 속성을 잘 보여준다. 하루 일과를 기록하고 그에 대한 글쓴이의 솔직한 생각이 잘 드러나 있기 때문이다.

자신에게 있었던 일의 순서에 따라 서술하고 있어서인지 자유롭게 써 나간 일기 형식임에도 잘 정리되어 있다는 느낌을 준다. 문단도 적당하게 나누어져 있고 글 전체적으로 안정감이 느껴진다. "오늘도 또 한평생을 살았으니 그것을 대강이나마 적는다."라는 첫 부분을 통해서도 글쓴이 자신이 일기 형식의 특징을 잘 이해하고 일기쓰기를 생활화했음을 짐작할 수 있다.

무엇보다 자신에게 인사를 하지 않은 외과 담당인 원장에게 따로 전화까지 걸어 화를 내고 "아무래도 변명이었다."라며 서운해 하는 부분에서는 환자의 처지에 있는 솔직한 감정이 잘 드러나 있다. 신체 건강한 사람이었다면 전혀 개의치 않을 상황이겠지만, 글쓴이는 자신을 이미 죽을 사람으로 취급하는 것이 아니냐며 서운해 하는데, 일견 소심해보일 수도 있는 이런 기억을 굳이 써놓는 것은 이 글이 바로 일기 형식이기 때문이다. 일기는 오로지 내가 보는 글이며, 그래서 오롯이 나를 위한 글이 될 수 있다. 그래서 작은 일에도 섭섭해 하고 예민해지는 실제 시한부 환자의 상태를 여과 없이 보여주는 부분이야말로 일기 형식에서만 확인되는 글쓴이의 적나라한 솔직한 면모라 할 것이다.

이 글은 "나는 지금 하루하루가 또 다른 한평생으로 살아간다."로 시작해 "내 삶의 한평생, 오늘 하루를 끝낸 것이다."로 끝을 맺고 있다. 시한부 말기 암환자에게 하루라는 시간이 어떤 의미인지 짐작하게 하는 구절이다. 우리에게는 그저 지나가는 하루가 그에게는 한평생의 하루라니, 절로 생각이 많아지게 된다.

특히 '하루'를 또다른 '한평생'으로 표현한 점이 인상 깊은데, 죽음이 다가오니 하루하루를 다르게 느끼고 싶고 소중하게 생각하는 마음이 잘 드러나고 있다. "내가 죽을 때는 조금도 슬퍼 말고, 모두 웃으면서 흙에 묻어라, 그날은 기쁘게 잔치를 해라고 해요."와 같이 자신의 죽음을 예견하는 부분에서도 담담하게 주어진 죽음을 맞이하려는 글쓴이의 진심이 솔직하게 잘 전달되고 있다.

이렇게 이오덕의 일기는 그저 말기 암환자의 솔직한 심정을 표현한 것처럼 보이지만, 읽으면 읽을수록 멋있어지려 하지 않고 꾸미지 않았다는 점이 큰 매력으로 와 닿게 되는 글이다. 그래서 타인이라는 특정 독자가 정해진 것이 아니기 때문에 꾸며 쓰지 않아도 되고 그 어떤 글보다 솔직할 수 있다는 일기 형식의 매력에 푹 빠질 수 있는 계기가 될 수 있었을 것이다. 일상의 삶에 의미를 부여하는 첫걸음을 시작해보자.

3. 효율성을 높이려면

(1) 변화를 제대로 보여주기

일기(日記)라는 말 자체에 날마다의 기록이라는 의미가 담겨있다는 점에서 시간의 흐름에 따른 변화나 역사성을 담보해야 한다. 일기 형식의 글쓰기에서 사실과 사건에 대해서 기록하고, 이를 통해 자신을 성찰한다는 것은 나의 과거와 현재, 미래를 모두 통괄적으로 본다는 것을 의미하기 때문이다. 따라서 일기 형식의 글쓰기를 제대로 하려면 나의 어느 시점에서 어떠한 경험을 소재로 쓸 것인지를 고민하는 것이 우선되어야 한다.

다음의 〈예시1〉을 살펴보자.

예시 1

어느 날의 일기: 최선의 성실함이 낳은 최고의 성취감

그동안 초조하게 기다려왔던 토익 성적이 오늘 공개됐다. 성적을 확인하는 순간 드디어 해냈다는 성취감이 온 몸을 휘감았다. 목표로 삼았던 900점을 넘긴 것이다. 그동안 해왔던 노력들이 머릿속에서 파노라마처럼 펼쳐졌다.

1학년 때의 나는 그저 집과 대학만 오가던 무기력한 학생이었다. 그러니 성적은 당연히 바닥을 기었고 2학기 때는 학사 경고를 받는 수준에 이르렀다. 계속 이렇게 살다간 애써 간 대학에서 퇴학 당할 수도 있다는 위기의식이 나를 군 입대로 이끌었다. 그리고 그 곳에서 돈 주고도 살 수 없는 인생교훈을 얻었다.

나는 행정 보급병이었는데, 직무의 특성상 내 사소한 실수가 중대에 치명적인 피해로 이어질 수 있었다. 난 그 사실을 인지한 뒤부터 반강제적으로 내 일에 책임감을 가지고 최선을 다하기 시작했다. 그러자 결과는 놀라웠다. 중대 내 모든 간부와 병사들이 날 믿어주고 존중해주는 것이었다.

이러한 놀라운 경험을 밑바탕으로 나는 복학한 뒤부터 내게 주어진 어떤 일이든 책임감을 가지고 끝까지 최선을 다했다. 그동안 지루하게만 느껴졌던 왕복 3시간의 통학길에 영단어를 외웠고 아침에 일어나자마자 바로 책상에 앉아 책을 보는 습관을 길렀다.

이 성실함의 결과는 생각보다 더 빨리 찾아왔다. 그 학기에 성적장학금을 받았다. 이 성취가 나를 더 성실하게 만들었고, 4학년이 된 지금까지 총 3개의 장학금을 받을 수 있었다. 그리고 바로 오늘 목표했던 토익성적까지 받은 것이다.

성실함이 주는 성취감을 맛본 그 순간부터 내 인생은 완전히 뒤바뀌었다. 성취감은 성실함에 비례한다는 깨달음이 날 한층 더 성숙한 인간으로 거듭나게 했다. 이제 나는 더 이상 무기력하게 해야 되는 일만 꾸역꾸역하는 인간이 아니다. 맡은 일에 최선을 다하여 남은 내 시간들을 최대한 보람차게 채우려는 에너지로 항상 가득 차 있다.

위의 〈예시1〉은 토익 성적 발표가 이루어진 날의 경험을 중심으로, 자신의 대학시절을 돌아보는 작업을 하고 있다. 신입생 시절에서부터 군대 시절 이야기, 그리고 최근 졸업반이 되어서의 생활까지 순차적으로 따라가며 내용을 진행해가고 있다. 그러한 서술 과정에서 글쓴이의 변화상이 잘 드러나 있다. 과연 "최선의 성실함이 낳은 최고의 성취감"이라는 제목에 딱 어울리는 내용이어서 글쓴이를 더욱 칭찬해주고 싶어진다.

일기 형식의 글쓰기는 이렇듯 자기 자신을 점검하는 것이 중요하다. 하지만 드러난 성과 중심으로 서술하느라 자신의 내면에 대한 서술 비중이 상대적으로 적어진 것은 아쉬운 부분이기도 하다. 좀 더 자기 자신을 성찰하는 내용이 추가된다면, 일기 형식의 글쓰기 연습을 하는 목적도 충족시키고 글의 완성도도 높아질 수 있으리라 기대한다.

변화의 방향에 집중하기

다음의 〈예시2〉는 앞서 제시한 경험 목록표 중 B의 경우를 선택하여, 일기 형식의 글쓰기를 연습한 결과물이다. 글쓴이는 지금까지의 라이프 스토리를 돌아볼 때 가장 어려웠던 경험으로 대학에서 시작된 자취생활을 꼽고 있는데, 이전과 완전히 달라진 상황을 통해 겪었던 어려움과 변화한 모습을 효율적으로 전달하고자 노력하고 있다.

예시 2

어느 날의 일기: 우물 밖 개구리

'인간의 불행은 자신이 익숙한 곳, 즉 자신의 영역에 더 이상 머무르지 않는 것에서 비롯된 것이다.' 이 말을 이전의 나라면 동의했을 것이다. 낯선 것보다 마냥 친숙한 것이 좋았던 나, 새로움은 설렘보다는 두려움에 더 가까웠다. 지금에 와서 그때쯤의 일기를 읽어보니 나는 꽤 달라져 있었다.

오늘도 혼자 한강에 다녀왔다. 서울의 어딘가를 가는 것은 동네의 편의점을 가는 것처럼 별 일이 아니게 되었다. 근데 그 때는 아니었나 보다. 막 스무 살이 됐을 무렵 더 이상 고등학생이 아닌 대학생으로 성인이 되어 서울에 오게 된 날, 버스를 타고 고속터미널에 내려 지하철 노선도에 의지해 집을 찾아가며 길을 헤매기도 했던 날. 달라진 건 모르는 길 뿐만이 아니라 19세에서 20세가 되어 주어진 자유만큼 책임감도 따르던 시기에 막상 성장한 건 없다고 느끼던 혼란한 때에 말투도 다른 사람들 사이에 혼자 살 집에 혼자서 가게 되었다.

새로움이란 건 새 학기나 새 친구 정도가 전부였던 나에게 그 날은 무인도에 떨어진 느낌이었다. 혼자서 어디를 갈 일도, 무언가를 해야 할 일도 거의 없었기 때문에 소심한 성격을 크게 문제라고 여기지 않았는데, 지하철을 반대 방향으로 타서 어디로 가야할지 물어보지도 못하던 내 모습을 보고 변화의 필요성을 느꼈다.

모든 것이 생소하고 모르는 것 투성이였다. 그럴수록 나를 더 낯선 상황에 두려고 했다. 우선 학교생활에 집중하는 게 중요하다고 생각했다. 과 내 동아리의 부기장을 맡으며 쉽게 나서지 못하던 소극적인 성격을 고쳐나갔다. 자연스럽게 동기들과도 어울리며 점차 적응할 수 있었다. 아르바이트도 처음 해보면서 많은 사람들을 대하는 방법을 배우며 사회성을 키워나갔다. 그리고 혼자서 여행도 다녔다. 동네 근처부터 꽤 먼 곳까지 발 닿는 대로 버스를 타고 여기저기 다니다 보니 혼자서 생각할 시간도 많아졌고, 혼자서 할 수 있는 것도 늘어갔다.

위기는 부정적 영향을 주는 급격한 변화의 상태라기보다는 더 나아갈 가능성이 충만한 시기이다. 나는 위기 속의 가능성을 보았다. 도전하지 않았기 때문에 할 수 있는 범위와 나의 영역이 한정되어 있다고 생각했지만, 사소한 것부터 혼자 해보는 것이 시작이었다. 못 해서 안 하는 게 아니라 안 해서 못 하는 거라며 새로움에 도전하게 되고, 자신감까지 생겼다.

사람이 해보지 않고는 기회의 소중함과 도전의 성취감 없이도 만족하며 살아갈 수 있지만 그것을 맛본 다음에는 그런 활력소 없이 호흡하는 것이 불가능해진다. 위기를 극복하며 새로움에 익숙해지는 과정을 즐기게 된 나. 폴짝폴짝 뛰어 어디로든 갈 수 있는 개구리, 우물 밖으로 나왔다.

글쓴이는 경험 목록표에 나온 질문들에는 독자들이 알고자 원하는 지점이 있을 것이고, 그러한 지점을 찾아 제대로 답을 주는 것이 중요하다고 생각하였다. 이에 이번 글쓰기에서는 글쓴이의 달라진 상황을 독자가 이해할 수 있도록 서술하고, 그러한 상황 변화를 통해 글쓴이가 느낀 바와 극복 과정을 제대로 전달하고 싶었다고 한다.

〈예시〉에서 제목으로 내건 '우물 밖 개구리'라는 표현은 이러한 글쓴이의 의도를 잘 담고 있다. 흔히 알려진 '우물 안 개구리'와 반대되는 개념으로 이전의 고립된 내가 우물 안의 개구리였다면, 현재의 나는 우물 밖으로 나온 개구리라고 표현할 수 있을 것 같아서라고 설명한다.

그런 점에서 일기 형식의 글쓰기 연습에서 변화의 방향을 설정하고 구체적인 양상을 살펴보는 것만으로도 충분히 의미 있는 시간을 가질 수 있다. 나는 어떻게 변해왔으며, 그러한 변화는 만족할 만한지, 앞으로 어떤 변화가 가능할 것인지 등 자신의 라이프 스토리에서 변화라는 것을 주목해보는 것만으로도 자신이 놓치고 있던 부분들을 발견할 수 있을 것이기 때문이다.

흥미를 더하는 몇 가지 방법들

한 가지의 경험을 구체적으로 재구성해서 다루어주는 것도 흥미롭게 일기 형식의 글쓰기를 전개할 수 있는 방법이다. 단순히 하루 동안의 시간을 좇아가기보다는 자신에게 인상적이었던 사건 하나를 선택해서 이를 집중적으로 서술하는 방법을 활용해도 좋다. 일기 쓰기라고 해서 아침에 일어나면서부터 잠자리에 들기까지 순차적으로 진행되는 일들을 모두 담으려 하면 단조로운 글쓰기가 되기 쉽기 때문이다. 일기 형식의 글쓰기 연습인 만큼 구성적 측면에서도 좀더 다양한 모색이 필요하다.

하루에 있었던 일 중 의미 있는 경험을 선택하여 이를 구체적으로 재구성해보는 것도 흥미로운 전개가 될 수 있을 것이다. 단지 그날 일어난 사건을 기록하는 것에서 한걸음 나아가 앞으로 어떤 삶을 계획하고 있는지도 함께 구체적으로 전개시켜 보는 식으로 말이다. 일기 형식의 글쓰기 연습에서는 과거와 현재를 바탕으로 미래를 체계적으로 구상해보는 안목이 필요하다.

덧붙이자면, 질문을 제기하고 그것에 대해 고민하는 것만으로도 충분한 문제들이 있다. 삶의 해답을 도출해낼 수 없다고 그런 생각들이 불필요한 것은 아닐 테니까 말이다. 그러자면 글쓴이가 과거에는 어떤 생활을 했으며, 미래에는 어떤 모습을 하고 있을지 여러 방향으로 자기에 대한 성찰의 작업을 옮겨보면서 유효한 질문을 던지려는 노력이 필요하게 될 것이다.

(2) 풍부하게 표현하기

진술방식에 대한 이해

보다 세련되고 효율적인 글쓰기가 되려면 글의 성격에 적합한 표현방식을 채택하여 전달력을 높이는 게 필요하다. 글의 내용이 보다 효과적으로 읽는 사람에게 전달되도록 도와주는 것을 글쓰기에서는 진술방식의 선택이라고 이야기한다. 진술방식은 글의 성격과 의도에 따라 설명과 논증, 묘사와 서사 등의 4가지 유형으로 나누어진다.

먼저, 설명의 방식에 대해 살펴보자. 설명이란 어떤 대상의 의미나 원리 등에 대해 잘 알고 있는 사람이 그것을 모르는 사람에게 설명함으로써 읽는 이의 이해를 도와주려는 목적으로 사용되는 진술방식이다. 설명은 대상을 상대방이 잘 이해할 수 있도록 하는 것이 목적으로, 예컨대 오렌지를 설명하기 위해 겉모양뿐만 아니라 비타민 C의 함유량이나 오렌지의 재배 요건과 생산지, 다양한 요리법 등에 대해 서술함으로써 오렌지에 대한 이해를 높이는 서술방식이다.

설명의 방식은 사실적인 지식과 정보의 전달을 목적으로 하기 때문에 객관적인 서술의 형태를 지니게 된다. 세부적으로는 비교와 대조, 예시, 분류와 구분, 분석, 정의 등과 같은 다양한 방법들이 존재한다. 비교는 두 대상의 유사성에, 대조는 차이점에 초점을 맞추어 연관시킴으로써 두 대상을 부각시키는 설명방식이다. 예시는 예를 들어 설명하는 방식이고, 분류와 구분은 둘 이상의 사물에서 그 종류를 나누는 것으로 하위에서 상위로 이행하는 것을 분류, 그 역순을 구분이라고 한다. 분석은 어떤 사물이나 개념의 구성요소들을 분해해서 각각의 의미나 기능 등을 설명해 나가는 방식으로 복잡한 구조를 가지고 있는 대상을 다룰 때 효과적이다. 정의는 'A는 B다'라는 서술형식을 취하는 방식이다.

다음으로 논증의 방식에 대해 살펴보자. 논증이란 글을 읽는 사람에게 자신의 주장과 생각을 납득시키고 이해시켜서 그 타당성을 인정하도록 만들기 위한 글쓰기의 방식이다. 독자의 이성적 판단에 호소하기 때문에 자신의 주관적 견해를 펼쳐나가는 과정에서 객관성이 요구되게 마련이다. 논증은 근거를 들어 남을 설득하며 논리적 근거에 의지해 쓰는 만큼 논리적 오류가 없도록 신경 써야 한다.

마지막으로 묘사와 서사의 방식에 대해 살펴보자. 대상의 구체적인 모습을 중심으로 한 방법을 묘사라 하고, 사건의 구체적인 사실을 중심으로 한 방법을 서사라 한다. 서사와 묘사를 나누는 가장 간단한 기준은 시간성을 고려했는지의 여부에 있다. 시간성을 고려한 것은 서사로, 일정한 시간에 일어나는 사건이나 행동을 글로 나타내는 방법을 말한다. 서사가 두드러지는 것들은 기행문, 전기문, 그리고 역사소설 등이 대표적이다. 오늘 하루를 돌아보고 쓰는 일기 형식에도 서사의 방법이 녹아있게 된다.

반면, 묘사는 어떤 대상의 구체적인 모습을 그림을 그리듯이 나타내는 방법으로, 글쓴이가 인상 깊게 느낀 것을 중심으로 감각적으로 그려내는 데 목적이 있다. 대상을 세부적으로 정확하게 그려내어 실감나게 전달하게 되므로, 다른 진술방식에 비해 문학성이 풍부해질 수밖에 없다. 시나 소설과 같은 문학작품에서뿐만 아니라, 내 친구의 얼굴이나 내 방안 풍경, 또는 겨울 바닷가나 단풍이 든 청계산의 풍광과 같은 소재들은 묘사의 방식이 두드러지게 활용되는 것들이다.

글을 쓸 때 어떤 진술방식을 선택할 것인가의 문제는 글을 쓰는 의도와 목적에 따라 달라진다. 한 편의 글에서도 하나의 주된 의도가 있고 이러한 주된 의도에 상응하는 주된 진술방식이 있게 된다. 예를 들면, 설명문은 독자가 모르고 있는 사실을 알린다는 데 글쓰기의 주된 의도가 있기에 이러한 의도를 달성하기 위해 설명의 방법을 주된 진술방식으로 선택하게 된다. 하지만, 부분적으로 논증이나 서사, 묘사 등의 진술방식이 가미되기도 한다. 따라서 효과적으로 한 편의 글을 쓰기 위해서는 주된 의도와 그것에 맞는 기술양식을 미리 결정하는 것이 좀 더 효율적인 글쓰기 방식이 될 수 있다.

제대로 서사하기의 중요성

이런 맥락에서 일기 형식의 글쓰기 연습에서 제일 중요하고도 필요한 연습은 제대로 서사하기의 문제라 생각한다. 이는 일기 형식의 특성상 시간의 흐름을 좇아 글을 써나가야 되는 부분이 많고, 이러한 부분을 제대로 서사하지 않으면 글 전체의 분위기가 산뜻하게 살아나지 못하게 되기 때문이다.

무엇보다 일기 형식의 글쓰기가 '기록'으로서의 의미를 가지려면 최소한의 '사실(fact)'이 전제되어야 하고, 이를 글에서도 제시해주어야 하기 때문이다. 그러자면 언제, 어디서, 어떤 일이 왜 일어났으며, 자신은 어떻게 했는지 등에 대한 기본사항들을 스스로 정리해내는 작업이 선행되어야 한다.

제대로 서사하기는 자기소개서를 작성할 때도 그대로 적용되는데, 이 두 가지를 아울러서 효율적으로 연습할 수 있는 두 가지 방법을 소개하고자 한다.

먼저, 주관적으로 시간을 배분하는 것이 필요하다는 점이다. 객관적인 시간을 기준으로 하루 일과를 돌아보거나 자신의 인생을 돌아보는 것이 아니라, 주관적인 시간을 기준으로 하루를, 자신의 라이프 스토리를 돌아볼 줄 알아야 한다.

서사의 방식을 쓸 때 흔히 시간을 객관적으로 배분하면 이력서에 상술된 입학과 졸업 등과 같은 사항들이 서사에서의 시간적 기준이 되기 쉽다. 그러나 중학교나 고등학교 입학, 혹은 대학교 입학 등이 곧바로 자신의 변화와 긴밀히 연결되는 것은 아니다. 오히려 자신의 변화를 이야기해주는 것은 자신의 라이프 스토리에서 인상 깊은 경험이나 사건, 인물들과의 조우 등에서 빚어지게 마련이다. 그런 의미에서 자신의 인생을 이야기할 때 의미 있는 계기를 중심으로 시간을 주관적으로 배분하는 것이 중요하다. 일기 형식의 글쓰기에서도 아침에 일어나서–아침밥을 먹고–학교를 갔다가–집에 돌아와서… 와 같은 식으로 객관적인 시간을 따라 글쓰기를 하는 것은 무의미해진다.

다음의 〈예시1〉은 작가 박완서가 쓴 "작가 자신이 쓴 연보" 중에서 뽑은 일부분으로, 시간을 주관적으로 배분하여 중요한 부분을 강조하여 서술하는 방식을 눈여겨볼 만하다. 주관적인 시간 배분을 토대로 중요한 부분을 강조하고, 그렇지 않은 부분은 간략히 요약하는 서술방식이 자기소개서를 지혜롭게 쓰는 한 방법이 될 것이다. 일기 형식의 글쓰기에서도 이런 식으로 시간을 효율적으로 배분해서 중요한 부분을 살릴 수 있어야 한다.

예시 1

1950년 서울대 문리대 국문과에 입학했다. 박명성도 같은 국문과였고 한말숙은 언어학과였다.

곧 6.25가 났다. 오빠와 숙부님이 비명에 죽고 고향땅은 북쪽 땅이게 되었다. 나는 오빠하고의 우애도 각별했지만 숙부님은 아버지 없는 우리들에게 물심양면으로 아버지와 다름없는 분이었으므로 충격이 컸다. 전쟁의 와중에서 죽었으되 전사도 폭사도 아닌, 사상의 대립이 초래한 동족 간의 전쟁이라는 특수성에 희생된 고통스럽고 값없는 그들의 죽음은 그 후 오랫동안 나에게 악몽으로 남아있다.

졸지에 노모와 올케, 조카 등 오빠가 남긴 유족의 생계가 나에게 실려 왔으므로 당시의 가장 손쉬운 직업으로 미군부대를 전전했다. 이내 지금의 남편과 알게 되어 사랑에 빠졌다. 1953년 가족들의 완강한 반대에 부딪쳤으나 그와 결혼했다.

그 후 10년 동안에 1남4녀의 아이를 낳았다. 아이를 낳고 기르는 일에 열중했고, 행복했다. 현대문학지를 통해 데뷔한 한말숙이가 가끔 놀러와 살림에만 파묻힌 나에게 더러 자극이 될 만한 말을 해주었으나 살림 재미에 사로잡히다시피 한 나는 그 밖의 일에는 아무런 관심이 없었다. 자연 그녀와의 관계도 소원해졌다.

막내까지 잔손이 안 가게 길러놓고 나니 나는 심심해졌다. 심심하다는 느낌은 느닷없이 엄청난 불행감이 되어 나를 엄습했다.

다음으로, 서사의 효율성을 높이려면 설명의 방식을 병행하는 것도 필요하다는 점이다.

서사라 하여 무조건 시간의 흐름을 좇아 시간에 따른 변화를 순차적으로 보여주는 것만이 능사는 아니다. 서사에서는 사건이나 행동의 변화를 일어난 시간적 순서로 전개하는 방법도 있지만, 독자의 흥미와 관심을 끌기 위해 결과를 먼저 제시하고 원인을 나중에 제시하는 인과적 순서의 방법도 취한다는 점을 기억해둘 필요가 있다.

다음의 〈예시2〉는 이문열의 소설 〈우리들의 일그러진 영웅〉 중의 한 부분으로, 주인공인 화자가 독자에게 직접 자신의 학창시절을 설명하고 있다. '그 때'를 배경으로 하고 있지만 시간의 흐름이나 행동은 일시 정지된 상태로, 구체적인 과거의 사건이나 장면 등은 직접적으로 제시되고 있지 않다. 그럼에도 '그 때' 화자의 특징적 국면에 대해서는 선명하게 이해할 수 있다는 점에서, 자기소개서 작성에서도 자신의 성장과정이나 학창시절을 소개하는 한 방법으로 눈여겨볼 만하다. 일기 형식의 글쓰기에서라면 설명의 방식을 가미할 때, 훨씬 논리성을 강화할 수 있다는 점을 아울러 기억하도록 하자.

예시 2

그 때 내게는 나름으로 내세울 만한 게 몇 있었다. 첫째는 공부. 일등은 그리 자주 못했지만, 그래도 나는 그 별난 서울의 일류학교에서도 반에서 다섯 손가락 안에는 들었다. 선생님뿐만이 아니라 아이들과의 관계에서도 내 이익을 지켜주는 데 적지 않은 몫을 하던 내 은근한 자랑거리였다.

또 나는 그림에도 남다른 솜씨가 있었다. 역시 전국의 어린이 미술대회를 휩쓸었다 할 정도는 아니었어도, 서울시 규모의 대회에서 몇 번의 특선을 따낼 만했다. 내 성적과 아울러 그 점도 어머니는 몇 번이나 강조하는 듯했는데, 담임 선생님은 그 모두를 깨끗이 무시해 버린 것이었다.

묘사의 방법을 활용하기

일기 형식의 글쓰기 연습에서는 장면 묘사와 같은 방법을 가미하는 것이 인상적일 수 있기도 하다. 일기 형식의 글쓰기에서 두고두고 '기억'하고 싶은 부분을 제대로 부각시키려면 그 날의 일기 내용에 '심정적/정서적 대입'이 가능해야 한다. 이를 위해 필요한 것이 바로 묘사의 방식으로, 인상적인 글쓰기를 만드는 데 효과적이다.

묘사란 인간이 체험한 것이나 대상을 언어를 이용하여 마치 그림처럼 보여주는 기술양식이다. 글의 이야기를 전개하기 위해 꼭 필요한 수단은 아니지만 묘사를 통해 글에서의 어떠한 대상이나 사건을 더욱 감각적이고 구체적으로 보여줄 수 있게 된다. 예를 들어, 자신을 변화시킨 중요한 경험이나 의미 있는 사건 등은 묘사의 방식을 가미했을 때 훨씬 생동감 있게 전달되게 마련이다.

묘사의 경우에도 두 가지 방식이 존재한다.

먼저, 객관적 묘사는 설명문에 많이 쓰이는 것으로, 대상의 객관적 상태를 있는 그대로 치밀하게 그려내는 묘사이기에 과학적 묘사 또는 설명적 묘사라고도 한다. 주관적 묘사는 대상에 대한 글쓴이의 주관적인 느낌이나 인상을 그려내는 묘사로, 수필이나 소설에서 흔히 쓰이며 문학적 묘사 혹은 인상적 묘사라고도 한다. 〈예시3〉을 살펴보고 각각의 묘사 방법을 달리 연습하여, 비어있는 부분을 채워보자.

예시 3

객관적 묘사	주관적 묘사
까치는 몸길이가 45센티미터 안팎으로, 그 중의 반은 꽁지다. 어깨와 배의 하얀 부분을 빼놓은 다른 부분은 언뜻 보아 검은색인데, 각도를 달리하여 보면 날개와 꼬리 깃이 아름다운 청록색을 띤다.	
	짐승같은 달의 숨소리가 손에 잡힐 듯이 들리며, 콩 포기와 옥수수 잎새가 한층 달에 푸르게 젖었다. 산허리는 온통 메밀밭이어서, 피기 시작한 꽃이 소금을 뿌린 듯이 흐뭇한 달빛에 숨이 막힐 지경이다.

묘사가 구체적으로 이루어지려면 시각 · 청각 · 후각 · 미각 · 촉각 등을 이용한 감각이 중요하다. 다음의 〈예시4〉는 예시 전체가 순수한 사건의 진행으로 이루어져 있다고 할 만큼 장면 묘사에 치중하고 있다. 흔히 '극적 제시'라고도 하는 이러한 서술방식은 일어난 사건을 생생하게 재현함으로써 현장감과 생동감을 살릴 수 있다는 장점을 지닌다.

예시 4

귓가에 엄마가 틀어놓은 라디오 소리가 들린다. 구전 민요가 흘러나오는 걸 보면 6시가 채 되지 않은 것 같다. 귀는 깨어 있어도, 눈은 뜨고 싶지 않다. 이렇게 흐리멍덩한 상태로 얼마간 있다 보니 '아침을 달린다'의 사회자 목소리가 들려오고, 좀 있으니까 초대 손님의 목소리가 들린다. 틀림없이 6시 40분이나 50분쯤 되었을 것이다. 아마 조금 있으면 7시 뉴스를 하겠지, 생각하며 나의 옅은 잠은 계속된다. 잠시 후 "홈런 출발!"이라고 외치는 소리와 함께 엄마의 목소리도 그 뒤를 따른다. "봉선아, 일어나!"

잠이 덜 깨어 몽롱한 채로, 하는 수 없이 일어나 욕실로 향한다. 세수를 하고 나니 정신이 좀 맑아지는 것 같다. 목에 잘 넘어가지 않는 아침밥을 몇 숟갈 뜬 후, 서둘러 학교에 갈 준비를 한다. 옷가지와 머리핀, 그리고 자고난 이부자리까지 어수선한 내 방을 뒤로 하고 허둥지둥 집을 나서는데, '아현동 마님'이라는 라디오 연속극이 막 시작하는 소리가 들린다. 좀 일찍 일어나서 여유 있게 준비할 걸, 하는 매일 아침마다 해보는 후회를 오늘도 또 반복해본다.

일기 형식의 글쓰기에서 이러한 방법을 제대로 활용하려면 글 전체의 분위기를 해치지 않는 범위에서 사건이 실제로 눈앞에서 일어나고 있는 것처럼 사실적으로 표현하는 것이 무엇보다 중요하며, 대화나 묘사를 효과적으로 사용하는 것도 필요하다.

다음의 〈예시5〉를 살펴보자.

예시 5

어느 날의 일기: 5분 뒤가 두려운 일기

오늘은 무척이나 도망가고 싶은 날이다. 일주일 동안 오늘이 오지 않기를 바랐건만 야속하게도 오늘은 오고야 말았다.

얼마 전, 친한 후배가 다른 후배와 서로 싸웠는데 내가 그들 사이에서 화해하도록 도우려다가 실수로 말을 전해버렸기 때문이다. 이 일로 인해 친했던 그 후배는 마음에 상처를 입고 큰 배신감마저 느껴버린 것 같다. 이것이 바로 일주일 전 이야기. 사건이 불거진 당일 미안하다는 말 외에는 아무 말도 할 수 없었던 전화통화 한 통을 제외하고는 일주일간 그 후배와 그 어떤 문자도, 전화도, 하물며 학교 복도에서 우연히 마주치지도 못했다. 이 일기를 쓰고 있는 지금, 나는 그 친했던 후배와 함께 듣는 전공수업을 5분 남겨놓고 아무도 오지 않는 10층과 옥상 사이의 싸늘한 계단에 앉아있다.

5분 뒤 그 후배를 맞닥뜨릴 수밖에 없는 수업을 앞둔 나의 마음은 두렵고 또 두렵다. 혹시나 그 후배가 내게 영원히 안녕을 고하지 않을까 두렵기도 하지만, 솔직히 앞으로 같은 수업을 듣고 같이 조별활동도 해야 하는데 어색하게 만나서 어색하게 인사하게 될 (어쩌면 인사도 하지 않게 될) 그 상황이 나는 더 두렵다.

사실 다른 친구였다면 나는 이렇게까지 두렵지 않았을 것이다. 이러한 상황이 생긴 즉시, 그 친구에게 무조건 '미안하다. 내가 잘못했다.' 사과하고 내가 왜 그런 실수를 저지르게 됐는지 설명했을 것이다. 그러나 내가 이 후배에게 그러지 못했던 것은 이 사건으로 처음 통화했을 때, 내 이야기를 전혀 들으려고도, 궁금해 하지도 않았던 그 후배의 태도 때문이다. 더욱이 그 후배가 평소에도 사람에 대한 불신을 가지고 있어서 어떤 사람에게 실망하게 되면 가차없이 관계를 끊어버리는 냉랭한 모습을 보았기 때문에 내 마음이 지금 이렇게 두려운 것이다.

답답하다. 과연 이 사건은 나빠질 수밖에 없는 것일까? 이 사건을 통해 그 후배와 전보다 더 친해질 수도 있지 않을까? 나는 그 후배와 절교하고 싶은 마음은 없다. 사람에게 좋은 부분이 있다면 부족한 부분도 있는 법. 나는 그 후배와 어떻게든 잘 해보고 싶다. 하아… 이렇든 저렇든 솔직히 그 후배의 솔직한 마음을 듣고 싶다. 내게 가지고 있는 섭섭함, 분노, 증오 그 모든 것들을 털어 놓는다 하더라도 그것이 그 후배의 진심이라면 나는 그것을 맞닥뜨리고 싶다. 지금처럼 그 후배가 무슨 생각을 하는지 도무지 모르겠는 것보다는 훨씬 낫기 때문이다.

나는 이제 교실로 들어갈 것이다. 그 곳에는 언제나처럼 미리 자리에 앉아있는 그 후배가 있을 것이다. 나는 고개 숙이고 있을 그 후배에게 슬쩍 다가가 얘기할 것이다. '우리 이따 수업 끝나고 얘기할 수 있니?'라고 말이다. 그 후배는 '알았다.'라고 말할 수도 있지만 '아니요, 저는 할 얘기가 없어요.'라고 말할 수도 있다. 아아 제발 그러지 않았으면…! 뭐가 됐든, 나는 그 후배의 마음이 알고 싶다. 가자! 물어보자! 이제 수업 시작하기 2분 남았다. 슬슬 교실로 들어가겠다. 예수님 도와주세요! 예수님의 이름으로 기도드렸습니다. 아멘.

위의 〈예시5〉는 어떤 사건을 보여주며, 그 일이 채 마무리되지 않은 상태로 글을 진행해나가고 있다는 점이 인상적이다. 사건의 전모가 소상히 밝혀지지는 않았지만, 오해로 빚어진 어색한 만남을 피하고 싶어 하는 글쓴이의 심정이 생동감 있게 잘 전해진다. 피하고 싶은데 피할 수 없는 이런 상황에서 여러 가지 상상을 하고 있는 글쓴이의 솔직한 심정 토로가 글 전체를 흥미진진하게 만들고 있다.

다만 현재로서는 흥미로운 사건이 진행되는데 반해, 그로부터 자신의 이야기는 발전적으로 진행되지 않아 아쉬움이 남는다. 일기 형식의 글쓰기는 자기 자신을 점검하고 고민해보는 것이 중요하다. 즉, 자신의 과거와 현재를 성찰하는 것은 물론 미래에 대해 생각해볼 수도 있는데, 현재 글은 시간의 진행과 사건의 전개에만 집중되고 있는 듯해 아쉬움이 남는다.

그래서 〈예시5〉가 가진 장점들을 잘 살리면서도 자기성찰의 내용이 보다 구체적으로 충분하게 진행되었다면 훨씬 안정적인 글쓰기가 되었으리라 생각한다. 일기 형식의 글쓰기는 자기 자신에 대해 고민하고 점검하는 것이 중요하다는 점에서 그 날의 경험사를 선택했을 때, 외부적인 서술과 내면적인 서술 양 방향에서 조화롭게 구성하려는 고민이 필요할 것이다.

연 습

다음은 일기 형식의 글쓰기를 연습하기 위해 만든 표이다. 빈칸을 채워서 어느 하루의 일기를 써보기로 하자.

예시

		(어떠한)	
오늘은(/어제는)	몹시(/매우/아주)	보람찬 힘든 지루한 설렌 외로운 슬픈 기쁜 두려운 끔찍한 피곤한 허무한	하루였다.

1. 〈예시〉에서 제시한 대로 오늘(/어제) 하루를 대변해주는 키워드를 다양하게 추가해보고, 그러한 키워드를 꼽은 이유를 가볍게 설명해보자.
2. 빈칸을 어떻게 채울지 고민한 후, 한 편의 일기를 쓰기 위한 구상작업을 메모해보자.
3. 일기 형식의 특징이 잘 드러나게 신경 써서 제목을 붙인 한 편의 글로 완성해보자.

4장 편지 쓰기로 타인과 소통하기

1. 편지 형식을 연습하는 목적

편지 형식의 기본틀을 살펴보면 크게 세 부분으로 구성된다. 먼저, 서두 부분이다. 받는 사람의 호칭에서부터 시작하는 편지의 서두 부분은 비교적 자유롭게 작성되는 편이지만, 계절 인사, 문안, 자기 안부로 시작하는 것이 일반적이다. 그것이 '편지'의 친근함을 부여하는 방법이 되는데, 편지 형식의 글쓰기 연습에서는 편지를 쓰게 된 경위 등을 밝히는 식으로 서두 부분을 작성하기도 한다. 다음은 사연 부분으로 편지를 쓰게 된 이유나 용건 등을 비교적 구체적으로 비중 있게 서술하게 된다. 마지막 부분은 결미 부분으로, 끝인사를 하거나 서명을 하는 식으로 편지를 끝맺으면 비로소 편지 형식의 글쓰기가 완성된다.

일반적인 글쓰기와 비교할 때 편지 형식의 가장 큰 특징은 서두 부분(To.독자)과 결미 부분(From.필자)에서 확인되는 표현방식에 있다. 이 표현방식은 편지를 편지답게 만드는 전제 조건이 되기도 하는데, 편지 형식의 글쓰기가 새롭게 관계를 맺거나 이미 관계를 맺고 있는 상태에서 관계성을 발전시켜 나가는 데 기반하고 있음을 보여주는 것이기 때문이다.

이렇게 글쓴이가 독자에게 메시지를 전달하는 구조에 있다는 점에서 편지 형식의 글쓰기 연습은 독자와 소통하는 글쓰기를 연습하는 소중한 기회가 된다. 그리고 필자와 독자라는 관계가 선명하게 표면화된 상태에서 글쓰기가 진행된다는 점에서 편지 형식의 글쓰기 연습은 '관계성'을 체감하는 중요한 활동이 되기도 한다. 이를 통해 글쓰기 훈련에서 강조되는 '독자를 배려하고, 독자와 소통하는' 기회를 얻을 수 있을 것이다.

독자의 실물성에 대한 경험치 쌓기

모든 글에는 독자가 있다. 즉 자기만 간직하고자 해서 쓰는 글이라고 할지라도 또 하나의 자기 자신이라는 독자가 존재하고 있다고 볼 수 있다. 이처럼 글은 항상 독자를 염두에 두고 쓰이는 것이다. 독자에게 맞는 글을 쓰려면 독자가 어떤 사람인지를 알아야 하고 그 다음에는 그러한 독자를 위해서 어떤 고려를 해야 하는지 생각해야 한다.

독자를 파악하는 과정을 '독자층 분석'이라고 한다. 독자층을 분석하는 작업에는 나이, 직업, 종교, 성별 등이 고려되어야 하고, 이러한 사항들이 수집되었으면 최대한 이를 반영하여 글쓰기를 하는 것이 효율적이라는 의미이다. 독자층의 수준에 맞지 않는다든지, 독자층의 관심과 흥미를 끌 수 없는 문제라면 읽는 사람이 호기심을 갖지 않을 뿐더러 읽더라도 내용에 대해 별 반응을 보이지 않을 것이기 때문이다.

예를 들어, 초등학교 1학년 때 담임 선생님께 편지 형식의 한 장 글을 쓴다면 어떻게 쓸 수 있을까? 다음의 〈예시1〉을 살펴보고 편지 형식의 효율성을 잘 살리고 있는지 검토해보자.

예시 1 **초등학교 1학년 때 담임 선생님께 편지를 쓴다면**

양영자 선생님께

대한민국 12년의 학창생활의 서막을 알리는 초등학교 1학년, 제 최초의 스승이셨던 선생님을 저는 정말 다정다감하셨던 분으로 기억합니다. 선생님께선 제가 기억이 나실지 모르겠네요. 시간이 지나 어느덧 저도 이제 스물 일곱. 거의 20년에 가까운 시간이 흘렀지만, 지금도 저는 초등학교 시절을 돌이켜보면 꽤 많은 추억들이 떠오릅니다.

어릴 때, 저는 울보였지요. 아마 선생님께서도 뜬금없이 터지는 저의 눈물에 당황하셨던 적이 한두 번이 아니셨을 겁니다. 그때마다 서럽게 울던 저를 달래주시던 기억이 나네요. 제가 선생님께 가장 많이 들었던 말은 아마도 '울지 마'였던 것 같습니다.

사실, 지금 와서 생각해보면 저는 그리 정당한 울보도 아니었습니다. 저는 조용한 사고뭉치였었죠. 그래서 벌 받으면서 우는 것이 제 특기였는데… 선생님께선 아이들이 잘못할 때마다 항상 벽을 바라보며 손을 들고 서있으라고 하셨어요. 한번은 수업시간에 딱지를 가지고 뒤에 있던 친구와 장난치며 교실 뒤쪽으로 날렸다가 벌을 받은 기억이 납니다. 잘한 것 하나 없던 저였지만, 그때도 전 콧물로 풍선을 불어가며 서럽게 울었죠. 손을 들고 우중충한 하늘빛 벽을 바라보며 말입니다.

정말 많이 울던 저였지만, 그 중에서도 가장 기억에 남는 눈물이 하나 있습니다. 받아쓰기 시간이었어요. 한번은 한 문제가 너무 헷갈려서 고민 끝에 답을 적어냈던 적이 있습니다. 하지만 적어낸 답이 아무래도 아닌 것 같아, 선생님께 다시 가서 하나만 고치면 안 되겠냐고 물었었죠. "안 돼."라는 선생님의 한마디를 듣는 순간 저는 가슴이 쿵하고 내려앉는 줄 알았습니다. 역시나 자리로 돌아와 질질 짜고 있던 저를 달래며 선생님께선 그러셨습니다. '지나간 버스는 돌아오지 않아.' 지금 와서 생각해보면 다소 진부한 표현이었지만, 그래도 그때 당시 저에겐 명대사였습니다. 후에 지나간 버스 얘기가 나올 때마다, 선생님 생각이 났습니다. 그래서 제가 아직도 선생님을 잊지 않고 기억하고 있나 봅니다.

돌이켜 보면 정말 별것도 아닌 일에 많이도 울었어요. 하지만, 그 울음 하나하나가 모두 추억이기도 하네요. 그때 그 울보가 지금은 벽을 보며 손들고 서있는 것보다 더 힘들고 괴로운 일을 겪으면서도 눈물 한 방울 흘리지 않는 '어른'이 되었습니다. 저는 이제 곧 대학 졸업을 앞두고 있습니다. 부끄럽게도 졸업을 앞두고서야 저는 제 진로를 정했습니다. 그래도 결정에 이르기까지 오랜 시간이 걸린 만큼 어느 때보다 각오도 남다릅니다. 그래서 토요일에 학교가기 싫다고 징징거렸던 제가 지금은 주말에도 알아서 학교 도서관을 찾습니다.

사실, 저는 지금 제 주변 또래들보다 조금은 뒤처져있어요. 말씀드리기 쑥스럽지만, 지금까지 그리 효율적으로 살진 않았거든요. 누군가 저에게 잘못됐다고 꾸중을 하면서 손들고 벽을 보며 생각할 시간을 주었다면, 지금 상황이 조금은 달라져 있을까요? 조금은 후회됩니다. 하지만, 후회하지 않으려고 노력하고 있습니다. 어차피 한번 지나간 버스는 돌아오지 않으니까요. 비록 지금까지 여러 버스들을 놓쳤지만, 저는 잘 알고 있습니다, 또 다른 버스가 올 것이라는 것을. 이번에 오는 버스는 놓치고 싶지 않습니다. 그래서 최선을 다 할 겁니다. 한번 지나간 버스는 돌아오지 않을 테니까요.

위의 〈예시1〉은 초등학교 1학년 때의 담임 선생님께 쓴 편지 형식의 글로, 아련한 기억과 풋풋한 에피소드가 잘 드러나 재미있게 읽을 수 있는 글이다. 학창시절의 시작점에 있는 초등학교 1학년 때와 대학 졸업 직전의 머나먼 거리감 속에 아련한 정서가 잘 녹아있다. 문단 구성과 글의 전개도 매끄럽고 좋은 편이며, 중간 중간 시적인 표현이 드러나서 특히 재미있게 읽힌다.

다만, 결말부의 다짐이 다소 식상하다는 것이 아쉽다. "주변 또래들보다 조금은 뒤처져 있어요.", "그리 효율적으로 살지 않았거든요.", "최선을 다할 겁니다."와 같은 부분에서 그러한 느낌을 받았는데, 구체성을 살려 좀 더 진솔하게 드러냈으면 좋았을 것이다.

하지만 〈예시1〉은 편지 형식을 차용할 때 구성의 문제를 어떻게 할 것인지에 대한 답을 준다는 점에서 칭찬할 구석이 훨씬 많다. 다음의 〈예시2〉는 독자 입장에서 소감을 남긴 글인데, 독자 입장에서 글쓴이에게 주는 편지 형식에 맞추어 작성하고 있어서인지 더더욱 친근감 있고 현실적으로 전해지고 있다.

예시 2 **독자 소감**

다른 글들도 흥미롭게 읽었지만 제 글과 같은 편지글이라 더 관심을 갖고 읽었습니다. 같은 주제로 쓴 글이라서 그런지 저와 비슷한 점이 많아 공감했습니다. '지나간 버스는 돌아오지 않아.'라는 이야기를 들을 때마다 선생님을 떠올리셨다고 하는데 저도 비슷해요. 〈사랑으로〉라는 노래를 선생님께서 가르쳐주셨는데, 수련회 때마다 캠프파이어를 하면서 부르던 이 노래 때문에 매년 1학년 때 선생님을 기억했었거든요.

저도 초등학교 1학년 때 어리숙한 모습에서 변화된 제 모습을 선생님께 자랑하고 싶었어요. 선생님께 보람을 느끼시라고 쓴 것도 있지만, 예전 제 모습이 부끄러웠기 때문에 변화된 제 모습을 보이고 싶었던 게 컸던 것 같아요. 글에 쓰신 것처럼 12년 공교육의 첫 시작을 함께 했던 선생님이기 때문에 아직은 단체생활에 익숙하지 않고 실수투성이인 모습만 보였겠죠. 12년의 교육을 마치고 대학생이 되고, 스스로 책임질 수 있는 어른스러운 모습을 보이고 싶은 건 당연하다고 생각해요.

제 글과 비교하니, 제 글이 초라해지는 느낌을 받습니다. 제가 글을 잘 보는 편은 아니지만 구성이 꽤나 탄탄하다는 느낌을 받을 수 있었거든요. 안부로 시작해서 울보였던 모습을 추억하고 마지막 문단에서 그때와는 달라진 모습을 보이며 '버스이야기'로 마무리 짓는 자연스러운 흐름이 마음에 듭니다. 마지막 문단을 읽으면서 글을 쓰는 목적, 하고자 하는 말이 확실히 정해져있는 느낌을 받았습니다. 마치 글 전체가 '앞으로 다가올 또 다른 버스'를 향해 달려가는 것 같았다고 표현하고 싶습니다. 대화하듯 하고 싶은 말을 풀어놓은 글과 비교하니, 글에는 글 쓴 사람의 성격이 드러난다는 말이 실감납니다. 수다스러운 제 성격을 그대로 반영하는 제 글과 달리, 과묵하고 생각이 많은 글쓴이의 성격이 묻어나는 것 같습니다.

> 같이 일촌활동을 했었지만 글을 이렇게 잘 쓰시는지 몰랐는데, 이 글을 읽으면서 계속 감탄했습니다. 첫 번째 문단을 '울지 마'로 마무리하고, 두 번째 문단에서 '울보였다'라는 사실을 밝히며 시작하는 것이 마치 드라마 예고편을 보고 나서 다음 회를 보는 듯한 느낌이었어요. '정당한 울보'라는 표현도 재밌었고, 콧물로 풍선을 그려가며 울었다는 묘사는 저도 모르게 그 모습을 상상할 수밖에 없게 만들었습니다. 이런 재미난 표현과 잘 짜인 구성 덕분에 막힘없이 재밌게 읽었습니다. 남의 일기 훔쳐보는 재미 못지않은, 남의 편지를 몰래 읽는 것 같은 느낌이 들어서도 그렇지만요. 선생님께 보내는 성장일기에 박수를 보냅니다!

이 두 편의 〈예시〉를 통해 편지 형식의 글쓰기가 가져다주는 것은 관계를 맺고 발전시키고 유지시키는 데 있음을 다시한번 상기할 수 있었을 것이다. 편지 형식의 글쓰기가 단순하게 안부를 묻는 수단에 머무는 것이 아니라, 편지를 주고받는 사람들 간의 사이를 더욱 더 돈독하게 해주기도 하는 만큼 편지 형식의 글쓰기 연습을 통해 독자와 교감하는 경험을 보다 폭넓게 확대할 수 있기를 기대한다.

메시지를 전달하는 글쓰기 훈련에 일조

편지 형식의 글쓰기는 기본 형식이 일반적인 글쓰기의 기본틀과 동일하다는 점에서 글쓰기의 기본기를 다지는 연습으로도 효과적이다. 무엇보다 편지 형식은 독자를 구체적으로 설정하여 글쓰기를 진행할 수 있기에 메시지를 효율적으로 전달하는 글쓰기 훈련에 일조할 수 있다.

앞선 〈예시1〉이 실존한 추억 속의 인물에게 보내는 편지글이었다면, 미래의 인물에게 보내는 편지는 어떻게 쓸 수 있을까? 다음의 〈예시3〉은 미래의 자녀들에게 보내는 편지 형식의 글쓰기를 연습한 결과물이다.

예시 3 너에게 들려주고 싶은 세 가지 이야기

아들아, 오늘은 네게 세 가지 주제를 담은 이야기를 하려 해. 나를 닮아 다른 사람의 충고를 언짢게만 여기는 너를 위해 이야기라는 표현을 써봤단다. 아빠는 부모로서 네가 보다 바람직한 삶을 살도록 이끌 의무가 있다고 생각한단다. 이 글은 네가 그런 의미 있는 삶을 살길 바라는 아빠가 아들에게 보내는 희망사항이자 하나의 지침이란다. 충고라고 생각하고 귀찮게 여기기보다 한 편의 짧은 이야기를 읽듯이 가벼운 마음으로 아빠의 글을 읽어 주었으면 좋겠어.

먼저 '관계'에 대해 말하고 싶구나. 삶을 사는 데 있어 사람과의 관계는 너를 웃게도 하지만 때로는 울게도 만드는 신기한 힘을 가졌단다. 네가 만약 그 관계 속에서 모두를 웃게 만들 수 있다면 관계에 대한 걱정은 하지 않아도 될 거야. 아빠는 네가 그런 힘을 가진 사람이 되었으면 한다. 좋은 사람을 만나는 것도 중요하지만 너 자신이 그런 사람이 될 수 있도록 노력하는 것도 중요하지. 네가 그런 좋은 사람이 될 수 있다면 그 영향이 너의 주변에도 미치게 되고 결국 그것이 바람직한 관계의 출발이 될 수 있다고 아빠는 생각한단다.

두 번째는 '꿈'에 대한 이야기야. 아빠는 네가 항상 꿈을 갖고 그 꿈을 향해 나아가는 사람이 되었으면 해. 아빠는 꿈이 삶에 있어서 나침반의 역할을 한다고 생각해. 그렇기에 꿈이 없다면 우리는 어디로 가야 할지 모른 채 이리저리 방황하는 삶을 살 수밖에 없겠지? 아빠는 운이 좋게 고교시절에 꿈을 찾았다고 생각했지만 얼마 지나지 않아 그것이 꿈이 아니었다는 걸 알게 되었어. 그 이후로도 꿈은 여러 차례 바뀌길 거듭했고, 결국 아빠는 확고한 꿈을 갖게 되었지. 너도 아마 아빠와 같이 이런 과정을 겪게 될 거야. 이 과정이 조금은 지루하고 불안해 보일지 모르지만 살면서 한 번쯤은 꼭 겪어야 할 통과 의례라고 생각해. 쉽게 얻은 물건의 가치가 크지 않듯이 쉽게 가진 꿈의 가치는 변하기 쉽단다. 아빠는 네가 너만의 방식으로 찾은 소중한 너의 '꿈'을 향해 꿋꿋이 나아갈 수 있는 아들이 될 수 있기를 바라.

마지막으로는 '성찰'에 대해 말하고 싶어. 말이 조금은 어렵나? 쉽게 말하면 자기를 돌아볼 수 있는 시간을 가지라는 이야기지. 네가 꿈을 바탕으로 그것을 길잡이 삼아 앞으로 나아간다고 해도 너 자신을 돌아보지 않으면 삶 속에서 길을 잃어버리기 쉽단다. 꿈이라는 것은 지금보다 훨낙 높은 곳에 위치하기 때문에 그것을 이루기 위해서라면 자신의 중요한 가치를 버리는 경우가 있거든. 큰 기업을 운영하는 것이 꿈이던 아빠의 친구가 자신의 신조를 버리고, 기업을 키우기 위해 돈이 되는 일만을 찾다가 자괴감에 스스로 목숨을 끊은 이야기를 너도 지난번에 들어서 알고 있을 거야. 무엇보다 중요한 건 너의 가치를 올바르게 세우고 목표를 향해 달려가면서 항상 자신을 점검하는 자세라고 생각해. 아빠는 그렇게 네가 변하지 않는 굳건한 신념을 바탕으로 꿈을 향해 나아가는 뿌리 깊은 사람이 될 수 있길 바라.

조금은 지루한 이야기였지? 아빠는 궁극적으로 '너'라는 사람이 행복한 삶을 살았으면 해. 부모라는 존재는 그 삶을 살도록 돕기 위한 조력자이자 너의 멘토인 셈이지. 이 글은 아빠의 의무를 다하기 위한 하나의 노력이란다. 또 아들이 이런 마음을 갖고 삶을 대하고 살았으면 하는 아빠의 바람이기도 한 것이지. 아들이 행복한 삶을 살아가는 데 아빠의 이 끄적임이 도움이 되었으면 하는 마음으로 글을 마칠게.

〈예시3〉은 미래의 자녀에게 일러주고 싶은 말을 쓴 편지 형식의 글쓰기로, 글 속에 진솔함이 묻어 있어 독자의 공감대를 형성하고 있다. 또 자신의 경험을 적절히 덧붙이면서 내용에 대한 흥미를 돋우고 설득력도 높이고 있다. 식상한 얘기지만 왜 하필 필자가 그러한 덕목을 원하는지, 나름 고민하고 성찰한 흔적들이 있어 글쓴이의 사고의 깊이를 확인할 수 있기도 하다.

또 한 편의 글이 갖추어야 할 기본적인 구성을 편지 형식에 맞추어서 잘 지켜주고 있어 글의 완결성을 확실히 얻고 있다. 안정감 있고 차분한 문장이 가독성을 높이고 있는데, 자신의 주장을 부드러우면서도 힘있게 제시하는 태도를 칭찬할 만하다.

하지만, 좀더 완성도를 높이려면 다듬어쓰기를 해주어야 할 부분들이 존재한다. 이제 다음의 독자 소감을 확인하여 좀더 좋은 글로 다듬어보자.

예시 4 **독자 소감**

미래의 자녀에게 전해주고 싶은 나만의 유산이라는 것은 어떻게 보면 간단할 수 있지만 또 어떻게 보면 매우 복잡한 것일 수도 있습니다. 평소에 생각을 많이 해두었다면 이 주제를 보자마자 무언가가 머릿속에 떠올랐을 것이고 그렇지 않았다면 저처럼 온갖 말들이 둥둥 떠다니기만 하고 정리되지는 않는 경험을 했을 것입니다. 글쓴이가 어떤 경우에 해당하는지 정확히 알 수 없지만 미래의 아들을 위해 세 가지를 뽑아 이야기하기까지 많은 고민이 있지 않았을까 합니다.

글쓴이의 세 가지 유산은 '관계, 꿈, 성찰'인데, 개인적으로 부모로서 자녀가 가슴속에 깊이 새겼으면 하지만 쉽사리 전해주기는 어려운 것들이라고 생각합니다. 그렇지만 다른 무엇보다 선행되어야 하기 때문에 저는 글쓴이가 정한 유산이 충분한 가치가 있다고 봅니다. 인생을 살아가는 데 있어 주위의 사람들과 어떤 사회적 관계를 맺고 살아가느냐가 매우 중요하기 때문에 '관계'의 중요성을 언급했을 것이고, 사람들과 어울려 사는 동안에도 나만의 중심이 없으면 작은 역경에도 쉽사리 흔들릴 것이기에 '꿈'이 필요하다고 했을 것이며, 관계와 꿈에 반드시 필요한 것이 때때로 발걸음을 멈추고 온 길을 되짚어 보며 점검하는 '성찰'이므로 그 중요성을 강조했을 것입니다.

글쓴이는 서두에서 아들이 "충고라는 말을 언짢게 생각하기 때문에 '이야기'라는 말을 쓰겠다."라고 밝힙니다. 이는 독자로 하여금 앞으로 이어질 글이 딱딱한 훈계라기보다는 아버지가 들려주는 삶의 지혜일 것이라는 예상을 하도록 합니다. 하지만 바로 나오는 또 다른 문장인 "아빠는 부모로서 네가 보다 바람직한 삶을 살도록 이끌 '의무'가 있다고 생각한단다. 이 글은 네가 그런 의미 있는 삶을 살길 바라는 아빠가 아들에게 보내는 희망사항이자 하나의 '지침'이란다."에서 의무, 지침 등과 같은 단어가 들어가 있어 글쓴이가 당부하는 것처럼 가볍게 듣는 이야기의 느낌이 들지 않습니다.

또한 마지막 문단에서 자녀를 지칭할 때 "너라는 사람이"보다 "네가"라는 표현이 더 자연스러울 것 같고, "부모라는 존재는 그 삶을 살도록 돕기 위한 조력자이자 너의 멘토인 셈이지."라는 문장을 "아빠는 네가 행복한 삶을 살 수 있도록 도와주고 싶다"고 바꾸어 표현하는 것이 좋을 것 같습니다. 이와 더불어 "이 글은 아빠의 의무를 다하기 위한 하나의 노력이란다."는 부분은 생략하는 것이 어떨까 합니다. 글쓴이의 의도와 달리, 아버지가 아들에 대한 사랑으로 해 주는 이야기라기보다는 아들을 올바른 길로 이끌어야 한다는 의무감 때문에 충고한다는 느낌을 주는 표현들이기 때문입니다.

끝으로 '관계, 꿈, 성찰'에 대한 내용을 전개해 나가는 데 있어 아버지의 개인적인 경험이나 가치관이 묻어있기 보다는 표면적이고 원론적인 이야기에 그친다는 점이 아쉽습니다. 성찰의 중요성을 피력하면서 들었던 '스스로 목숨을 끊은 친구'의 예는 강렬하다는 인상을 줌과 동시에 극단적이라는 생각을 지울 수 없게 하였습니다.

이상으로 살펴본 바와 같이, 소중한 유산을 전해주고자 하는 일은 생각보다 쉽지 않은 작업입니다. 연령대를 분명하게 정하고 그에 맞게 전달방식을 선택하는 것도 한 가지 방법이 될 수 있겠습니다. 조심스럽지만 분명한 어조로 메시지를 전달하고자 하는 이 편지글은 아들에 대한 아버지의 사랑과 걱정이 담겨 있는 것으로 보였지만 조금만 더 아들의 입장에서 표현 방식을 고려했다면 전달력이 높아졌을 것이라고 생각합니다.

2. 편지 형식의 특징이 발휘되는 지점

(1) 의견 표명에 익숙해진다는 것

글쓰기의 핵심이 명확한 메시지 전달에 있다면, 편지 형식은 이러한 메시지 전달에 최적화된 양식이라 할 수 있다. 편지 형식의 특징은 여기에 더해서 자신의 입장을 명확히 표명하고 상대방과 진심으로 소통할 수 있게 노력하는 체험의 시간을 갖게 해준다는 점에서 매력적이다.

예를 들어, 다음과 같은 사연을 가진 사람이 상담을 희망하는 상황을 가정해보자.

예시 1

고민 상담글(1): 왜 장남만 짝사랑하느냐고요?

2016년 마지막 날, 작은 아들 내외가 찾아왔더군요. 굳이 올 거 없다고, 음력설에나 보자고 했었지만 막상 돌쟁이 손자를 만나니 절로 미소가 났습니다. 그러나 그 날의 만남은 그 끝이 좋지 못했습니다. 아들 녀석이 그동안 속에 담고 있던 불만을 한바탕 쏟아놓고 갔거든요. 엄마가 '벽'같이 느껴져서, 답답하다고 말하더군요. 그렇게 말하는 아들 녀석이, 저는 더 안타까운데 말입니다.

실은 저에게 아들이 하나 더 있습니다. 큰아들이 아직 장가를 들지 않고 저희와 함께 살고 있지요. 그날 큰아들은 친구들과 술자리가 있다며 집을 나갔습니다. 동생이 애기 데리고 곧 올 텐데, 보고 가라 소리는 안 했습니다. 동생과의 만남이 불편해서 굳이 집을 나선다는 걸 짐작하고 있었으니까요. 생각해보면 슬프기 그지없는 일입니다. 네 살 터울로, 어릴 때는 동네가 알아주던 의좋은 형제였는데 어찌하여 지금은 한 자리에 마주앉기도 어색한 사이가 되었을까요? 더구나 우리집 큰 녀석은 동생의 '보호자' 노릇을 하던 아이였습니다. 공부도 1등이고 인물도 훤하고 덩치도 커서 온 동네가 다 부러워하던 그 아이는, 왜소하고 공부마저 잘 못 하는 동생을 끔찍이 위했습니다. 동생은 동생대로 형님 말이라면 하느님 말처럼 믿었지요. 우리 형이 1등이다, 우리 형이 반장이다, 그런 자랑을 일삼고 다녔습니다. 저도 장남 덕에 어깨에 힘이 들어가 있었죠. 누구 엄마 하면 다들 알아줬으니까요. 둘째가 부실한 건, 걱정도 안 되었습니다. 다들 그러더군요. 장남이 잘났으면 그걸로 충분한 거라고요.

그러나 음지가 양지 되고 양지가 음지 되는 법이라던가요? 이십 몇 년의 세월이 흐른 지금, 두 아이의 처지는 뒤바뀌다시피 했습니다. 저래 가지고 사람 구실 할까 싶었던 둘째는, 이름 없는 대학이나마 알아서 가더니, 거짓말처럼 취직도 했습니다. 그것만 해도 신통한데, 윗분의 눈에 들어 회사 다닐 맛 난다 하니 저로서는 믿기지가 않을 정도입니다. 게다가 제 힘으로 장가를 들어, 아들까지 낳았습니다. 그 와중에 부모 용돈이라며 매달 조금씩이라도 부쳐주는 걸 보면 이게 현실이 맞나 싶을 정도입니다.

물론 고맙고 기쁜 일이지요. 하지만 마냥 좋아하기엔 제 마음에 얹힌 돌의 무게가 무겁습니다. 바로 큰아들 때문입니다. 원하던 학교를 못 가고 한 칸 낮추어 간 것이 불운의 시작이었을까요? 공부한다고 몇 년 허송세월한 것이 첫 단추를 잘못 끼운 것일까요? 그 아이는 이상하리만치 일이 안 풀리네요. 눈을 낮춰 취직하려 해도 잘 안 되었고, 요행히 취직을 해도 이번엔 회사가 잘못되거나, 아니면 도저히 비위를 맞출 수 없는 이상한 상사를 만나곤 했습니다. 그렇게 답답한 상황에서도 가만 보면 만나는 여자는 늘 있는 듯 했는데, 어찌된 게 결실을 못 보더군요. 결혼 얘기는 없고, 만나다 말다 헛바퀴만 돌리는 듯 했습니다.

지금은 친구가 한다는 회사에 다니고 있습니다만, 별 볼 일은 없는 듯이 이야기하네요. 그래도 딴 생각 하지 말고 회사 다니며 장가부터 가라고 하면 피식 웃습니다. 도대체 무슨 생각을 하고 사는 아이인지… 제가 걱정을 하면 남편은 버럭 화를 냅니다. 낼 모레 마흔인 놈이 언제까지 운수 탓만 하느냐고요. 머리 믿고 게으름 피고, 인물 믿고 여자를 우습게 본 결과라 합니다. 거기까지만 하면 좋은데 꼭 한 마디 더하지요. 네 동생을 봐라, 제 힘으로 직장 잡고 가정 이뤄 효도하지 않느냐.

그 말에 큰아들은 대꾸하지 않습니다. 동생을 미워하는 못난 짓도 않고요. 다만 점점 위축이 되고, 자꾸 겉돕니다. 동생 장가 들 때까지만 해도 넉살좋게 제수씨, 제수씨 하더니, 이젠 그것도 잘 안 되는 모양입니다. 동생이 온다는 날엔 꼭 나가서 술판을 벌이네요.

그래서 사실 저는 둘째가 오는 것도 반갑지를 않습니다. 큰아들이 무슨 죄인처럼 내몰리는 것이 마음이 아프기 때문이죠. 그런데, 저의 마음을 둘째가 눈치 챈 모양입니다. 저한테 그러더군요. 엄마는 왜 장남만 짝사랑하느냐고요. 나는 아들 아니냐고 따지더군요. 어이가 없어서 제가 그랬습니다. 너야 잘 하고 있으니까 그렇지, 지금 네 형 입장을 한번 생각해봐라. 얼마나 답답하겠니.

그러나 둘째는 아니랍니다. 잘 하든 못 하든 자기는 엄마 안중에 없답니다. 취직을 해도 장가를 들어도 손주를 낳아드려도, 엄마가 진정 기뻐하지를 않았답니다. 엄마가 '벽'같이 느껴진답니다. 그 녀석은 그렇게 제 할 말만 쏟아내고는 가버렸습니다.

그러나 지금 제 심정은 노여움이 아닌 미안함입니다. 둘째 말이 맞습니다. 요즘 애들 말로 제 뇌구조에는 큰아들이 90프로를 차지하고 있었습니다. 어릴 때 그 자랑스럽던 모습이 가슴에 박혀 떠나지를 않습니다. 그에 비해 둘째는 항상 못 미더운 아들이고요. 사실 그 날도 시누가 전화를 해서 둘째 칭찬을 했었죠. 그런데 저도 모르게 이렇게 대답했네요. 걔야 뭐, 어쩌다 쥐 밟은 격이고…. 둘째 입장에서는 서운했을 겁니다. 하지만 제가 장남만 사랑했던 건 결코 아닙니다. 엄마의 사랑은 두 아들에게 똑같았습니다. 내 살을 베어 아들을 살린다면,

두 아들의 무게가 똑같습니다. 갓난쟁이에게 젖을 물릴 때의 제 마음은 첫째 다르고 둘째 다른 게 아니었습니다. 그 마음을 믿고 둘째에게 무심했는지도 모르겠네요. 기대와 욕심이 덜했기에 둘째에게 관심이 덜 갔던 것이고요.

그러나 아마 둘째는 그러겠지요. 관심이 바로 사랑이라고요. 저도 답답합니다. 그 아이에게 무어라 말해야 이 엄마의 마음을 이해해줄까요?

이런 고민에 대하여 자신의 입장을 정리하는 글쓰기를 해보면 어떨까? 다음의 〈예시〉들은 사연의 주인공에게 편지 형식으로 의견을 제시한 글이다. 각각의 예시마다 어떤 입장에서 편지를 쓰고 있으며, 어떤 효과가 있을지 짐작해보자.

예시 2 때론 마음이 보이기도 한답니다!

안녕하세요, 어머니. 자식을 둘 이상 둔 부모라면 한번쯤 했을 고민으로, 저도 부모님을 떠올리며 잘 읽었어요. 자식은 부모 마음 모른다고, 아들이 어머니 마음 몰라주는 것 같아 속상하셨겠어요. 그런데 저는 글을 다 읽고 나니, 어머니보다 아들분이 더 고민일 것 같습니다. TV프로그램 〈안녕하세요〉의 어떤 사연처럼 어머니가 고민이라 신청하셨다면 MC가 아들분이 더 고민이실 거라며 자리를 바꿔야할 것 같다고 할 만큼이요.

고작 한두 장짜리 글인데도 왜 살아온 수십 년의 세월이 보일까요? 장남이 인물도 훤하고 공부도 잘 할 때는 둘째 걱정은 없다며, 잘난 장남이면 충분하다고 하셨지요. 그 와중에 둘째가 대학도 졸업하고 직장도 얻어 결혼까지 해내 예쁜 손주까지 안겨드렸음에도 '어쩌다 쥐 밟은 격'이라며 못 미더워 하셨어요. 작은아들은 항상 뒷전이었어요. 말 한마디로 그 사람의 생각을 알 수 있다는 말이 있습니다. 어머니가 굳이 말하지 않아도 뇌구조의 90%를 큰아들이 차지하고 있다는 걸 모두 느꼈을 겁니다.

작은아들의 불행은 형의 그늘에서 벗어나고 싶은 것에서 비롯된 것입니다. 어머니에게 서운함은 물론이고 형을 자랑스러워하면서도 열등감을 항상 느꼈을 것이구요. 그걸 이겨내려고 노력해 그 자리까지 갔는데도 제대로 인정받지 못하자 어머니를 벽이라 말하며 거리감을 느꼈을 테지요. 하지만 이건 작은아들만의 고민이라고 할 수 없어요. 같은 모습으로 항상 살 수 없기에, 큰아들이 과거에 매달리고 집착하는 것이 곧 지옥이었을 겁니다. 자신뿐만 아니라 어머니도 과거에서 벗어나지 못한 거죠. 어렸을 땐 그런 기대와 믿음이 좋았을지 몰라도, 동생에게 미안함도 느꼈을 거고, 크면서는 부담감도 컸을 겁니다. 처지가 뒤바뀐 지금은 자격지심으로 동생과 사이도 멀어진 거고요. 형제가 멀어진 것에 어머니가 한 몫 한 겁니다.

차별이라는 게 원래 있다고도 할 수 없고 없다고도 할 수 없어요. 그건 마치 땅위의 길 같아서 관심에서 한 걸음, 욕심에서 한 걸음, 기대에서 한 걸음, 그게 쌓여서 차별이 되는 거랍니다. 그 걸음이 달라 한 쪽이 뒤처지는 건, 알면서도 모른 척했던 불편한 진실이 아니었을까요? 그래서 저는 작은아들의 무조건적인 이해를 바라기 보다는, 어머니의 잘못을 깨닫고 인정하는 것이 먼저라고 생각합니다. 큰아들에게 향하던 것을 작은아들에게로 방향을 바꾸는 것이 기울어진 수평을 바로잡는 첫 걸음이 되겠지요. 큰아들에게는 지금보다 무관심한 것이, 작은아들에게는 더 관심을 표현하는 것이 둘 다 같은 위치로 돌아가게 할 방법이 될 것입니다.

관심이 곧 사랑이라는 것은 아들이 눈으로 볼 수 있는 마음이기 때문이랍니다. 어머니의 따뜻한 마음을 작은아들에게 조금 더 나누어주세요.

〈예시2〉의 글쓴이는 사연에 제시된 어머니의 행동을 '차별'의 문제라고 언급한다. 어머니는 자녀들이 어릴 때부터 가졌던 생각이 현재에까지 이어져서 장남이 잘하는 것이 최대의 관심이고, 차남에 대한 걱정은 없으며 심지어 동생이 잘하면 형의 입장을 생각해 달가워하지 않는 듯하다고 보았다. 차남의 입장에서 어머니에게 서운함을 느꼈을 것은 당연하고, 노력해서 성과를 이뤘음에도 제대로 인정받지 못한다면 가족에게 거리감을 느꼈을 수도 있을 것이다. 장남의 입장에서도 어머니가 자기만 믿고 잘해줬기 때문에 동생에게 미안함을 느꼈을 것이고, 부담감이 커지면서 결국 자격지심에 동생과의 만남을 피하게 되는 상황에까지 이르게 된 것이다.

따라서 글쓴이는 어머니가 자신의 처신이 잘못되었음을 확실히 인지하고 인정하는 것이 필요하다고 생각하는 입장이다. 어머니의 편지를 다시 살펴보면, 어머니는 두 아들을 다 똑같이 사랑한다고 하지만 이것은 머리로만 하는 것일 뿐, 마음은 큰아들에게 가있다는 것을 본인도 알고 있기 때문이다. 이러한 어머니의 처신을 작은아들의 입장에서 무조건적으로 이해해달라고 하는 것도 불가능하기에, 글쓴이는 큰아들에게 향하던 관심을 작은아들에게로 돌려야 한다고 조언하고 있다.

글쓴이는 이러한 조언을 통해 사연 속 어머니의 행동 변화가 있기를 기대하고 있다. 제3자이기는 하지만, 아들이 눈으로 볼 수 있는 마음이 곧 관심이며 사랑이라는 것을 어머니가 진심으로 깨닫는다면 이 가정에도 잔잔한 평화와 행복이 깃들 것이라 믿기 때문이다.

다음의 〈예시3〉 역시 앞선 고민 상담글에 대한 것이다. 글쓴이 또한 아들이 둘인 집, 그리고 장남이라는 배경을 갖고 있어서인지 고민 상담글의 내용에 사뭇 공감되었다고 한다. 물론, 글쓴이의 경우에는 아버지가 유순한 동생을 더 좋아하셨다면, 어머니는 상대적으로 주장이 강한 만큼 자립심도 강한 자신을 더 좋아하셨다는 게 다르다면 다르다.

이런 배경 속에서 글쓴이는 고민 상담글을 읽으면 읽을수록 화가 났다고 털어놓는다. 글 전체에서 장남을 선호하는 어머니의 감정이 녹아들어 있는데 지속적으로 그것을 부정하며 자기는 둘 모두를 사랑한다고 주장하는 모습이 답답했기 때문이리라. 생면부지의 독자임에도 글 속에 녹아든 이런 감정들이 느껴지는데, 그것을 오랜 시간 곁에서 겪은 작은 아들이 얼마나 힘들었을까 하는 생각이 들었다고 한다.

예시 3 **두 손가락 깨물기**

안녕하세요? 보내주신 사연을 읽고 떠오르는 바가 많아 이렇게 편지를 드리게 되었습니다. 엄하신 아버지 밑에서 장남이자 장손으로 태어나 네 살 터울의 남동생과 성장한 저의 배경 덕에 보내주신 사연에 끌린 것일지도 모릅니다. 열 손가락, 아니 두 명의 아들이니 두 손가락이겠지요. 두 손가락 깨물어 안 아픈 손가락이 있겠습니까? 하지만 저 또한 비슷한 배경이 있는바, 몇 가지 말씀을 드려보고자 합니다.

글쓴이께서는 아니라고 사연 속에 밝혀주셨지만 장남 선호사상을 갖고 계신다는 게 글 속에, 그리고 글에 담긴 글쓴이의 행동을 통해 드러납니다. 이는 물론 보수적이고 관습적이며 사뭇 편협하다고까지 할 수 있는 우리네의 옛 문화 때문이 아닐까 합니다만, 글쓴이께서 첫째 아들에게 더 많은 관심과 애정, 그리고 걱정을 쏟고 있다는 것이 느껴집니다.

저 또한 비슷합니다. 꺾이지 않고 누르면 누를수록 반발하는 저의 성격 탓이었을까요, 저의 아버지께서는 유순하고 고분고분한 저의 동생을 조금 더 예뻐하셨습니다. 제가 20대 맞을 때, 10대, 5대만을 맞는 저의 동생을 보며 제가 느낀 감정이 어떠한 줄 아십니까? 반성도 질투도 분노도 아닌, 아무 것도 느껴지지 않았다는 거였습니다.

다 큰 지금에서야 아버지 또한 당신의 방식대로 저를 사랑하고 계심을 알지만 그때는 저만을 미워한다고 느꼈기 때문에 아무런 감정을 할애하지 않았고, 신경 쓰지도 않았습니다. 글쓴이도 둘째 아드님과의 사이가 이렇게 흘러가기를 바라십니까?

그런 것이 아닌, 둘째 아드님과의 관계를 개선시키고 싶으시다구요? 그렇다면, 저는 세 가지를 말씀드려 보려 합니다.

먼저, 본인의 문제점을 인식하고 현실을 직시하십시오. 글쓴이는 현재 첫째 아드님을 편애하고 계십니다. 이 사실을 받아들이세요. 이것이 변화를 위한 첫 단추가 될 것입니다. 다음으로, 둘째 아드님께 고백하십시오. 나의 감정이 이러하다고 말입니다. 뻔히 보이는 모습에, 하지만 직접 말씀은 안 하시기에 속으로만 끙끙 앓는 둘째 아드님께 솔직하게 말씀하십시오. 감정을 개방하셔야 다음 단계로 넘어갈 수 있습니다. 마지막으로, 노력할 방향과 방안을 둘째 아드님과 함께 모색하십시오. 박수도 양 손뼉이 맞닿아야 소리가 나기 마련입니다. 혼자서 문제를 해결할 수는 없으십니다.

관계란 좋은 도자기와 같다는 말이 있습니다. 관계가 온전할 땐 좋은 도자기와 같이 영롱한 빛을 내기 때문이겠지요. 하지만 그 이면엔 한 번 깨지면 돌이킬 수 없음을 내포하기도 합니다. 그러니, 어머니. 부디 도자기가 깨지기 전에, 지금 시작하십시오!

글쓴이는 자기 입장이 분명하다. 상담의 주인공은 고백한 내용과는 다르게 실제로 장남을 선호하고 있다는 것이다. 이에 이 점을 어머니가 깨달을 수 있도록 문제되는 부분을 직면하게 하고, 해결책을 제시해주고 싶다는 의지를 표명하였다. 이를 위해 자신의 성장 배경을 어떠한 식으로 기술해야 효과적일지 고민이 많았다고 한다. 이 편지글의 의도가 독자에게 효과적으로 전달되었다면, 아마도 상담의 주인공이 처한 문제를 직접적으로 해결해주지 못하더라도 최소한 어머니가 본인의 문제를 인식하고 문제 해결을 위해 노력하는 단계에 서있을 것이라 기대한다.

대학시절의 글쓰기 훈련에서 중요한 것 중의 하나는 어떤 문제에 대해 자신의 입장을 세우고 표현하는 연습에 충실하기가 아닐까? 물론, 자신의 '입장'을 세운다는 것도 어렵지만, 이를 제대로 '표현'하는 것도 어렵다. 하지만, 의견 표명에 익숙해진다는 것은 이를 통해 '나는 과연 어떤 사람인가/ 사람이었는가/ 사람이고 싶은가'를 묻고 소박하게나마 답을 찾는 시간이 되는 것이며, 그런 점에서 편지 형식의 글쓰기를 연습하는 것은 글쓰기의 진정성에 대해 고민하는 시간을 갖는 것이기도 하지 않을까?

(2) 역지사지를 한다는 것

흔히 소통의 채널방식을 주목하여 사적인 편지와 공적인 편지로 구분하는 경우가 있다. 예를 들어, 사적인 편지는 개인적인 용무나 사교적인 목적에서 주고받는 편지로 비공식적 편지 형식을 말하고, 공적인 편지는 단체와 단체, 단체와 개인 사이에 주고받는 편지로 공식적인 편지 형식을 말한다.

그런데, 편지 형식의 글쓰기 훈련에서는 공(公)과 사(私)를 엄격하게 구분하기보다는 이 둘의 경계가 불분명해지고, 오히려 다양하게 편지 형식을 활용하여 주제를 전달하는 효과를 노리게 된다.

이런 맥락에서 강조하고 싶은 편지 형식의 특징으로, 소통 차원에서 사회현상을 들여다보는 연습을 할 수 있다는 점을 들고 싶다. 이러한 소통의 글쓰기는 자신의 의견을 표명하되 독자의 입장에서 충분히 생각하고 고민하는 경험을 아우를 때 가능해진다는 점에서, 편지 형식의 글쓰기 연습을 통해 우리는 역지사지를 한다는 것의 의미를 새삼 깨닫게 된다. 앞선 고민 상담글의 경우에도 일방적으로 자신의 의견을 표명하는 것이 아니라 독자가 처한 상황에 대한 이해와 공감이 아울러 이루어졌기에 진정성 있는 편지 한 통을 만들 수 있었을 것이다.

이처럼 편지 형식의 글쓰기는 자신의 입장을 표명하되, 독자의 입장에서 생각해보는 기회를 훨씬 더 풍부하게 제공한다. 우리가 적극적으로 관심을 갖는다면 우리 사회에서 일어나는 여러 사안에 대해 사회 성원으로서 나의 목소리를 확실히 내는 기회를 가질 수 있다. 크게 보자면 역지사지의 미덕을 살려 공적 소통을 이루는 방식을 경험할 수 있기 때문이다.

다음의 〈예시1〉은 CBS 라디오 FM에서 김현정 앵커가 진행하는 라디오 프로그램 〈김현정의 뉴스 쇼〉의 인터뷰 자료를 가져온 것이다.

예시 1

우리 사회에서 이른바 감정노동을 하는 감정노동자들의 권익을 보호해야 한다는 목소리가 높아지고 있는데요. 특히 사회에 나가서 처음으로 노동을 하는 청년 아르바이트생들이 겪는 부당함은 우리가 생각하는 그 이상이라고 합니다. 어제 시민단체 청년유니온과 감정노동 전국네트워크, 장하나 새정치민주연합 의원실에서 청년 감정노동 실태조사를 발표했는데, 오늘 이 결과를 좀 들어보죠. 결과를 듣기 전에 실제로 아르바이트를 했던 분의 경험담부터 들어보겠습니다.

◇ 김현정〉 지금까지 어떤 아르바이트를 해보셨어요?

◆ ○○○〉 처음에는 텔레마케팅부터 시작해서 백화점 의류판매도 했었고요. 심리상담연구소에서 행정직도 하고, 호프집이랑 각종 행사 진행요원 같은 것도 했었고요. 초등학생 캠프 인도 교사랑 바텐더, 전단지 알바, 사무 보조 등등 많은 알바를 해 봤어요.

◇ 김현정〉 다양한 분야에서 정말 많이 하셨네요. 아르바이트는 몇 살 때부터 하셨어요?

◆ ○○○〉 19세 때 서울로 대학을 오게 됐는데요, 그때부터 쭉 해 왔던 것 같아요.

◇ 김현정〉 그런데 그 다양한 아르바이트를 하면서 어떤 일을 겪으신 거예요?

◆ ○○○〉 그냥 기분이 나쁘다는 이유로 많은 손님들한테서 언어폭력을 당했고요. '너의 책임이다.'라고 말을 하면서 간혹 '이 X야, 저 X야' 이런 욕설을 하시는 분들도 많았고요. 텔레마케팅 아르바이트를 할 때는 자기가 당이 떨어져서 피곤할 때라는 이유로 한 40분간 계속 욕을 하시던 분도 있었고요. 호프집에서 일을 할 때는 자기 딸 같다고 하면서 얼굴에 뽀뽀를 해 달

라. 그 날은 심지어 제가 크리스마스였는데요, 정말 최악의 크리스마스로 기억되는 날입니다.

◇ 김현정〉 그래서 참았다 … 그게 이제 19세, 20세 이럴 때 겪은 일이잖아요?

◆ ○○○〉 저는 원래 지방에 살다가 서울에 올라와서 이런 아르바이트를 하게 된 건데, 삶에 대한 질문을 계속하게 되더라고요. 그때는 이게 감정노동이라고 생각하지 못했으니까요. 내가 그냥 나이가 어려서 힘든 건지, 나만 이렇게 힘든 건지. 아니면 내가 삶을 너무 호락호락하게 생각했나, 약간 이런 생각이 들기도 하고요. 남의 돈 버는 게 이렇게 힘든 건가, 약간 그냥 으레 제 탓이거나 혹은 제 상황 탓이라고 생각을 했었는데요.

◇ 김현정〉 남의 돈을 버는 게 힘든 건 맞아요. 그건 맞는데, 이런 식으로 힘든 건 아니라는 거죠. 그런데 청년들, 사회초년병들은 그걸 판단하기가 어려운 거죠.

◆ ○○○〉 네, 그때는 그냥 혼자 삭혀내는 것밖에 못했었죠. 그런 일을 할 때는 잘 앉아 있지도 못하잖아요. 혼자 무릎이 아프면 무릎을 부여잡고 울고요. 그런 삭혀낸 감정의 소용돌이가 나중에 되게 복받쳐 오더라고요. 집에 가면 말도 안 하게 되고 웃지도 않게 되고요.

◇ 김현정〉 사회에 첫발을 내딛는 청년들, 아르바이트생들. 우리가 그들이 겪는 이런 부당한 감정노동까지는 신경 쓰지 못했던 게 사실인데요. 어른의 한 사람으로서 마음이 굉장히 안쓰럽네요. 오늘 어려운 고백인데 이렇게 해 주셔서 고맙습니다.(이후 생략)

인터뷰 자료에서 보다시피 많은 청년들이 감정노동이라 불리는 아르바이트를 하면서 겪는 다양한 폭력에 대해서 고통을 겪고 있다고 한다. 설문 조사 결과, 매장 직원, 카페 · 호프집 직원, 텔레마케터 등의 업종에서 일하는 225명의 아르바이트생의 80%가 다양한 폭력을 겪은 적이 있다고 응답했다고 한다. 성년이 된 지 얼마 안 된 사회초년생들이 겪는 이러한 고통에 대하여 사회 성원으로서 관심을 가질 필요가 있고, 이들의 입장에서 역지사지로 생각해보는 통찰의 시간도 필요하다.

이어지는 다음의 〈예시2〉는 해당 인터뷰의 주인공에게 쓰는 편지 형식의 글이다. 이렇게 사회적 이슈를 다룬 기사를 살펴보고 그 주인공에게 편지 한 통을 띄우는 것만으로 우리는 편지 형식의 글쓰기가 갖는 특징을 체감하게 될 것이다.

예시 2

방송에서 사연을 들으면서 공감하기도 하고 분노하기도 하였습니다. 저도 19세 때부터 아르바이트를 시작하였고, 스물 여섯 같은 나이라 저나 제 친구들 이야기를 듣는 것 같았습니다. 정말 충격을 받았고, 정말 큰 상처가 되었겠구나 싶어 걱정이 되었습니다. 밖으로 드러내지 못하고, 방 안에서 혼자 울면서 삭혔던 그 감정들은 여전히 마음속에 남아있는가요. 이제는 다 털어버리고 회상하며 웃어버릴 수 있게 되었다면 쓸데없는 걱정이겠지만, 혹시 그렇지 않다면 제 이야기를 통해 조금이나마 고통을 나눌 수 있었으면 좋겠습니다.

〈미운 오리 새끼〉라는 동화 속 아기오리처럼 우리는 얼마든지 구할 수 있는 알바생, 무시해도 되는 존재로 취급 받습니다. 하지만 아기오리가 자신을 못생긴 오리로 착각하듯이, 우리 스스로의 인격을 낮추는 것은 정말 슬픈 일입니다. 그래서 사업상의 계약관계 이전에 우리 모두는 아름다운 하나의 인격체라는 사실을 잊지 않으셨으면 해요. 〈오즈의 마법사〉에 나오는 양철 나무꾼은 자신의 심장을 찾기 위해 모험을 떠납니다. 스스로의 감정을 삭이고 거짓된 감정만을 만들어 낸다면 반대로 우리는 스스로 양철 나무꾼이 되어버릴 것입니다.

저도 아르바이트를 하며 사람과 사람 간의 관계가 아닌, 고용주와 피고용주, 손님과 종업원의 관계로만 취급당해 인간적인 모욕을 느낀 적이 많았어요. 그럴 때면, 인간적으로 먼저 다가가서 저를 피고용주, 종업원으로만 보지 않게 만들어 보고자 했습니다. 하지만, 안타깝게도 이런 시도가 필요 없을 정도의 사람들이 있습니다. 그럴 경우 미련을 두지 말고 떠나세요. 생활비를 벌어야 하는 상황에서 무책임하게 들리실 수도 있지만, 나의 인격 모독을 참아내면서까지 아르바이트를 하는 것은 아니라고 생각해요. '쿨'해지시라고 말해드리고 싶네요. 흔히들 너 말고도 '알바' 할 다른 사람 많다고 하듯이, 여기 아니더라도 아르바이트 할 곳은 많습니다.

혼자만 아파하지 마세요. 주위 친구들에게 얘기하고 마음껏 풀어버리세요. 조금이라도 마음이 편해질 것입니다. 성희롱같이 심한 폭력을 당했을 경우, 노동부 상담센터에 신고하는 등 적극적으로 대처하세요. 친구들을 포함해서 주위에는 아직 따뜻한 손길이 남아 있습니다.

저는 또 서비스 직종 특성상 항상 친절하고 상냥한 태도를 초지일관 보여야 한다는 것 자체가 고통이었어요. 몸이 힘든 부분도 있지만, 감정소모가 많아서 더욱더 힘이 들었답니다. 사람이다 보니 기분이 안 좋을 때도 있고, 피곤해서 미소를 지을 수 없을 때도 있었습니다. 하지만 어쩔 수 없이 계속 사람을 상대해야 되니, 생각을 바꿔 보기로 했죠. 손님을 관찰하기 시작했습니다. 이 사람은 어떤 사람일까, 어떤 일을 할까, 어떻게 여기에 오게 되었을까 등의 생각을 하며 호기심을 가지고 바라보기 시작했어요. 다양한 부류의 사람을 볼 수 있었고, 그 속에 있을 많은 이야기들을 상상하니 재밌어지더군요. 지금까지는 감정으로 공격받는 느낌이었다면, 사람들에게 흥미를 가진 이후에는 마치 탐험가나 구경꾼이 된 듯한 느낌이었습니다. 이후로는 즐기면서 일을 할 수 있게 되었어요.

마지막으로 제가 하고 싶은 말은, 강하면서도 유연해져야 된다고 말하고 싶네요. 추상적으로 들리시겠지만, 외부로부터 자극에 상처를 받지 않을 만큼 자신감을 갖고 살아가세요. 그리고 상처가 될 만한 것은 "이쯤이야~" 혹은 "길 가다 똥 밟았네" 하면서 넘길 수 있을 정도의 유연함을 가지도록 해보세요. 헤엄치는 물고기, 하늘을 나는 새들은 방해받는 것 없이 편안하게 움직이는 것 같지만 많은 양의 근육에서 나오는 힘이 중심을 잡아주기에 가능하답니다. 마음의 상처, 아픔을 속으로 아파한다면 병이 될 뿐이지만, 주위 사람들과 함께 이겨낸다면 자아의 중심을 잡아줄 근육이 되어 줄 것입니다.

〈예시2〉를 살펴보면, 편지글에 대한 이해가 안정적이라 느껴진다. 특히 편지를 쓰는 사람과 받는 사람의 공통적인 이야기 주제를 잘 설정하고 있다. 본인이 경험해 본 주제를 선택함으로써 상대방에게 진솔한 공감과 위로를 전하고 있는데, 역지사지의 미덕을 발휘하여 독자에게 필요한 이야기를 전달하려는 노력이 엿보인다.

전체적으로 내용이 다채롭고 풍부한 편인데, 아쉬운 점도 있다. 이야기를 이어가기 위한 방편이긴 하겠지만, 〈미운 오리 새끼〉와 〈오즈의 마법사〉를 인용한 둘째 문단의 경우 글의 전체 분위기와는 다소 동떨어진 느낌을 받게 된다. 적합한 맥락에 활용되는 비유는 글의 완성도를 높여줄 수 있지만 맥락과 분량을 고려하지 못한 비유의 과용은 글을 산만하게 만들 수 있기 때문이다.

글의 구성력도 안정적인 편이나, 상대적으로 결론이 조금 빈약하지 않은지 고민해볼 필요가 있다. 앞선 부분들의 내용이 글쓴이의 경험을 토대로 체감지수가 높은 내용이었던 것과 다르게 마무리 부분은 그 중요성에도 불구하고 다소 막연하게 들리기 때문이다. 좀더 체계적으로 내용을 구성한다면 마지막 부분까지 글쓴이의 논리가 이어질 수 있었을 것이다.

3. 효율성을 높이려면

(1) 상황 분석이 명료해야 하는 이유

편지 형식의 효율성을 높이려면, 어떤 목적으로 편지를 쓰는지에 대한 상황 분석이 명료해야 한다. 예를 들어, 위로의 마음을 전하는 것인지 충고하는 것인지 아니면 제안하거나 비난하는 것인지 등 편지를 쓰는 상황은 그대로 글쓰기의 목적이 되기 때문이다. 곧, 편지 형식의 글쓰기가 이루어지는 상황을 분석하고 그에 맞는 내용을 준비한 후 한 편의 글쓰기로 구성해야 한다.

상황에 대한 분석은 편지를 읽을 독자에 대한 파악으로도 연결된다. 그러자면 독자가 어떤 사람인지를 알아야 한다. 이를 토대로 독자를 위해 어떤 고려를 해야 하는지 생각하는 것이 편지를 쓰는 목적을 달성하는 길이 되기도 한다. 독자 분석 작업과 병행하여, 편지의 목적을 수행하기 위한 설득력 있는 전략을 세울 수 있게 되는 것이다.

예시 1

고민 상담글(2): 공부 해봐야 소용없다는 아내가 답답합니다!

20세기가 저물던 1999년에 결혼을 하면서, 우리는 농담 삼아 그런 얘기를 주고받았습니다. 우리도 밀레니엄 베이비를 한번 낳아볼까? 그런데 그 실없는 농담이 씨앗이 되어 저희 부부는 정말 밀레니엄 베이비를 얻었고, 그 뒤로 두 살 터울의 아들도 하나 더 낳았네요.

아이들이 자라는 속도만큼 세상도 많이 변했습니다. 제가 결혼할 무렵의 세상은 지금 눈으로 보면 '밀레니엄 베이비'라는 말만큼이나 유치하고 순진했던 것 같습니다. 그 때까지만 해도 유능하고 학벌 좋은 신랑감에 현모양처 신부감이라는 공식이 통했었죠. 그 공식대로라면, 우리 부부는 거꾸로 가는 커플이었습니다. 아내는 누구나 알아주는 명문대를 나온 재원이었고, 저는 뭐 하나 간판으로 내세울 게 없는, 그야말로 별 볼일 없는 청년이었습니다.

하지만, 우리는 좋았습니다. 아내는 제가 착해서 좋았다 합니다. 손재주가 너무 좋아 신기했다 합니다. 저는 아내가 그냥 좋았습니다. 똑똑한 여자 피곤하지 않냐고 친구들이 초를 치곤 했는데, 그때마다 저는 대답했습니다. 니들 똑똑한 여자 한번 만나나 보고 그런 소리 해라, 진짜 똑똑한 여자는 남자 피곤하게 안 한다.

그렇게 큰소리치며 결혼한 지도 어언 17년이네요. 그 세월 동안 마누라 옆에서 주눅드는 못난이는 되기 싫은 마음에 저는 더 열심히 살았던 것 같습니다. 다행히 운도 따라주었습니다. 저보다 많이 배우고 잘난 사람들도 고전하는 상황에서도 저는 지금껏 용케 버텨왔습니다. 운칠기삼(運七氣三)이라던가요? 확실히 저는 제 깜냥보다 잘 풀려 왔습니다. 그런데 안타깝게도 아내는 그런 운을 못 누렸습니다. 회사를 다녔지만 적성에 맞지 않아 고민이 많았었고, 육아 때문에 일을 쉰 뒤로 끝내 복귀하지 못했습니다. 정말이지 일도 사람처럼 연이 닿아야 하게 되는 모양이더군요. 능력이 충분한 사람인데도, 아내에게는 매번 이런저런 사정이 생겨 일을 놓치곤 했습니다. 그 사이 아내의 눈높이에 맞는 일은 점점 더 멀어져 갔고요.

사실 저만 생각한다면, 지금의 상황에 불만이 없습니다. 좀 덜 쓰고 살더라도 전업 주부 엄마 밑에 아이들을 키우고 싶은 게 저의 욕심이었으니까요. 그러나 아내를 생각하면 아까운 생각이 듭니다. 누군가에게는 절실히 필요했을 스펙이건만, 아내는 그걸 제대로 써먹지도 못하고 묵혔잖습니까. 명문대 졸업장보다 더 아까운 건, 완벽주의에 가까운 아내의 성실성과 부지런함입니다. 이런 사람이 일을 못 하고 대체 누가 하고 있는 것인지…. 하긴 아깝게 사라져간 똑똑한 엄마들이 세상에 한둘일까요? 중요한 건 본인의 생각이겠죠.

다행히 아내는 전업주부로서의 생활에 큰 불만은 없는 듯 보였습니다. 본인 말로, 괜찮다고 했습니다. 그런데 몇 년 전부터 아내는 제가 생각하지 못한 방향으로 묘하게 엇나가기 시작했습니다. 엇나간다고밖에는 표현할 길이 없는 것이, 아내는 똑똑한 요즘 엄마들과 정반대로 아이들 공부를 완전히 방치하고 있습니다. 솔직히 저는 아내에게 내심 기대도 했었습니다. 자신이 공부를 잘했던 사람이니 공부 잘하는 성격을 물려줄 테고, 아이들이 즐겁게 공부할 수 있는 환경을 조성해주지 않을까? 하다못해 수학 문제 하나를 가르쳐도 똑 부러지게 아이 머릿속에 큰 그림을 그려가며 가르칠 수 있지 않을까? 오히려 저는 살짝 걱정도 했습니다. 저를 닮아 공부 체질이 아닌 아이들을 너무 몰아세우면 어쩌나 하고요.

그러나 현실은 제 예상과 달랐습니다. 아이들은 아내와 저를 섞어놓은 양, 하나를 가르치면 그 하나는 아는 보통의 아이들이었습니다. 스스로 재밌어서 공부하는 애들은 아니지만, 엄마가 하라면 시늉이나마 열심히 하는 성실한 아이들. 문제는 애들이 아니라 아내입니다. 어쩌자고 아내는 아이들의 공부에 철저히 무관심합니다. 한글 가르칠 때 좀 열성을 보이는 것 같더니, 초등 고학년, 중학생 되고 부터는 아예 손을 놔버렸습니다. 학원도 일절 안 보내고, 성적표 때문에 고민하지도 않습니다. 공부는 억지로 하는 게 아니랍니다. 말이야 맞지만, 부모 마음이 어디 그렇습니까?

아마 대한민국에 우리집 애들만큼 한가로운 애들은 없을 겁니다. 그렇다고 애들이 마냥 행복해하느냐면 그것도 아닙니다. 요즘 애들은 놀면서도 불안해합니다. 큰애가 그러더군요. 엄마가 내 공부에 관심을 보여줬더라면 지금과는 다른 성적대에 속했을 거라고요. 그러나 이제는 늦어 버렸다고요.

보다 못해 제가 한 번씩 개입을 합니다. 공부하라는 뻔한 잔소리도 해봅니다. 하지만 제가 백 마디 해봐야, 엄마의 협조가 없이는 효과가 없죠. 요즘 이 문제는 우리 부부의 가장 큰 갈등요소가 되어 버렸습니다. 애들을 왜 방치하느냐, 어느 정도는 터치를 해줘야 한다고 말하면 아내는 이렇게 말합니다. 공부는 누가 하란다고 하는 게 아니다. 그럼 제가 또 열심히 반박하죠. 그래도 부모가 열심히 응원하고, 관리해주면 좀 낫지 않겠나. 아내는 못을 박듯 말합니다. 좀 나아서 뭐하게? 공부 좀 잘해서 뭐하게?

저는 그만 말문이 막힙니다. 그저 그런 대학 나와서는 어차피 취직도 힘든 세상인 줄은 저도 압니다. 하지만 1점이라도 더 맞기 위해 1년 동안 땀 흘리겠다는 그 자세가 훗날 아이들을 먹고 살게 해주는 거 아닌가요?

제가 애초에 아내를 잘못 본 것 같습니다. 저 같은 남자와 기꺼이 결혼하겠다기에, 자존심 따위는 세우지 않는 여자인 줄 알았습니다. 하지만 이제 보니 아내는 자존심이 누구보다 센 것 같습니다. 1등 할 것 아니면 아예 하지도 말아라. 노력했다가 실패하느니 아예 시작도 안 한다. 아내가 능력에 비해 인정을 못 받은 것도 어쩌면 상처받기 쉬운 자존심 때문이었을까요? 그 자존심이 아내의 자아실현뿐 아니라 아이들에게까지 영향을 주는 건 아닐까요?

다음의 〈예시2〉에서 글쓴이는 〈예시1〉에서 고민을 상담한 주인공이 처한 상황을 다음과 같이 분석하고 있다.

예시 2

	기본 내용	포인트
A	– 아이에 대한 고민은 부모라면 누구나 하는 것이다. – 아내 또한 아이에 대한 관심은 남편만큼 높다. 하지만 그 방법이 치맛바람이 거센 여타 학부모와 다를 뿐이다. – 일류대학을 나온 고학력의 아내. '고기도 먹어본 사람이 많이 먹는다.'는 말처럼 공부를 잘한 만큼 공부를 잘 할 수 있는 방법을 누구보다 더 잘 알 것이다.	⇒ 아내보다는 남편 쪽에 개선할 지점이 많다는 점에서 남편을 독자로 설정하기
B	– 남편은 공부가 부모의 지도하에 관리가 필요한 영역이라 생각한다. – 하지만 진짜 공부는 '스스로 하는 학습'에 있다. 곧 학습의지와 학습 성과의 관계를 따져보고 이해할 필요가 있다. – 진부하지만, 아이에게 필요한 것은 창의적 공부 환경임을 다시 한번 남편에게 각성시켜야 할 것 같다.	⇒ 남편의 문제점을 분석한 결과로 공부의 개념 재확립이 필요함을 강조하기

C	- 학습동기를 높일 수 있는 방법을 구체적으로 제시한다. 부모가 함께 책읽기, 가족 외부활동으로 직업박람회 참여하기 등을 권장할 것이다. - 함께 책 읽는 시간을 가지고 독후감을 쓰는 것, 자율적으로 책 읽는 습관은 좋은 공부 습관이 될 수 있다. - 가족단위 외부활동 높이기나 직업 박람회와 같은 이벤트 참여로 아이들의 진로탐색의 기회를 만들어준다. 이는 공부에 대한 목적의식도 만들어주는 것이 된다. - 이러한 환경 내에서 아이들에게 질문 형식을 일상화하여 효과를 극대화하는 것이 필요하다.	⇒ 구체적인 대안을 제시하기

좀더 구체적으로 설명을 보충하자면, 글쓴이는 사연을 보낸 아버지를 독자로 하여 다음과 같은 논점을 제시하고 싶어 한다. 글쓴이가 남편에게 질문하고 싶은 요점은 바로 "공부해"라는 말이 과연 아이들에게 효과적일까에 대한 것이다. 건강한 자녀 교육을 고민하는 독자를 위해 글쓴이는 '공부하라'는 잔소리는 잔소리일 뿐, 진짜 교육을 보여줄 수 있는 현명한 아버지가 되어주시기를 소망하고 있다.

구상 작업에서 글쓴이는 공부하는 학생이라면 공감할 수 있는 내용을 담고 싶었다는데, 글쓴이야말로 '시키는 교육'이 아닌 '스스로 하는 학습'에 대한 효율이 얼마나 좋은지 직접 경험하고 느낀 바가 있기에 고민을 상담하는 이 가정의 상황을 냉철히 분석할 수 있었다고 한다. 그래서인지 글쓴이의 입장은 확고하다. 학습의지를 높일 수 있는 자율적이고 창의적인 환경을 부모가 조성하고, 아이에게 관심을 가져주고 질문해주고 좋아하는 것이 무엇인지 깨닫게 하는 것이 건강한 자녀교육이 될 것이라 생각하고 있다.

다음의 〈예시3〉은 이러한 구상 작업을 토대로 완성된 글이다.

예시 3 시대적 대세, 스스로 하는 공부

아버님의 자녀교육에 대한 고민이 현실처럼 와 닿습니다. 나의 아이를 똑똑한 아이로 키우고 싶은 마음은 모든 부모의 마음이니까요. 하지만 학습을 강요하는 부모의 심리가 작용하는 결정적인 말, 바로 '공부해'라는 말이 과연 아이들에게 효과적일까요?

아버님은 공부가 부모의 관리가 필요한 영역이라고 생각하시지만 진짜 공부는 스스로 답을 찾는 과정입니다. 진부하지만 공부는 스스로 하는 학습이기 때문입니다. 학습의지가 없다면 아이들에게 공부는 귀찮고 부담스러울 뿐입니다. 학습의지와 학습성과 이 두 변수간의 관계는 이미 여러 차례 학술계에서 연구되고 증명될 정도니까요. 그러니, 가장 먼저 아이들의 학습의지를 높일 수 있는 환경을 조성해주세요.

또한 아버님은 어머님과의 절충안이 필요해보입니다. 어머님은 단지 학원이나 성적표와 같은 영역에 무관심할 뿐 아이들에 대한 관심은 아버님만큼 높으실 겁니다. 그러므로 아버님과 어머님은 '부모가 아이를 어떻게 해야 하는지'에 맞추지 않고 '아이가 좋아하는 것, 잘하는 것을 관찰해주는 것'으로 방향을 잡으셔야 합니다. 즉, 공부 외에 학습동기를 높일 수 있는 자율적 활동을 하면서 부모의 관찰하기가 필요합니다.

구체적인 예로 함께 책을 읽고 독후감을 쓰는 것을 들고 싶습니다. 단순한 수 계산이나 영어단어 암기방식의 공부가 아닌, 부모와 함께 책 읽는 습관을 기르는 것은 좋은 공부 환경의 토대가 될 수 있습니다. 또한 가족단위의 외부 활동을 높이는 것도 추천하고 싶습니다. 직업박람회와 같은 이벤트에 참여하여 아이들의 진로탐색기회도 높이고 자기가 무엇 때문에 공부를 해야 하는지에 대한 목적의식도 길러주는 것입니다. 가장 중요한 것은 자율적 활동 중 아이들에게 질문체를 사용하는 것입니다. 무엇이 가장 재밌었고, 무엇이 이전보다 발전했는지 등 항상 아이들을 관찰한 뒤에는 질문을 하는 것입니다. 이러한 과정들이 비교적 빠르게 아이의 재능을 발견할 수 있게 합니다. 아이의 재능을 찾아주고 날개를 달아주는 것 또한 부모의 건강한 자녀교육이라 생각합니다.

아버님! '공부해'라는 잔소리는 진짜 잔소리일 뿐입니다. 아이들의 자율적 · 창의적 환경 내에서 학습의지를 고취시키려는 진짜 교육, 잊지 마세요! 어머님과의 갈등으로 고민하지 마시고 아이가 좋아하는 것, 잘하는 것이 무엇인지 고민하는 현명한 아버지가 되셨으면 합니다.

(2) 표현방식을 고민해야 하는 이유

편지 쓰는 요령은 의외로 간단해서 어렵게 생각하지 말고 상대방과 마주보고 이야기하는 편안한 기분으로 쓰면 된다고 한다. 하지만, 글쓰기 작업에 들어가면 이러한 주문대로 실천하는 것이 쉬운 일은 아니다. 그러자면, 글쓰기에서 독자와 공감대를 형성할 수 있는 지점을 (최대한) 확보하는 것이 필요하다. 직접 대면을 하지는 못하지만, 간접적으로라도 독자와 대면하고 있다는 생각을 한다면 훨씬 유연하게 표현방식을 선택할 수 있을 것이다.

상대방에 따라 그에 알맞은 예의나 격식을 갖추어야 한다는 점은 기본 중의 기본이라 할 사항이다. 여기에 더해 일부러 어려운 말이나 격식에 연연하지 말고 상대방이 편안하게 받아볼 수 있도록 친근하며 알기 쉬운 문장으로 쓰는 것이 필요하다. 그러자면, 글쓰기에서 완전한 문어체를 구사하기보다는 보다 일상적으로 자연스럽게 와닿는 문체를 동원하는 것이 효율적일 것이다. 그렇다고 구어체로 일관하면 글쓰기의 격(格)을 해칠 수도 있으므로, 구어체에 가까운 문어체를 구사할 수 있도록 표현을 다듬어주어야 한다.

이를 위해 다시한번 고민 상담글을 가져오기로 한다.

예시 1

고민 상담글(3): 은퇴했다… 찬밥이 됐다… 집에서 난 뭘까요?

안녕하세요? 저를 뭐라고 소개해야 좋을지 막막하네요. 올해 61세인 남자고, 아내, 두 딸과 함께 서울에 살고 있습니다. 그러나 이런 말들로 무슨 설명이 될까요? 61이라는 숫자도 남자라는 말도, 아내나 딸이라는 말도 아무 의미가 없습니다. 지금 제 느낌으로는 그저 퇴직자, 퇴물, 투명인간일 뿐입니다.

저는 5년 전에 퇴직을 했습니다. 일을 할 당시에는, '일중독'이라는 소리를 들을 만큼 열심이었습니다. 원래 제 성격이 뭐든 하나밖에 모르고, 내 몸 내 시간 아낄 줄을 모릅니다. 덕분에 나름대로 성공도 했고, 주위에서 인정도 받았습니다.

그러나 일을 놓고 집에 있게 되면서, 모든 게 달라졌습니다. 집안에서의 저는, 있으나마나한 존재, 없으면 아쉬우니까 한 자리에 가만히 모셔놓으면 되는 존재였습니다. 아내와 두 딸은,

같은 여자들이라 그런지 속닥속닥 서로 잘 통하는 것 같습니다. 그러나 제가 다가가면, 예의바른 얼굴로 밀어냅니다.

어릴 때는 너무나 귀여운 아이들이었고 바빠서 한 번 놀아주지도 못하는 게 한이었는데, 20대 후반의 딸들은 어색할 정도로 멀기만 합니다. 사내놈들 같으면 못 먹는 술이라도 같이 먹으며 말문을 터보겠는데, 다 자란 딸애들한테는 대체 무슨 말로 운을 떼야 할지 이제 와 새삼 아들 없는 게 아쉬워지네요.

아내 역시 서로 편하자고 각방을 쓴 지 한참이고, 저를 아예 하숙생 취급합니다. 애들은 바빠서 식사도 따로따로, 출퇴근도 제각각인 상황에, 아내하고는 서먹하니 저만 혼자 식사를 하거나 잠자리에 드는 일이 대부분이죠. 여자들끼리는 별다른 대화를 하지 않아도 평소에 서로 주고받은 게 많아서인지 전혀 어색하지가 않은가 봅니다. 답답한 마음에 외출해서 친구라도 만나면 좀 풀리는가 싶지만 집에 돌아오면 다시 원점입니다. 제가 원래 놀 줄을 모르는 사람이기도 하지만, 가족이 이 모양인데 취미며 사교가 무슨 의미인가요?

우리집 여자들이 내게 바라는 건 뭘까요? 내가 이대로 아무 사고 안 치고 조용히 늙어주기만을 바라는 모양입니다. 나 없이도 잘만 돌아가는 집, 나만 소리 없이 사라져주면 더 바랄 게 없어 보입니다.

독자의 반응을 예상하고 표현방식을 조정하기

편지 형식의 글쓰기 연습에서는 독자에게 어떻게 읽힐 것인지에 대한 고민을 좀더 확실하게 충분하게 해두는 것이 필요하다. 자신의 입장을 명확하게 드러내되, 이를 표현방식에 반영하여 자신 있게 전달해보자!

편지 형식의 글쓰기의 특징이 '관계'에 있는 만큼 독자의 상황을 현실적으로 고려하여 내용을 전개하는 것이 효율적이다. 따라서 글쓴이와 독자의 관계성을 충분히 이해하되, 상대방의 입장에서 수용할 수 있는 여지를 최대한 확보하여 편지를 쓰는 것이 중요하다. 글의 내용이 아무리 좋아도 읽는 이가 거리감을 느끼면 효율성이 떨어질 것이기 때문이다.

그런 의미에서 표현방식에 따라 독자들의 반응이 달라질 수 있음을 기억해두는 것이 필요하다. 다음의 〈예시2〉에서처럼 기본적인 정보는 동일하다 하더라도 어떻게 표현하느냐에 따라 긍정적인 뉘앙스가 커질 수도 있고, 반대로 부정적인 뉘앙스가 커질 수도 있기 때문이다. 그리고 이러한 뉘앙스의 차이가 결국은 어떠한 의도로 말하는지에 대한 파악으로까지 연결될 것이다. 빈칸으로 남겨둔 부분을 채워보도록 하자.

예시 2

	긍정적인 표현	중립적인 표현	부정적인 표현
(1)	의지가 확고하다	고집이 세다	독선적이다
(2)	화제가 풍부하구나	말이 많구나	
(3)	생각이 기발하네		
(4)		버릇없다	
(5)			가르치려고 든다

이렇게 표현방식이란 문제에 대해서 갖는 필자의 태도가 긍정적이냐 부정적이냐에 따라 글의 내용이 달라지는 것을 말한다. 엄정한 중립성과 객관성이 요구되는 글을 쓸 때라도 그것을 철두철미하게 지키기는 사실 어려운 일이다.

문제에 대해서 긍정적인 태도를 가질 때에는 정감적이거나 우호적이 되고, 이런 긍정성이 지나칠 경우 열광적인 표현방식을 동원하기도 할 것이다. 한편 부정적일 때에는 냉소적이거나 회의적인 표현방식을 사용하게 되고, 비난하거나 비판적인 표현도 즐겨 취하게 된다. 부정적인 감정이 지나치게 되면, 거기에서 한 걸음 더 나아가 분노나 좌절의 어조가 되기도 할 것이다.

특히, 고민 상담글에 대한 답신을 작성하는 글쓰기 연습에서는 표현방식에 따라 독자의 반응이 어떠할지를 예상하고 그에 대처하는 준비 작업이 필요하다. 표현방식이 적절치 못한 경우 자칫하면 그 글을 읽을 독자에게 상처를 입히고 고민보다 더 큰 공허함을 줄 수도 있기 때문이다.

다음은 앞서 보인 고민 상담글에 대하여 도민준과 천송이, 두 사람이 자신의 의견을 담아 편지 형식으로 보내온 글이다. 이어지는 〈예시〉들을 읽고 편지 형식의 효율성을 잘 살리고 있는지, 표현방식의 측면에서 주의사항들을 충실히 유념하고 있는지 살피기로 하자.

예시 3 도민준의 글

아버님, 안녕하세요? 올려주신 사연 잘 읽어보았는데, 많이 속상하시겠어요. 가족들을 위해 희생도 마다하지 않으며 평생 근로하셨는데 말이에요.

하지만 지난 날 동안 가족과의 소통을 소홀히 하신 것이 가장 큰 문제예요. 아버지의 역할은 가정의 생계를 책임져야 할 부분도 있지만 이것은 당연한 것이고, 가장이기 때문에 가정의 색깔과 분위기를 좌우하는 것 또한 중요한 점이에요.

가정은 사회에서 가장 기본이 되는 집단이라고 하잖아요. 때문에 그 안에서 아버지의 영향은 막중하다고 볼 수 있지요. 하지만 당신은 그만큼 대응을 했나요? 혹시 일을 너무 좋아한 나머지 가정을 등한시하지는 않았나요? 그렇지 않았다면 당신과 아내, 그리고 두 딸의 관계가 이렇게 어색하지는 않았을 것이에요.

지금까지의 상황은 어쩔 수 없지만 앞으로의 상황은 충분히 바꿀 수 있습니다. 이제는 소홀했던 가정을 돌봐야 해요. 그러려면 우선 가족에게 자신의 시간을 투자해야겠지요. 가장 쉽게 시작할 수 있는 것은 집안일 도와주기예요. 당신의 아내는 지난 수십 년 동안 당신의 출퇴근길을 거들어 주는 것이 안 힘들었을까요? 평생 서로 믿고 돕는 관계인 것은 변함없잖아요. 손이 많이 가는 일을 하거나 힘을 쓰는 등 최소한 집안일을 같이 하면서 친밀감을 형성할 수 있을 거예요.

동시에 딸들도 당신의 바뀐 태도를 보고 이전보다 더 존경하고 자연스레 가까워질 것이에요. 심지어 요즘엔 SNS를 통해 좋게 소문이 날 수도 있어요. 그리고 평생 일궈낸 재산으로 남부럽지 않은 여행도 다녀오세요. 요즘 아이들이 용돈 모아 다녀올 수 있는 그런 여행 말고, 좀 더 멀리 나가서 조금은 호화롭게 쉴 수 있는 시간을 함께 보내보세요. 아이들 눈높이도 맞춰주고, 또 여자 아이들 취향에 맞게 옷이나 화장품도 챙겨주고요.

당신의 노후만을 위해 힘들게 일해 온 것은 아니잖아요. 당신이 젊었을 때 매달 돈만 벌어다주는 식으로 했기 때문에 가족들도 그렇게 느끼게 된 것을 부정할 수만은 없어요. 가족이 있기 때문에 가장으로서의 자리가 있는 것이고, 당신은 그만큼 역할을 충분히 해야지요. 공감대가 정말 중요한 것 같아요. 당장 가깝게 지내려고 무리하지 마시고, 몰랐던 두 딸과 아내의 관심사, 그리고 대중적으로 어떤 것을 선호하는지 등을 먼저 학습하신 후에 서서히 다가가세요. 그러면 어느 순간 당신은 남부럽지 않은 남편, 아버지가 되어 있을 것이에요.

부담 갖지 말고 시작하세요! 응원할게요! 파이팅!

도민준의 글에서 가장 큰 문제로 고민 상담을 의뢰한 독자에 대한 공감이나 이해가 떨어진다는 것을 들고 싶다. 글쓴이는 현재 상태에 이르게 된 원인은 당신이라면서 독자를 위로를 하는 것이 아니라 오히려 비난하는 식으로 글을 전개하고 있다. '당신은 그만큼 ~ 했나요?/ ~ 하신 것이 가장 큰 문제예요/ ~ 한 것은 아니잖아요' 등 독자를 다그치는 듯한 표현으로 글을 썼기 때문이다. 이러한 표현은 독자로 하여금 거리감을 느끼게 하고 조언에 대한 수용보다는 반발심을 더 불러 일으켜 효율적인 글쓰기를 방해하는 것처럼 보인다.

그런 점에서 글쓴이의 편지에는 편지 형식의 글쓰기에서 중요하다고 강조한 독자의 반응을 고려하지 못한 실수가 드러났다고 할 수 있다. 예를 들면, '가장은 어떠어떠해야 한다~ 하지만 당신은 그러지 못했다' 식의 표현으로 사연의 주인공에게 부담감을 주고 있으며, 질타하고 있다는 느낌까지 받게 된다. 고민 상담글의 주된 내용이 은퇴 후 달라진 환경에 괴롭다는 내용인데, 이에 대한 공감이나 위로가 충분하지 않은 상태에서 이렇게 지적이 과하게 이루어지면 편지를 보낸 당사자는 더욱 자괴감에 빠지게 될 것이다.

이것은 문제의 해결책을 제시하는 부분에서도 이어진다. 글쓴이는 해결책을 제시하되 직설적으로 표현하고 있는데, 직설적 표현이 빙빙 둘러서 이야기하는 것보다는 일견 속 시원한 방법이 될 수도 있다. 하지만, 편지 형식의 글쓰기 연습에서 중요한 것이 독자의 반응이라고 한다면 역효과를 낼 수도 있음을 주의해야 할 것이다.

특히 글쓴이가 독자에게 제시한 몇 가지 해결책(집안일 도와주세요, 여행 다녀오세요, 가족의 관심사에 신경을 써보세요 등)은 독자가 이해하기 쉽도록 맥락을 잡아서 제시되었다기보다는 뜬금없이 제시된 편이라, 독자의 입장을 충분히 고려했다고 보기는 힘들다. 그저 당연한 내용으로 조언을 했기 때문에 전혀 도움이 되지 않는다고 보는 사람들도 있을 것이다. 그 외에도 'SNS', '남부럽지 않은 남편', '남부럽지 않은 여행' 등을 언급하는 부분을 보면, 글쓴이는 타인의 시선을 많이 신경 쓰는 성격인 것 같은데 은퇴한 중년의 남자가 과연 그런 것들에 연연할지 공감에 실패한 게 아니냐는 지적도 나올 수 있다.

그렇다면 천송이의 경우에는 어떻게 조언의 편지를 쓰고 있을까? 다음의 〈예시4〉를 살펴보자.

예시 4 **천송이의 글**

사람이 태어나고 나서 그 이후의 삶은 죽어가는 과정이라고 합니다. 늙지 않는 사람은 없고, 마찬가지로 젊음을 누리지 못한 사람 또한 없습니다. 회사에서는 젊은 인재들을 필요로 하고, 50세만 되어도 회사에서 퇴직을 바라고 있는 것이 현실입니다. 어떤 누구도 피해갈 수 없는 상황인 것입니다. 한국의 많은 가장들은 퇴직 후에 갑자기 늘어난 자유시간에 뭘 해야 하는지도 모르고, 일하느라 신경 쓰지 못했던 가족과의 관계에서 많은 두려움을 느낀다고 합니다.

저도 따님과 같은 20대이기에 딸의 입장에서 생각해보았습니다. 그래서 자괴감을 느낄 필요가 없다는 말씀을 먼저 드리고 싶습니다. 물론 아빠가 은퇴 이전 바쁘게 일하는 기간에 딸들과 엄마는 서로의 관계를 더 돈독하게 쌓았을 수도 있고, 아빠를 제외한 가족 활동에 대해 익숙해져 있을 수 있습니다. 이러한 이유로 은퇴 이후 가족들에게 다가가는 것에 대해 어려움을 느끼신다면 그건 당연한 일이고 이겨내야 할 일입니다.

모든 일은 시작이 어렵고 그 이후는 어렵지 않다고 합니다. 먼저 상대방이 사근사근 다가와주길 바라지 마시고, 본인이 그동안의 시간과 추억을 메우기 위해 노력하는 것이 어떨까요.

> 처음에는 가족들도 의아해하고 밀어낼 수 있지만, 나중에는 가족들도 마음을 열고 가족이라는 것을 진정 느낄 수 있을 것입니다. 피하려고 하지 마시고, 부딪쳐 보세요. 요즘은 가족끼리 할 수 있는 것이 너무나 많습니다. 저는 아빠와 야구장 가는 것이 그렇게 재밌었는데 해당되실지 모르겠습니다. 사소한 것이라도 마음을 표현해 보시고, 가족과 함께 할 수 있는 활동을 추진해보세요.

천송이의 글은 독자에 대한 인사 없이 곧바로 글을 전개해서 이 글이 편지글인지 헷갈릴 수 있다. 하지만 독자가 처한 상황을 이해하고 이를 위로하면서 독자에게 조언을 하는 식으로 글쓰기를 하고 있어, 글의 흐름이 자연스럽다. 아마도 천송이는 편지 형식의 글쓰기에서 강조하는 관계의 중요성을 아는 사람일 것이다. 편지를 보낸 필자와 같은 고민을 느끼는 이가 사회에 많다는 내용을 먼저 제시하여 고민을 공감해주고 위로를 해주어 따뜻한 느낌이 드는 편지라고 느껴진다. 편지를 보낸 이의 잘못을 지적하고 비난하기보다 실제 경험을 제시하여 해결방안을 공유하고 '앞으로 더욱 좋아질 것이다'라는 희망을 이야기하여 글을 더욱 부드럽게 하였다.

도민준의 편지와 비교해 볼 때 상대적으로 글의 전개가 자연스럽고 매끄럽다고 느껴진다. 문제의 어려움을 사전에 제시하며 작은 변화부터 천천히 유도함은 독자로 하여금 문제 해결에 있어 큰 힘을 불러일으킬 수 있다고 생각한다. 특히, '그건 당연한 일이고 이겨내야 할 일입니다.'라는 표현처럼 상황의 어려움을 공감해주고 변화를 장려하는 글쓰기는 독자로 하여금 쉽게 공감대를 형성할 수 있게 한다.

반면에, 누구나 생각할 수 있는 형식적인 대안을 제시한 점은 구체적이지 못해서 독자의 행동 변화를 유도하기 어려울 수 있다. 딸의 입장에서 쓴 글이라고 하지만 아내와 친밀해지는 방법도 추가해주었으면 더욱 좋을 듯하다. 첫째 문단에서 "사람은 태어나고 나서 그 이후의 삶은 죽어가는 과정"이라는 표현도 독자의 연령층을 생각할 때 조금은 어색하거나 불편할 수 있을 것이다.

이렇게 두 편의 편지글에서 각각 드러난 도민준의 '~해라' 식의 직설적 조언과 천송이의 '~한 번 해 보세요' 식의 청유형 조언은 동일한 해결책이라 해도 독자의 반응이 달라질 수 있음을 보여준다. 어느 것이 반드시 낫다고 이야기하기는 어렵다. 편지 형식의 글쓰기에서는 원하는 목적을 달성하였는지에 대한 점검, 좀 더 효율성을 높이기 위해 퇴고가 필요한 지점 체크 등이 필요하고, 이러한 습관은 글쓰기 실력을 키우는 소중한 훈련이 될 것이다.

때로는 감정의 절제가 필요하기도

2014년 2월 송파구에 사는 세 모녀가 큰딸의 만성 질환과 어머니의 실직으로 인한 생활고에 시달리다가 "정말 죄송합니다"라는 메모와 함께 갖고 있던 전 재산인 현금 70만 원을 집세와 공과금으로 놔두고 번개탄을 피워 자살한 사건이 발생하여 큰 충격을 주었다. 다음의 〈예시5〉는 송파구 세 모녀 동반자살 관련 기사를 읽고 편지 형식으로 위로의 마음을 전하고 있는 글이다.

예시 5 **지금은 편안한 곳에 계실 두 딸의 어머니께**

안녕하세요. 지금 한국은 어머니께서 세상과의 인연을 끊으신 지 여러 달이 지났습니다. 춥기만 할 것 같은 겨울이 지나가고, 봄과 여름도 흘러 이제는 가을이 되어갑니다. 국민들의 마음속에서는 어느덧 어머니와 두 딸의 사연이 많이 지워지고 각자의 삶의 무게와 또 다른 아픔이 그 자리를 대신한 듯합니다.

어머니와 저는 실제로는 서로 알지 못하는 사이입니다. 더불어 자기 앞가림하기도 바쁜 20대 중반의 대학생이 어머니께 이런 편지를 전하는 것은 더욱 이상한 일일지도 모릅니다.

> 그럼에도 생면부지의 남인 제가 어머니께 편지를 전하려고 하는 가장 큰 이유는 꼭 하고 싶은 말이 있어서입니다. "정말로 죄송합니다. 앞으로의 세상은 지금보다 더 나은 모습이 되게끔 노력하겠습니다." 지금까지 이 사회에서 살아온 날보다 앞으로 살아갈 날이 더 많은 젊은이이기에 할 수 있고, 하고 싶었던 이 말을 짧은 편지로나마 꼭 전하고 싶었습니다.
>
> 어머니와 두 딸의 비극을 보도 자료를 통해 알게 되었을 때, 제가 사는 이곳이 태어나서 처음으로 낯설게 느껴졌습니다. 여태껏 살아오면서 떠올렸던 한국은 어머니와 가족이 살던 방 두 칸에는 존재하지 않았습니다. 그곳에는 인간의 권리와 따뜻한 인류애가 아닌 차가운 돈의 인과관계만이 남아있었습니다. 저는 아직도 소식을 접했던 날을 기억합니다. '아직 세상은 살아볼 만한 곳이다.'라는 제 굳은 믿음에 생채기를 냈던 그 날을 말이죠.
>
> 그리고 그 직후 제 마음속에 떠올랐던 것은 죄송함과 반성이었습니다. 혼자 먹고사는 데에만 급급했던 것은 아니었는지, 알게 모르게 제 주변 사람들에게 무심한 것은 아니었는지 한참을 생각했습니다. 그렇다고 해서 엎질러진 물을 주워 담을 수는 없었겠지만, 적어도 앞으로는 그렇게 행동하지 말자고 자신과의 약속을 해보기도 하였습니다.
>
> 안타까운 사연이 있고 나서도 대한민국에는 많은 일이 있었습니다. 배를 타던 사람들이 한순간에 가족의 품과 멀리 떨어진 곳으로 떠났고 아직 그 상처가 아물지 않았습니다. 염전에서 노예처럼 일하던 사람들의 믿을 수 없는 현실, 군대에서의 총기사고도 저를 포함한 많은 사람의 마음을 아프게 했습니다. 세 분이 떠나고 난 다음에도 우리 사회는 많이 바뀌지 않은 것처럼 보여서 어머니의 마음을 온전히 풀어드릴 수 있는 적절한 위로가 생각나지 않네요. 제가 할 수 있는 것은 세상에 나아갈 젊은이로서 지금보다 더 나아진 세상을 만들겠다는 다짐이겠지요.
>
> 어머니께 드릴 글을 적다 보니 위로 편지는커녕 제 자신의 '출사표'가 된 것 같습니다. 하지만 20대의 젊은이가 죄송하다는 말과 함께 할 수 있는 위로가 반성과 다짐인 것 같아 몇 자 적어 봤습니다. 부디 이 편지를 뿌듯한 마음으로 읽어주셨으면 좋겠습니다.
>
> 고생하셨습니다. 그리고 죄송합니다. 앞으로의 한국이 더 나은 곳이 될 수 있게 어머니와 두 딸을 마음속에 새기고 제 분야에서 최선을 다하겠습니다. 부디 지금 계신 곳에서는 가족과 함께 몸과 마음 편하게 지내세요.

편지 형식의 측면에서 〈예시5〉는 여러 가지 미덕을 잘 갖추고 있다. 글쓴이는 생활고로 목숨을 끊은 어머니의 이야기를 다루고 있는데, 자칫 막막하게 느껴질 수 있는 편지의 서두에서 첫인사로 계절 인사를 택하여 글에 대한 인상을 부드럽게 하고 있다. 둘째 문단에서는 편지의 목적을 구체적으로 밝히면서, 자신의 입장을 충분히 서술하고 있다. 전체적인 글의 구성이 안정적이며, 문단끼리의 연결도 매끄럽다.

무엇보다 이 글은 편지 형식을 취했음에도 지나치게 감정적으로 치닫지 않는다는 것이 장점이라 할 수 있다. 〈예시5〉의 글에서는 여타의 사례들을 두루 언급하면서 위로의 말을 잘 전달하고 있는데, 자신의 느낌과 위로의 말 사이에서 균형을 이루며 감성을 전달하는 좋은 글이 되고 있다.

편지 형식에서는 대체적으로 논리가 아닌 감정에 기대려는 경향이 큰데, 이럴 경우 읽는 이와의 공감이 제한될 수도 있다. 그래서 편지 형식의 글쓰기에서도 감정에만 의지하는 것이 아닌, 논리를 통해 설득력 있게 글을 구성하려는 노력이 필요하다. 그러자면 편지를 받는 대상에 대한 이해가 피상적인 수준에서 벗어나야 하고, 그래야 일반적으로 할 수 있는 위로가 아닌 상대방과의 진솔한 공감과 소통이 이루어질 수 있다.

연 습

다음은 편지 형식의 글쓰기를 연습하기 위해 만든 표이다. 빈칸을 채워서 편지 형식의 글쓰기를 연습해보기로 하자.

예시

<table>
<tr><td rowspan="12">신문기사에서</td><th>(어떠한) 주인공을 찾아</th><td rowspan="12">해당 기사의 주인공에게 편지 쓰기</td></tr>
<tr><td>불쌍한</td></tr>
<tr><td>외로운</td></tr>
<tr><td>부러운</td></tr>
<tr><td>미운</td></tr>
<tr><td>악랄한</td></tr>
<tr><td>싫은</td></tr>
<tr><td>행복한</td></tr>
<tr><td>괴로운</td></tr>
<tr><td>용감한</td></tr>
<tr><td>바쁜</td></tr>
<tr><td>한심한</td></tr>
</table>

1. 〈예시〉에서 제시한 대로 신문기사의 주인공을 대변해주는 키워드를 다양하게 추가해보고, 그러한 키워드를 뽑은 이유를 가볍게 설명해보자. 해당기사의 내용도 요약해보자.
2. 빈칸을 어떻게 채울지 고민한 후, 한 편의 편지를 쓰기 위한 구상작업을 메모해보자.

3. 편지 형식의 특징이 잘 드러나게 신경 써서, 제목을 붙인 한 편의 글로 완성해보자.

3

1장 자기소개서 형식을 연습하는 목적

1. 자기인생을 보는 안목 키우기
2. 이력서와의 차이를 아는 지혜
3. 다양한 독자층과 글로 교감하는 기회

2장 효율성을 높이는 몇 가지 지점들

1. 밑그림 제대로 그리기
2. 자기소개서의 미덕 갖추기
3. 제대로 다듬어주기

3장 유형별 자기소개서의 작성 포인트

1. 구직용의 경우
2. 진학용의 경우
3. 친교용의 경우

제3부
자기소개서 작성의 특별한 의미에 대하여

1장 자기소개서 형식을 연습하는 목적

자기소개서는 자신을 소개하기 위한 목적으로 자신의 성장환경이나 장점들을 서술하여 타인에게 상세한 정보를 제공하고자 작성하는 문서를 말한다. 대학생이 된 우리들이 자기소개서를 필수적으로 쓰게 된다면, 아마도 대학 졸업을 앞두고 취업을 해야 하는 상황을 떠올리게 될 것이다.

후술하겠지만, 자기소개서는 취업을 위한 것뿐만 아니라 진학을 위해서나 친교를 위해서도 쓰일 수 있어서 그 어떤 글쓰기보다 우리 현실에 적용할 수 있는 여지가 크다. 제3부에서 다룰 자기소개서 작성법은 이렇게 다양하고도 다채로운 상황에 맞추어 필요한 지점을 짚어가는 것으로, 차분히 잘 따라온다면 각자의 상황에 맞게 보다 효율적인 준비를 도모하는 시간이 될 수 있을 것이다.

앞서 다룬 자기를 드러내는 글쓰기의 기본이해와 기본기 활용을 토대로, 이제 우리는 상황과 목적에 맞게 자기를 소개하는 글쓰기에 도전하게 된다. 이를 위해 우선되어야 하는 지점은 자기소개서 형식을 보다 효율적으로 연습할 수 있게 하는 몇 가지 전제에 해당되는 것들이다. 기왕에 자기소개서를 작성해야 한다면, 보다 넓게 크게 멀리 보고 나에 대한 이야기를 제대로 잘 담아보기로 하자!

1. 자기인생을 보는 안목 키우기

자서전은 한 인물의 라이프 스토리를 담은 글이다. 다음의 〈예시1〉에서처럼 자서전을 읽은 경험을 잠시 돌아보자.

예시 1

- 어린 시절 처음 읽었던 자서전은 아마 체게바라 자서전이었던 것 같아.
- 그때는 자서전이 무엇인지 몰라 그냥 읽었었는데, 위인전 같기도 하고 일기장 같기도 한 독특한 책이었어.
- 한 사람의 일생을 담은 자서전이 주었던 묵직한 가르침은 지금도 생생하지.
- 정치인의 자서전이 선거철마다 출간되고 서점에 거창하게 전시되다 보니 자서전이란 장르를 멀리한 지도 오래된 것 같네.
- 그래도 자서전의 참된 가치는 한 사람의 인생 이야기를 책을 통해 살펴보면서 내가 앞으로 살아갈 인생에 대한 가르침을 구하는 것이 아닐까 싶어.
- 주인공의 인생이야기를 읽다보면 왠지 나도 모르게 타인의 일기를 훔쳐보는 것만 같은 기분이 들기도 해.
- 하지만 타인의 삶과 글을 통해서도 새롭게 배울 수 있고 느낄 수 있는 부분이 많아서 좋은 자서전을 골라서 읽어보려고 노력하는 편이야.

자기소개서에 대한 이야기를 하기 전에 자서전을 감상하는 시간을 갖는 이유는 자서전과 자기소개서의 접점이 존재하기 때문이다. 분량의 측면에서 감히 비교가 안 되며 완성된 글의 무게감도 다르지만, 자기소개서든 자서전이든 자기 자신에 대한 이야기, 자신이 살아오고 살아갈 인생 이야기를 독자에게 풀어놓는다는 점에서는 공통적이기 때문이다.

자서전이 단순한 인생의 기록이 아니라 글쓴이와 독자가 소통하는 글쓰기 형식인 것과 마찬가지로 자기소개서도 글쓴이와 독자가 궁극의 목적을 공유하며 소통하는 글쓰기 형식이다. 그리고 우리는 자서전 형식은 아니지만, 자기소개서를 통해 자기 인생을 보는 안목을 키우는 글쓰기 연습을 약하게라도 시도하게 될 것이다.

그런 의미에서 자서전 형식을 들여다볼 때는 시야, 시선, 시각이라는 3가지 측면에 주목할 필요가 있다. 곧 자기 인생에 대해 시야가 넓은지 어떤지, 자기인생을 보는 시선이 따뜻한지 어떤지, 자기를 평가하는 시각이 냉철한지 어떤지 등을 말하는 것이다. 자기 인생을 담은 글쓰기이지만 조금은 시야를 넓혀서 보다 객관적인 시각으로 따스하게 주변을 돌아보는 시선이 담겨있다면 비록 남의 인생 이야기를 읽는 것이지만 독자 역시 그 글을 읽고 느끼는 바가 많을 것이다.

다음의 〈예시2〉는 자신이 태어난 시기와 장소에 대한 서술이 담긴 부분이다. 글쓴이인 박맹호는 조상 대대로 오랫동안 살아온 비룡소라는 곳에서 자신이 태어났다는 사실과 얼마 전 비룡소를 직접 다녀온 사실을 연결해 서술하고 있다.

예시 2 **비룡소**

날이 풀리고 햇볕이 좋은 날 모처럼 비룡소에 다녀왔다. 이제 봄이 시작되려는가 싶다. 살아온 날들을 돌이켜 생각하고 새삼스럽게 태 자리를 돌아보는 일은 아득하다. 비룡소는 여전히 그 자리에 있었지만 옛날만큼 수량은 풍부하지 못했다. 이무기가 날아오른 못이라는 작명인데, 청소산 아래 깊은 소를 이르는 고유 명사이다. 내가 태어난 충북 보은군 보은읍 장신 2리를 지칭하는 명칭이기도 하다.

나는 비룡소를 300년 넘도록 지켜온 초가에서 1933년 12월 31일 태어났다. 호적에는 1934년 1월 4일생으로 기록돼 있지만 음력 계유년 갑자월 신미일(11월 15일)을 양력으로 환산해 보면 1933년 마지막 날에 태어난 게 맞다. 그날은 일요일이었기 때문에 새해 관공서가 문을 열 때까지 기다렸다가 1월 4일쯤 출생 신고를 하면서 신고일을 생일로 기재한 것 같다.

내가 태어난 세 칸 초가집은 최근(2010년 9월 3일) 충청북도 민속자료 제18호로 지정됐을 정도로 오래된 집이다. 나중에 이 집은 그대로 둔 채 옆쪽에 따로 기와집 세 채를 지어 살았다. 1990년 중반 보은에 집중 호우가 내려 저수지 둑이 터진 적이 있다. 그로 인해 초가는 물론 기와집까지 물에 반쯤 잠기는 사태가 벌어졌다. 물이 빠진 뒤 살펴보니 기와집 두 채는 허물 수밖에 없는 상태였지만 정작 초가집은 멀쩡했다. 오랜 세월을 버텨온 뒷심이 새삼 놀라웠다.

저수지 둑이 터지는 것 같은 사단이 아니라면 비룡소의 범람은 축복이었다. 비룡소에서 넘쳐난 물이 집 앞 너른 논밭을 찰랑찰랑 채우고 담벼락 아래까지 흘러들곤 했다. 마루에 서서 내려다보면 사방이 바다처럼 보였다. 장관이었다. 그런 해에는 어김없이 풍년이 들었다. 나일 강의 범람 수위를 재는 기록관이 기적의 수치까지 올라가는 수위를 관찰하고 기쁨에 들떠서 춤을 추며 왕에게 보고하러 달려가는 소설 『람세스』의 한 장면이 떠오른다. 나일 강의 범람이 주변 경작지를 기름지게 했다는데, 비룡소의 범람도 아마 그런 역할을 했을 것이다.

비룡소는 저자가 태어난 충북 보은군 보은읍 장신 2리를 지칭하는 명칭으로 청소산 아래 위치한 깊은 연못을 말한다. 그러나 저자에게 비룡소는 그저 지명이 아니다. 자신이 태어난 곳을 상징하는 상징물이며, 지금도 그 자리에 그대로 버티고 서서 저자로 하여금 과거를 떠올리게 하는 매개체 역할을 한다.

저자는 비룡소에서 300년도 넘었다는 초가집에서 태어났다고 한다. 충청북도 민속자료 18호로 지정이 되었을 정도로 유서 깊은 이 초가집은 큰 홍수에도 쓸려가지 않는 꿋꿋함을 지닌 존재이다. 홍수 속에 기와집들이 크게 파괴되었으나 초가집은 오히려 멀쩡했던 일을 떠올리며, "오랜 세월을 버텨온 뒷심이 새삼 놀라웠다."고 표현한다. 오랜 세월 한자리를 지켜온 초가집의 꿋꿋함이야말로 저자에게 변하지 않는 고향의 가치를 일깨워준다.

비룡소의 범람은 자칫 큰 물난리처럼 보이기 쉽지만, 둑이 터진다거나 하는 큰 사고만 나지 않는다면 오히려 '축복'이었다고 한다. 비룡소가 범람을 했던 해에는 어김없이 풍년이 들었기 때문이다. 나일 강의 범람을 기뻐하던 소설 〈람세스〉의 한 장면처럼 비룡소의 범람은 가을의 풍족함을 예고하는 기쁜 소식이었던 것이다. 비룡소에 얽힌 어린 시절의 이야기를 통해 한때의 위기가 훗날의 기회가 될 수 있다는 인생의 교훈을 다시 한 번 깨닫게 된다.

이렇듯 글쓴이에게 비룡소는 단순한 지명 이상의 의미를 지니고 있는 듯하며, 자신이 태어난 곳에 대해 애정 어린 관심과 풍부한 상식을 보여주고 있다. 〈예시2〉의 글쓴이처럼 우리도 추억의 장소 하나쯤 갖고 있을 것이다. 예를 들어, 강서구 화곡동에서 20년 가까운 세월을 보내며 정이 많이 들었던 기억을 떠올린 학생은 어린 시절 뛰어놀던 동네이름이 원래 “벼가 여물어가는 골짜기”라는 뜻을 가지고 있음을 알게 되면서 빌딩숲 속에서 보이는 화곡동의 골짜기가 남다르게 느껴지게 되었다고 한다.

그렇다면 자기 인생을 보는 안목을 키우기 위해서라도 우리의 근원이 될 만한 것을 찾아 잠시라도 사색과 통찰의 시간을 가져보면 어떨까? 숨 가쁘게 달려야만 하는 오늘의 시간도 사실 저 멀리 지나쳐온 과거의 시간이 없었다면 존재하지 않았을 것이니 말이다. 아득히 멀어져간 과거의 시간과, 그 시간을 함께 했던 것들과, 무엇보다 그 시간부터 나와 함께 했던 이들에 대한 추억을 회상하는 것만으로도 뿌듯하고 이미 나를 소개할 자산을 얻게 되어 든든하게 될 것이다.

2. 이력서와의 차이를 아는 지혜

효율적으로 자기소개서를 작성하기 위해서 우선 이력서(또는 입사지원서) 작성법에 대한 설명을 하고자 한다. 이는 구직용 서류의 대표항으로 자기소개서와 이력서(또는 입사지원서)를 들고 있는 만큼 이 두 가지 서류를 얼마나, 어떻게 잘 마련하느냐가 구직에서의 부담을 덜어줄 것이기 때문이다.

구직을 목적으로 한 상황에서 이력서(또는 입사지원서)와 자기소개서는 거의 동시에 쓰이기 때문에 유사한 내용의 반복이라 생각하는 경향이 있다. 이력서(또는 입사지원서)가 정해진 양식에 맞춰 간략하게 항목화해서 작성하는 것이라면, 자기소개서는 글쓰기 실력을 발휘해서 좀 더 길게 문장화하여 부연 설명하는 것이라 생각하는 식으로 말이다.

하지만 이력서(또는 입사지원서)와 자기소개서는 각각의 특성이 존재하는 만큼 차별화시켜 작성해야 효율성을 높일 수 있고, 그런 맥락에서 자기소개서를 제대로 잘 쓰기 위해서는 이력서(또는 입사지원서)와의 차이를 아는 지혜가 필요하다.

◆ 이력서(또는 입사지원서)의 기본 특징

이력서(또는 입사지원서)는 인사담당자들이 가장 먼저 보고 주의 깊게 보는 서류이므로 자신의 모든 것을 빠짐없이 기록하여 최대한으로 자신을 나타낼 수 있어야 한다. 비교적 간단해 보이는 이력서(또는 입사지원서) 작성에서도 신경 써야 할 몇 가지 원칙이 있다.

먼저, 자신의 이력사항을 빠짐없이 기록하되 간결하게 작성해야 한다는 점이다.

이력서(또는 입사지원서)에 포함되는 사항을 살피면 크게 3가지로 정리된다. 그 하나는 인적사항에 대한 것으로, 성명, 주민등록번호, 생년월일, 주소 등이다. 다른 하나는 학력 및 경력에 관한 사항으로, 이력서(또는 입사지원서) 내용 중 가장 중요한 부분이라 할 수 있다. 마지막 하나는 특기사항에 대한 것으로, 각종 자격증이나 수상경력 등을 기재하게 된다.

다음으로, 이력서(또는 입사지원서)에 기재되는 사항은 증빙할 수 있는 근거가 필요하다는 점이다. 이력서를 작성할 때에는 번거롭더라도 증빙자료를 확보하여 증빙자료의 사항을 확인하며 정확히 옮겨주는 것이 필요하다.

그래서 이력서(또는 입사지원서)는 결코 허위사실이나 과장된 내용을 기재해서는 안 되며, 그렇게 쓸 수도 없게 된다. 허위사실이 면접과정에서나 입사 후에라도 밝혀지면 입사가 취소되므로 반드시 사실만을 기재하도록 한다.

그런 점에서 이력서(또는 입사지원서)에 담긴 나에 관한 정보는 객관적으로 입증 혹은 검증이 가능한 사실이어야 하고, 그래서 수치화되고 정량화된 지표를 통해 자신의 성과와 이력을 제시하는 서식이라 할 수 있는 것이다.

그럼에도 자기소개서가 필요한 이유

앞선 설명대로라면 이력서(또는 입사지원서)는 과거 완료된 성과 중심의 기록을 담은 서식이라 할 수 있다. 어떤 사항에 대하여 증명서를 제시한다는 것은 이미 그에 관한 상황이 종료 혹은 완료되었음을 반영해주는 것이기 때문이다. 예를 들어, 성적증명서는 해당기간까지의 성적에 관한 정보를 완료한 상태를 보여주는 것으로, 작성시점까지 이루어진 나에 관한 이야기를 보여줄 수는 있어도 이후 펼쳐질 나의 가능성에 대한 것은 보여주지 못할 것이다.

바로 이런 맥락에서 자기소개서 작성이 중요해지고, 필수적인 서식이 된다. 이미 완료된 상황인 듯 보이지만 우리의 인생은 아직도 수많은 기회와 가능성이 열려있는, 가지 않은 길이 아닐까? 무엇보다 나를 보여주는 지점에는 정량화시킬 수 없는, 수치로 보여줄 수 없는 부분이 너무도 많다. 따라서 구직을 목적으로 한 상황에서 이력서(또는 입사지원서)가 한 개인을 개괄적으로 이해할 수 있는 자료가 된다면, 자기소개서는 이력서(또는 입사지원서)에 객관적으로 명시된 개인의 신상명세로는 파악할 수 없는, 개인에 대한 구체적인 정보와 가능성을 보여주는 자료가 될 것이다.

후술하겠지만, 자기소개서의 독자층이 관심을 두는 지점을 간략히 정리해보기로 하자.

첫째, 기업은 사람을 구하는 입장에서 지원자의 지원동기와 장래성을 본다는 점이다. 아무리 그 사람의 성장과정이나 능력의 정도가 객관적으로 인정할 만한 수준의 것이라 하더라도 그 회사나 업무에 대한 뚜렷한 동기나 목적의식을 보여주지 않는다면 입사 후 자신의 일에서 성취감을 얻기 힘들 뿐 아니라 장래성까지도 보장할 수 없기 때문이다. 그러므로 지원동기가 확실하고 일을 하려는 마음의 자세가 되어 있는지를 먼저 확인하고 싶어 하는 것이다.

둘째, 그 사람의 성장배경을 통해 대체적인 성격과 인생관 등을 파악한다는 점이다. 자기소개서에는 나름대로의 개성이 드러난다. 인생에서 누구나 겪을 수 있는 같은 사건이라도 그것을 보는 시각이나 수용하는 입장 등이 다르게 나타나기 때문에 노련한 담당자들은 행간에서 그 사람의 성격을 읽을 수 있다.

또한 자기소개서는 자기가 기술하는 개인사(personal history)이므로 소재를 취사선택하는 과정에서 그 사람의 단면이 드러난다. 그 사람이 중요하게 여기는 부분이라든가 자랑하고 싶은 것 등이 이미 그 사람의 성격이 될 수 있기 때문이다. 특히 성장과정이나 학교생활, 친구관계 등 일상과 관련된 일을 표현하는 시각에서 이 점이 중요하게 감지된다.

셋째, 자기소개서를 통해 문서 작성과 자신의 논리를 전개시켜 나가는 능력을 본다는 점이다. 조직사회에서는 업무의 진행이나 의사전달이 주로 문서로 이루어지므로 글을 다루는 능력이 필수적으로 요구된다. 이에 자기소개서에서 일정한 소재로 문장을 전개시켜 나가는 방식과 더불어 문장들의 논리적 연관성 정도를 통해 문제를 분석하고 종합해낼 수 있는 능력을 보는 것이다.

넷째, 자기소개서는 면접의 자료가 되기도 한다는 점이다. 면접관은 이력서(또는 입사지원서)와 자기소개서 등을 토대로 그 사람의 자질과 능력을 평가할 수 있는 질문을 채택하게 된다. 특히 자기소개서는 지원자에 대한 구체적인 정보가 얼마나 적절하고 정확하게 표현되었는지 평가할 수 있는 근거를 면접관에게 제공하게 되는 것이다.

구직용 자기소개서는 특정한 기업의 입사를 위해 작성하는, 일정한 의도를 가진 글이다. 따라서 본인의 입장에서는 지원 회사에 자신이 적합하다는 것을 피력하는 글이어야 하고, 기업의 입장에서는 회사가 필요로 하는 사람을 선택할 만한 요소를 발견할 수 있는 글이어야 한다. 단순히 입사지원자의 글 솜씨나 원대한 포부 등을 들어 보기 위해 형식적으로 작성하는 서류가 아니라는 점을 명확하게 인식할 필요가 있다.

3. 다양한 독자층과 글로 교감하는 기회

자기소개서는 자기소개의 목적에 따라 다양한 독자층과 글로 교감하는 기회를 얻는 것이 되기도 한다. 예를 들어 다양한 직종에 지원하는 구직용 자기소개서의 독자층과 학업을 계속하기 위해 작성하는 진학용 자기소개서의 독자층이 결코 같지 않을 것이기 때문이다. 또한 다양한 목적으로 작성되는 친교용 자기소개서의 경우에도 어떠한 용도로 자기를 소개하는가에 따라 우리가 글로 만나게 될 독자층은 얼마든지 달라지게 된다.

구직(求職)을 위한 자기소개서는 직장에 취업하는 것뿐만 아니라 임시직의 아르바이트를 구하는 경우까지 넓게 적용된다. 구직을 위한 자기소개서는 직장을 얻고자 하는 글쓴이와 직원을 구하고자 하는 읽는 이의 목적성이 합치된다는 점에서 가장 실용적이고 실제적인 목적에서 쓰이는 글이라 할 수 있다.

구직용 자기소개서의 경우 독자층은 인사 관리팀의 인사담당자와 해당 직무의 임원들이게 된다. 인사담당자들의 주요 업무를 살피면 크게 채용, 인력운용, 평가보상, 조직문화, 글로벌 HR, 인재육성이라고 하는데, 특히 채용은 인사담당자의 업무 중 가장 중요한 것으로 회사의 인재상과 지원자의 직무역량, 기반역량 등을 바탕으로 평가하게 된다.

한편, 자기소개서는 진학(進學)을 위한 목적으로도 쓰인다. 대학원에 입학하여 학위과정을 밟아 공부를 계속하려는 경우, 자기소개서 작성이 요구되기도 하기 때문이다. 경우에 따라서는 어학연수 등과 같이 자신에게 필요한 공부를 더 하고 싶을 때 자기소개서 작성이 요구된다.

예를 들어, 교환학생을 목표로 자기소개서를 작성하는 경우를 생각해보자. 대개의 경우 해당 국가의 언어학과 관련된 교수진인 경우가 많은

데, 이것만 봐도 독자층의 유형과 범위가 구직용 자기소개서의 경우와는 확연히 달라지게 된다.

구직이나 진학의 목적이 아니더라도 자기소개서를 쓰게 되는 상황은 의외로 많다. 다름 아닌 친교(親交)의 목적을 위한 것으로, 새로운 단체에 가입하고자 할 때 자기를 소개하는 경우는 매우 흔한 상황이다. 대학생활의 꽃이라 하는 동아리 활동뿐만 아니라 방학중 특별행사에 참여하기 위해 자기소개서를 써야 하는 경우가 생기기 때문이다. 개인적인 교류를 위해 자기소개서를 쓰거나, 구애나 구혼의 과정에서 자기소개서를 쓰게 되는 경우 역시 드물지 않다.

중요한 것은 이렇게 다양한 상황과 목적에 맞게 자기소개서를 쓴다는 것은 그에 버금가게 다양한 독자층을 글로 만나는 기회를 갖는 것이기도 하다는 점이다. 그러니 자기소개서 한 통을 쓴다는 것은 우리가 생각하는 것 이상으로 다양한 사람들과 다양한 사회활동을 다양한 기회로 만나는 것이 되지 않겠는가?

이렇게 자기소개서 작성을 통해 얻을 수 있는 이점은 의외로 다양하고, 자기소개서 작성이 글쓰기 교육에서 갖는 의미 또한 각별하고 특별하다. 이제부터 우리는 자기소개서 작성의 흥미로운 세계로 즐거운 여행을 떠나보게 될 것이다. 지금 당장 소용되는 글쓰기가 아니라고 멀리하거나 미뤄두지 말고, 여유롭게 이모저모를 따져 미래를 도모할 준비를 갖춰보기 바란다.

2장 효율성을 높이는 몇 가지 지점들

자기소개서는 리포트도 논설문도 시험 작문도 엄격한 논문도 아니라는 점에서 비교적 자유롭게 작성할 수 있는 글쓰기처럼 보이기도 한다. 리포트처럼 조사나 연구과정을 밟아야 하는 것도 아니고, 논설문처럼 입론의 독창성이 있어야 하는 것도 아니며, 제한된 시간에 제시된 주제에 따라 작성하는 시험 작문도, 어떤 주장과 그를 뒷받침하는 논거가 있어야 하는 논문 형식의 글도 아니기 때문이다.

하지만 까다롭게 적용해야 할 규정된 격식이 없어 보인다고 해서 자기소개서 쓰기가 만만하고 마음 편한 글쓰기가 되는 것도 아니다. 오히려 자기소개서 작성에서는 자기소개의 목적에 부합되는 자기의 면모를 제대로 성찰하고 발견하고 이해하는 작업이 우선되어야 하고, 그러자면 시간과 노력을 투자해야만 한다. 자신의 성격, 하고자 하는 일에 대한 열정이나 성실성, 적합성, 재능 등을 효율적으로 드러내기 위한 전략이 필요하기 때문이다.

중요한 것은 자기소개서의 독자층이 나라는 사람의 개성과 능력 등을 제대로 파악하고, 자기소개서에 담긴 나의 열정과 의도를 제대로 이해하는 시간을 갖게 만들어야 한다는 것이다. 그리고 이렇게 독자층이 제대로 읽어주기 위해서는 자기소개서를 제대로 작성하는 것이 필요한데, 이에 이 장에서는 자기소개서 작성의 효율성을 높이는 몇 가지 지점들을 차례로 살피기로 한다.

1. 밑그림 제대로 그리기

(1) 정보 수집 충분히 하기

우리가 한 통의 자기소개서를 쓰는 이유는 제각각 지원하는 곳에서 뭔가를 도모하고 싶은 소망에 있을 것이다. 효율성을 높이는 첫 번째 지점으로 정보수집의 문제를 꼽는 이유는 밑그림을 제대로 그리는 것이 원하는 바를 성취할 가능성을 높이는 지름길이 되기 때문이다.

그러자면 자기소개서 작성의 목적에 맞게 내용을 취사선택하여 제대로 작성하는 것이 필요하다. 이렇게 목적에 맞게 내용을 취사선택하는 작업을 글쓰기 훈련과정에서는 자료의 선별작업이라고 부른다.

아무리 좋은 재료라 해도 지금 요리하는 메뉴에 맞지 않으면 쓸모없어지게 되며, 오히려 요리를 망치는 역효과를 내기도 한다. 그래서 글쓰기 훈련과정에서는 자료를 수집한 뒤에는 가치 있는 자료만을 선별하는 단계를 거칠 것을 여러 번 강조하고 있다. 가치 있는 자료의 선별조건으로 다음과 같은 3가지를 들 수 있다.

첫째, 관련성이 있어야 한다는 점이다. 관련성이란 자료가 자신이 다루고 있는 문제와 직접적인 관련을 맺고 있어 문제 해결에 효과적인 도움을 줄 수 있어야 한다는 뜻이다. 아무리 흥미롭고 유익한 자료라 하더라도 문제와 직접적인 관련이 없으면 전혀 소용이 없을 뿐더러 오히려 글의 초점을 흐리게 된다. 자기소개서의 경우 지원하고자 하는 목적에 부합되게 관련성이 높은 자료를 취사선택해야 한다.

둘째, 신빙성이 있어야 한다는 점이다. 자료가 신빙성을 갖기 위해서는 출처가 분명하고 권위가 있어야 하며 그 내용이 확실해야 한다. 자기소개서 작성의 경우에는 신뢰할 만한 내용을 담아야 하되, 증빙이 필요한 내용이라면 명확하게 근거를 제시할 수 있는 자료여야 할 것이다.

셋째, 정보성이 있어야 한다는 점이다. 진부하거나 상투적인 표현이 좋은 글이 될 수 없듯 오래된 정보나 알맹이가 없는 자료는 좋은 글을 이룰 수 없다. 새롭고 가치있는 정보여야 한다. 자기소개서 작성의 경우에는 남들과 차별화되지 않는 내용을 굳이 쓸 필요가 없으며, 그런 내용으로 채우게 되면 정보성이 없는 상투적인 자기소개서가 되고 말 것이다.

어떤 일을 하는 곳인지 분명히 알자

예를 들어, 〈KT 스카이라이프 원정대〉라는 대외활동에 지원하는 경우를 생각해보자.

그 첫걸음은 이 행사를 주관하는 'KT 스카이라이프'라는 곳이 어떤 회사인지를 아는 데서부터 시작한다. 회사의 특성을 파악한 후에 회사가 필요로 하는 인재가 되기 위해 무엇을 준비해야 할지에 대해 전략적으로 생각하는 것이 효율적이기 때문이다.

다음의 〈예시1〉은 3가지 방면으로 조사한 내용을 정리한 것이다.

예시 1

(1) 어떤 회사인지 기본 정보 체크하기

– 스카이라이프는 우리나라의 디지털 위성방송 사업자인 한국디지털위성방송(KDB)이 2002년 3월 개국한 위성방송이다. 2010년 4월 KT로 편입되어, 2011년 3월 'KT스카이라이프'로 명칭을 변경했다.

- 위성방송이란 지상에서 전송한 방송신호를 지구로부터 36,700㎞ 떨어진 정지궤도의 위성을 이용하여 지상의 수신안테나에 재전송하여 수신하는 방송의 한 형태로, 디지털 위성방송은 100% 디지털 방식으로 이뤄져 다채널, 쌍방향, 광역화, 고화질 등을 특징으로 하는 방송이다.
- 스카이라이프는 보고 싶은 프로그램만 골라서 유료로 시청할 수 있는 PPV(Pay per View)채널, CNN · NHK 등 외국방송 채널, 영화 · 뉴스 · 스포츠 · 음악 · 오락 · 교육 · 다큐멘터리 등 전문채널, 홈쇼핑 등을 포함하여 모두 200개 TV채널과 31개 오디오채널로 구성된다.
- 2012년 기준, 스카이라이프의 HD채널 서비스는 101개로 국내 최다 수준이라고 한다.
- 출처: pmg 지식엔진연구소, "스카이라이프", http://terms.naver.com/entry.nhn?cid, (2013.5.19. 최종검색).

(2) 관련기사 검색으로 추가할 만한 정보 찾아보기

- KT 스카이라이프는 옹진군 덕적도와 부속도서 주민들을 위해 찾아가는 서비스를 제공했다.
- 이번 찾아가는 서비스를 통해 스카이라이프 설치기사가 덕적도 주민 중 방문을 희망한 131세대를 직접 찾아가 바닷바람으로 인해 부식된 안테나를 무상 교체하고, 위성방송 시청 불편 사항을 사전 점검하며 가전사 수리기사가 동행해 노후 가전제품의 수리 등을 진행했다고 한다.
- 출처: 김봉연, 『이뉴스투데이』 2013년 4월 22일자, 기사.

(3) 기업이 대학생 서포터즈를 모집하는 이유를 조사해보기

- 인터넷이 발전한 이후 불특정 다수를 겨냥한 일방적 정보와 메시지의 전달에서 탈피하여 개방 · 참여 · 공유를 기반으로 사회적 관계로까지 확장한 소셜 미디어를 활용한 홍보 활동이 활발해지고 있다고 한다.
- 출처: 이정훈, 「SNS를 활용한 홍보효과 측정방법에 관한 연구」(석사학위논문, 숭실대학교, 2012), 65쪽.

이러한 조사 작업을 토대로, 이번 자기소개서에서 글쓴이가 세운 전략을 소개하면 다음의 〈예시2〉와 같다.

예시 2

조사 결과	자기소개서의 작성 전략
(1) 영상과 밀접한 관련이 있는 회사임을 재확인함.	– 내가 영상에 관심이 많고 실제로 관련학과에 재학하면서 영상 제작의 경험이 있다는 사실을 어필한다면 크게 플러스 요인이 될 듯하다. – 이것을 무기로 방송 영상 제작에 임하는 진지한 자세와 회사 홍보를 위한 신선하고 창조적인 콘텐츠 제작에 의욕을 보여주어야 한다.
(2) 낙도 지역에 대한 봉사활동에 관심이 많다는 것을 알게 됨.	– 구체적으로 회사의 봉사활동 내용에 대해 언급하면서 봉사활동과 회사에 대한 관심을 보여주는 것이 필요하다. – 회사가 지향하는 봉사에 공감과 동참하고 싶은 열의를 보여주는 것도 중요하다.
(3) 기업이 대학생 서포터즈를 모집하는 이유는 SNS 활용을 통한 회사 홍보와 연결된다는 점을 주목해야 함.	– 회사가 SNS를 활용할 줄 아는 인재를 뽑고 싶어 하는 만큼 나의 SNS 활용 능력을 보여주는 것이 필요하다. – 하루 평균 방문자가 100명이 넘었던 나의 블로그 운영 경험을 소개하면서 나의 성공적인 SNS 이용 사례를 이야기하는 것이 좋겠다. – 내 블로그가 꾸준하게 방문자가 있었던 이유까지 분석해서 제시한다면 기업의 입장에선 나의 SNS 활용 능력에 믿음이 갈 것이라고 판단된다.

정보수집의 범위와 방법을 다양하게 넓히자

다음의 〈예시3〉은 국민체육진흥공단에 신입직원으로 지원하기 위해 자기소개서를 준비하는 과정을 보여준 것이다.

예시 3

(1) 국민체육진흥공단의 미션과 비전은?

– 국민체육진흥공단의 비전은 'Enjoy Sports, We Support'이다. 세계가 부러워하는 스포츠 복지구현과 국민의 행복을 위해 국민체육진흥을 위한 사업을 수행하고 있다.

(2) 4대 중장기 전략과 2020경영목표는?

– 국민체육진흥공단의 중장기 전략은 첫째, 스포츠 선진국으로서의 기반을 확충한다. 둘째, 스포츠 경주사업을 건전화한다. 셋째, 스포츠를 통한 사회가치를 창출한다. 넷째, 지속가능한 성장기반을 강화한다.
– 국민체육진흥공단의 2020경영목표는 첫째, 기금지원을 10조원으로 높이고, 둘째, 생활체육참여율을 50%로 끌어올리고, 셋째, 국제경기력을 7위로 지원하고, 넷째, 국민평가를 최고 등급으로 받는 것을 목표로 한다.

(3) 하는 일은?

– 국민체육진흥공단은 크게 세 가지 사업(그린레포츠 경륜, 마린스포츠 경정, 체육진흥투표권)을 통해서 기금을 마련하고 있으며, 이를 통해 생활체육 · 장애인체육 · 전문체육 · 스포츠산업을 육성하고, 국제체육 교류증진과 생활체육시설 조성 등에 힘쓰고 있다.

(4) 최근 관련기사를 검색해본 결과는?

– 현재 국민들을 대상으로 과학적인 방법으로 체력을 측정하고 맞춤형 운동처방 및 체계적인 건강관리까지 무료로 지원하는 '국민체력100'사업을 벌이고 있으며, 전국 14개 거점체력관리센터에서 성황리에 운영 중이라고 한다.
– 체력왕 선발대회, 직장인 체력측정, 지역축제 방문 등 다양한 방법을 시도하고 있다

(5) 최근 주목하고 싶은 뉴스가 있다면?

– 국민체육진흥공단은 '조이 올–팍 어린이날 축제'를 개최했다. 5일 오전 10시부터 서울 송파구 방이동 올림픽공원 평화의 광장에서는 에어 바운스, 페달보트, 수상축구장, 올림픽 게임 존, 어린이올림픽 골든 벨, 어린이 타악 및 중국 기예단 공연, 전통 연 만들기 체험, 올림픽 구경 이벤트 등 체험과 놀이를 결합한 다채로운 행사들이 펼쳐진다. 이외에도 국민체육진흥공단은 유채꽃 심기 행사, 키즈 교육 프로그램, 힐링 콘서트 등 다양한 행사를 개최하고 있다.

앞선 〈예시3〉이 지원하고자 하는 회사에 대한 조사였다면, 다음의 〈예시4〉는 자신이 희망하는 직무와 관련하여 조사한 사항들이다.

예시 4

(1) 경영방침

– CEO의 경영방침은 공정 · 창의 · 현장 · 소통경영이라는 4가지이다. 따라서 공정함과 창의성을 갖추어 현장에서 소통하는 사람을 좋아할 것이다.

(2) 조직도

– 본부는 크게 스포츠산업본부, 경륜 · 경정사업본부와 체육과학연구원으로 나뉜다. 기획업무를 담당하는 곳은 스포츠산업본부와 경륜 · 경정사업본부에 그치므로, 이 두 곳에 중점을 두어 자기소개서를 작성해야겠다.

(3) 선호하는 인재상

– 첫째, Fair Player로 투명하고 공정하게 업무를 처리하는 인재. 둘째, Team Player로 공동의 목표달성을 위해 화합하고 협력하는 인재. 셋째, Dynamic Player로 창의와 도전정신으로 변화와 미래를 선도하는 인재. 넷째, CS Player로 고객지향적 사고와 전문성을 토대로 고객가치를 창출하는 인재를 채용하려 한다. 이와 같은 인재에게 각각 통합적 사고, 창의적 기획, 고객우선, 팀워크를 바탕으로 한 역량을 요구한다.

정보를 보다 폭넓게 수집하기 위해 다음과 같이 채용박람회 등을 다녀오는 것도 좋은 방법이 된다.

이상의 정보 탐색을 토대로 자기소개서를 구상하는 전략이 좀더 구체적으로 나올 수 있을 것이다. 다음의 〈예시5〉는 글쓴이가 세운 4가지 전략을 토대로 자기소개서의 초고를 작성한 사례이다.

예시 5

작성 전략	자기소개서의 초고 작성 해보기
(1) 직무상 스포츠와 공원 조성에 대한 관심을 어필하는 것이 필요하다.	스포츠는 하나의 마케팅전략으로 상표와는 뗄 수 없는 사이입니다. 저는 스포츠마케팅에 관한 강연과 변리사의 상표실무에 관한 강연 그리고 상표법에 관한 수업에 관심이 많았고 적극적으로 참여해왔습니다. 이에 따라 상표를 전략적으로 활용하는 방법과 상표의 법적 쟁점과 시사점이 굉장히 중요하다는 것을 깨달았습니다. 이를 바탕으로 실무에서도 상표를 스포츠마케팅에 관한 전략으로 기획하는데 보탬이 되고 싶습니다. 특별한 수익성 사업으로 더욱 많은 곳에 지원을 할 수 있는데 초석을 마련하겠습니다.
(2) 고객의 반응에 항상 촉각을 곤두세워야 하는 직무이므로, 순발력이 있고 센스 있는 사람을 선호할 것이다.	대학교 3학년 겨울방학을 맞아 친구들과 함께 제주도 여행을 가기로 했습니다. 6명의 여학생들이 생각한 제주도 여행은 몸이 편한 여행을 포기했다는 점에서 특별합니다. 제주도를 자전거를 타고 가로질러서 씩씩하게 완주하는 것이 저희의 목표였습니다. 이런 일을 위해서 1주일간 자전거로 갈 수 있는 코스를 짰고, 거리에 따른 시간안배까지 철저하게 계산했습니다. 각각 회계, 예약, 물품준비, 책자만들기 등 역할도 분담하였습니다. 만약의 사태에 대비하여 구급상자와 지도, 손전등, 비상식량도 준비했습니다. 비가 온다는 일기예보를 듣고 우비도 준비하였습니다. 첫날에 마라톤 거리를 넘는 50km 이상을 왕복하였고, 이튿날도 60km가 넘는 거리를 전날과 같이 달렸습니다. 폭우 속에서도 자전거를 타고 6시간을 완주했습니다. 비로 인해 미끄러운 급경사에서 2명의 부상자가 생기기도 했지만 구급물품으로 치료를 한 뒤에 우리는 끝까지 달렸습니다. 처지는 친구가 있으면, 앞에서 달리던 친구가 뒤로 가서 응원하였습니다. 함께 달려왔기에 모두 해낼 수 있었던 완주였습니다. 자신만의 책임감과 마음먹으면 새로운 것을 도전하고 성공해내는 도전정신 그리고 친구들과의 협력을 통해 더욱 강해진 저를 느꼈던 소중한 일입니다. 이렇듯 저는 사전에 철저한 준비를 하고 실행하여 꼭 이뤄내고 마는 도전정신이 있습니다. 이런 도전정신으로 귀사에서 새로운 기획을 계획하고 마무리까지 해낼 수 있는 원동력이 되겠습니다.

(3) 행사 진행에 예술적 감각을 필요로 하기에 창의적인 사고를 가진 사람을 좋아할 것이다.	사진을 찍는데 취미가 있으신 아버지는 올림픽공원의 아름다운 풍경과 새들을 한 컷마다에 담아내고는 하셨습니다. 5세 때부터 저는 아버지를 따라가고는 했으며, 주말마다 아버지가 찍으신 61종의 다양한 새들과 사시사철의 경관을 보며, 서울에도 이런 명소가 있다는 것에 항상 감탄했습니다. 이렇듯 다양한 것들은 저의 눈, 코, 입과 손발까지 즐겁게 만들었습니다. 마음을 편안하게 해주는 자연을 관리하고, 시민들을 행복하게 하는 귀사의 직무는 정말 매력적입니다. 저는 기획팀에서 시민들의 웃음소리를 한 옥타브 올릴 수 있는 행사를 기획하고 싶습니다. 더불어 여기서 그치지 않고 음악의 클라이맥스처럼 특별하고 싶습니다.
(4) 올림픽과 관련한 사업을 진행하므로 관련 아이디어나 포부를 밝히고 싶다.	입사 후 스포츠마케팅을 통하여 지원사업을 벌이는 일을 하고 싶습니다. 다양한 회사에서 상표 홍보를 할 수 있도록 각종 공고문을 보내고, 직접 국민체육진흥공단을 통해 상표를 널리 알릴 수 있다는 사실을 먼저 알려준 것이 출발점이 되었습니다. 이에 따라 국내 기업뿐만이 아니라 다국적 기업까지 우리 회사를 통해 홍보를 하고싶어 하고, 저는 계약을 조정하고 체결하는 데 무척이나 바쁠 것입니다. 재작년에 교수님이 책을 출간하실 때 두 달간 끝까지 편집을 도와드린 적이 있습니다. 그런 끈기로 계약을 체결하는 데 지치지 않고 성사시키고 있을 것입니다. 이런 성공적인 수익성 사업으로 더 많은 곳에 지원자금을 마련하게 되어 회사의 경쟁력은 더욱 높아져있을 것입니다.

최소한의 정보라도 꼼꼼하게 탐색하기

폭넓게 정보 찾기가 애매하다면, 최소한의 정보라도 꼼꼼히 탐색하여 질적인 차원에서 정보를 구하려는 태도가 필요하다.

다음의 〈예시6〉은 친교용으로 취미밴드에 들어가고자 하는 경우이다. 거창하지는 않지만, 모집공고문과 해당 카페 홈페이지를 찬찬히 둘러보고 유용한 정보를 구해내고 있다.

예시 6

(1) 모집공고문을 보고 착안점

- 대부분의 다른 밴드는 실력자들을 모집하는데, 이 밴드는 실력자부터 초보들까지 모두 환영이며, 실력이 없어도 음악에 대한 열정이 있다면 누구든지 신청할 수 있다고 적혀 있었다.

(2) 홈페이지를 둘러보고 난 뒤 착안점

- 밴드장이 행사 주관, 카페관리, 회원관리까지 모두 하고 있는 것을 볼 때, 규모가 작은 취미밴드임.
- 외부강사 초청 강연, 다른 밴드와의 합동공연, 디지털 음반 제작 등 다양한 프로그램들이 활성화된 것을 볼 때 취미밴드이지만 전문적으로 운영되고 있는 상황임.
- 꾸준히 자료가 업데이트되고 있는 것을 볼 때, 활동이 지속적이면서도 돈독한 관계를 맺고 있는 듯.

(3) 어떤 사람을 선호할까

- 참여 자격에 20세 이상의 사회활동을 하고 있는 사람을 강조하고 있음.
- 취미밴드의 성격에 맞게 능력과 상관없이 취미로 즐길 수 있는 사람이어야 할 듯.
- 음악에 대해 열정을 갖고 있고 성실하고 적극적인 사람을 선호할 듯.

(2) 독자층의 기대치 예상해보기

독자층의 기대치를 예상해보면 좋은 이유

자기소개서 작성을 준비하는 단계에서 밑그림을 그려야 할 두 번째 사항은 독자층에 대한 정보를 찾아 분석하는 일이다. 자신의 글을 읽어줄 독자층에 대한 기본정보를 파악하고 관심사 등을 예상해보는 것은 막막하고 막연하게 느껴지는 자기소개서 작성의 부담을 조금은 덜어주는 유용한 방법이 될 것이다.

자기소개서의 목적에 따라 해당 자기소개서를 읽게 되는 독자층의 유형이 달라지고, 독자층이 달라지는 만큼 자기소개서에서 관심을 표명하는 지점과 특성도 달라지게 된다. 그래서 독자층의 기대치를 예상하는 일은 무엇보다 독자층 분석의 안목을 갖추는 지름길이 되기도 한다.

구직용으로 쓰게 되는 자기소개서라면 주된 독자층은 지원회사의 인사담당자가 될 것이며, 이들에게는 그 회사에서 제대로 일할 사람을 뽑는 것이 최대의 관심사가 될 것이다. 당연히 자기소개서를 읽을 때에도 그런 부분에 관심과 신경을 더 쓰게 될 것이다. 반면, 진학용 자기소개서의 경우라면 주된 독자층은 교육계 종사자로 한정된다. 이들의 관심은 자신들의 소속 대학이나 교육기관에서 제대로 공부할 사람인지를 가리는 데 있으므로, 자연스레 학업의지와 학업능력 등을 유심히 살피게 될 것이다.

친교용의 경우라면, 범위가 포괄적이어서 앞서의 두 경우처럼 정리하기가 쉽지 않다. 친교의 목적이 다양한 만큼 독자층의 유형도 다양해지기 때문인데, 중요한 것은 이들 독자층의 관심사 역시 친교활동의 목표에 부합하는 사람을 뽑는다는 데 있다는 점이다.

그리고 이런 관심사에 부응하려면 다음의 〈예시1〉에서처럼 독자층의 기대치에 해당되는 부분을 막연하게라도 예상해보는 것이 필요하다. 그래야 자기소개서를 어떻게 써나갈지 막막하고도 막연한 부담감이 덜어질 수 있기 때문이다.

예시 1

예상되는 독자의 관심사	그렇게 생각한 이유
(1) '공공외교단' 활동에 대한 기본이해가 있는가	– 기본적으로 공공외교에 대한 이해를 하고 있고, 이에 대해 적극성을 보여야 할 것이다. – 공공외교에 대한 기본적인 의미뿐만 아니라 더 나아가 한국과 한국 문화에 대한 이해도와 민간외교 활성화에 대한 관심도가 어느 정도인지 파악해 보고자 할 것이다.
(2) 공공외교 활동에 임하는 기본자세 및 태도	– 지원 동기와 연관된 부분으로, '공공외교단'에 대한 열정과 성실성을 파악해 보고자 할 것이다. – 독자층의 기대치가 가장 높은 부분이라 할 수 있다.
(3) 인성 및 사회성에 대한 기대치	– 팀을 이루어 하는 활동이므로 성격이나 성품, 인간관계에 있어서의 인간성이 어떠한지 파악해 보려 할 것이다.
(4) 영어 구사력과 개인의 특기에 대한 기대치	– 공모 자격으로 '대한민국 대학생 및 청년, 주한 외국인 유학생 및 청년이라면 누구나 참여 가능'이라고 명시한 걸로 보아 수준 높은 영어 실력을 요구하고 있는 것 같지는 않으나, 외국인과 기초적인 의사소통이 가능한지에 대한 부분을 밝히는 것이 필요하겠다. – 넓은 의미의 문화 외교이기 때문에, 개개인이 가지고 있는 특기나 능력에 대해서도 궁금해 할 것이다.

구직용 자기소개서의 경우

앞서 구직용 자기소개서에서 독자층의 최대 관심사는 제대로 일할 사람을 뽑는 것이라고 하였는데, 구직용 자기소개서의 경우 직종별 특이점이 존재하는 만큼 직종에 따라 독자 유형이 달라지게 된다.

예를 들어, 패션관련 업종에 지원하는 경우 독자층은 패션에 관련된 지식의 깊이 혹은 전문성 여부에 관심을 둘 것이다. 따라서 지원자는 본인이 왜 패션에 관심을 갖게 되었고 그것을 위해 무엇을 공부하였고 어떠한 활동을 하였는지 제시하는 것이 필요하다. 사무직 업무에 지원하는 경우라면 컴퓨터활용 능력 등 사무계통 자격증 취득이나 유연한 업무 능력 등을 강조하는 것이 좋을 것이다.

여기에 더해 회사에 지원하는 것은 관료제 시스템 안에서 조직활동을 하는 것이므로, 지원자가 조직원들과 얼마나 긍정적으로 교감하고 협력하여 효율적으로 업무를 수행할 수 있는지에 대해서도 관심을 갖고 있을 것이다.

그런 의미에서 독자층의 기대치를 예상하려면 좀더 구체적인 정보를 수집하고 분석할 필요가 있다. 다음의 〈예시2〉는 '청소년 문화 공동체'에서 심리상담사를 모집하는 공고를 보고 지원하게 되었다고 한다. 어떤 식으로 자기소개서를 읽을 독자층에 관한 기본정보를 조사하고 독자층을 분석하고 있는지 살펴보자.

예시 2

(1) 어떤 곳인지 알아보았는지?

- 이곳은 청소년들과 지역주민을 위한 문화활동을 제공하는 나눔터라고 해.
- 이 단체의 대표자이자 설립자에 대해서도 조사해봤는데, 청소년 문화공동체를 운영할 뿐 아니라 동시에 교수직을 맡고 있다고 하네.
- 이러한 점으로 보아 아동 및 청소년 복지에 대한 관심도 있지만 아울러 청소년문화나 청소년교육에도 관심을 가지고 있다고 생각해.

(2) 자기소개서를 읽을 독자층은 어떤 사람들일 것 같은지?

- 보통 인사담당자는 오랫동안 일해온 경력자들이기 때문에 회사에 대한 애착이 클 거라 생각해. 따라서 그저 일만 하는 사람보다는 이 단체를 위해 진심으로 열심히 일할 수 있는 사람을 선호하지 않을까?

(3) 독자층의 기대치를 예상해보면?

- 내가 지원하는 심리상담사는 어느 정도 능력과 자격요건이 필요하고 중요하겠지만, 스펙을 중요시하기보다는 인성과 성실성을 중요하게 볼 것 같아.
- 청소년과 아동들을 위한 단체인 만큼 청소년과 아동들에 관한 지식이 있고, 봉사나 복지에 대한 가치관과 진정성을 확인하고 싶어 할 듯해.

(4) 지원하려는 심리상담사라는 직책의 특성에 대해서도 파악되었는지?

- 타인과의 소통을 중요시하며 타인의 심리를 잘 읽어내야 하는 직업이야.
- 내가 이 직책에 걸맞은 능력을 지녔다는 것을 어필하기 위해 나의 성격과 자라온 환경 등을 설명해야 할 것 같아.
- 이 단체의 활동을 보면 단순히 학술적인 교육만 하는 것이 아니라 다양한 체험을 제공하고, 교양적인 활동 또한 제공하는 것으로 보아 나의 활발한 성격을 강조하고 내가 보여줄 수 있는 특기들을 나타내는 것도 좋겠지?

(5) 자기소개서를 어떻게 쓸 것인지 생각해보았는지?

- 너무 딱딱하고 형식적이지 않게 쓰고 나 자신을 허구와 과장을 덧씌워 포장하기 보다는 나를 확실히 어필하되 솔직한 면모를 보이는 것이 긍정적인 결과를 낳을 것 같아.
- 작은 단체이므로 직접적으로 내가 이곳에 지원하게 된 계기 등을 거창하게 서술하기 보다는, 내가 어떠한 사람인지를 소개하는 방식으로 글을 전개하면서 이 단체와 이 직업에 적합한 인물이라는 것을 표현하려고 해.

진학용 자기소개서의 경우

앞서 진학용 자기소개서의 경우 독자층의 관심은 자신들의 소속 대학이나 교육기관에서 제대로 공부할 사람인지를 가리는 데 있기에 학업의지와 학업능력 등을 유심히 살피게 될 것이라고 설명하였다. 진학용 자기소개서의 경우 학업목표와 유형에 따라 세부적 분류가 가능해지고, 이에 따라 독자층의 유형도 세분화되고 그 기대치도 달라질 수 있다.

그런 의미에서 독자층의 관심사와 기대치를 예상하기 이전에 반드시 정리되어야 할 두 가지 사항이 있다. 그 하나는 해당 대학을 선택한 이유에 대한 것이고, 다른 하나는 배우고자 하는 지점에 대한 것이다. 다음의 〈예시3〉을 참고해보자.

예시 3

(1) 특별히 이곳을 선택한 이유가 있는가?

- 꾸준히 우리 학교와 교류를 해 온 대학교로, 매년 5명 정도의 학생이 선발되어 교환학생으로 가게 된다.
- 글로벌 체계가 잘 갖추어져 있으며 자신이 학습하고 싶은 것에 방해받지 않고 자유롭게 배울 수 있는 환경이 조성되어 있다.
- 일본의 사립학교 중에서는 제일 먼저 학군제를 도입하였고, 총 4개의 학군이 있다.
- 학교정신의 모티프가 '국제인의 육성'인 만큼 다양한 국제교류 프로그램이 준비되어 있다.
- 그 중 글로벌 측면의 장점을 가장 잘 보여주고 실행에 옮기는 학군은 4개 학군 중 가장 최근에 생겨난 리버럴 아츠 학군이라고 한다.
- 학군 내의 전공과목 중 나의 전공이 일어일문학과이므로, 언어/문학 계열로 지원하게 될 것이다.
- 이 계열은 오비린 대학 본교의 학생들에게 자국의 언어와 문화에 대한 깊은 이해를 돕기 위한 전공분야이다.
- 교환학생의 입장에서는 일본어와 일본 문학에 대한 지식과 연구 방법을 익히고, 확실한 이해력 · 표현력 · 사고력을 닦아서 언어의 이해 · 자기 확립으로 연결시킬 수 있는 좋은 계기가 될 것이다.
- 또한 일본어 교사로서의 준비도 할 수 있도록 하는 배움의 최적 조건이라고 할 수 있다.

(2) 어떤 것을 배우고 싶은가?

- 내가 지원하려는 곳은 리버럴 아츠 학군이다. 이 학군에서 다루는 교양은 다양한 학문 영역을 자유롭게 그리고 적극적으로 학습하여 실제 사회에서 활약하고 생산적인 삶을 보낼 수 있는 인간의 육성을 목표로 하고 있다.
- 37개 전공 프로그램(내 주로 선택할 수 있는 34개 전공 프로그램)을 제공하고 그 속에서 폭넓게 배우고 기초 능력과 교양을 익히면서 "정말 배우고 싶은 것"을 찾아가는 스타일로 이루어진다고 한다.
- 학생들이 입학, 유학 시에 '무엇을 배우고 싶은지 결정하지 않아도 되는 것'을 전제로 '배우려고 생각하면 충분히 배울 수 있도록 지원하는 것'을 학군의 이념으로 하고 있다.
- 교양 학군에서는 1, 2학년을 중심으로 배우는 기초 교육 뿐만 아니라 선택한 전공 분야의 전문 지식도 확실히 배우게 된다.
- 또한 학교의 교환유학 외에 학군 자체의 해외 연수 프로그램(GO 프로그램) 등 어학 능력 향상을 위한 학습 제도가 갖추어져 있는 것도 특징이다.
- 나의 경우에는 어학계열로 결정한 상황에서, 여기에 더하여 리버럴 아츠의 교육과정이 학습하고자 하는 전공계열에 어울리고 국제화 사회의 취지에 맞는 배움의 장이라고 생각한다.

〈예시3〉에서와 같이 필수적으로 정리되어야 할 두 가지 기본 사항에 대한 조사 작업이 마무리되었다면, 이제는 독자층의 관심사 혹은 기대치를 예상해보는 작업이 가능해질 것이다. 다음의 〈예시4〉를 참고해보자.

예시 4

(3) 독자층에 관해 조사한 것이 있다면?

- 교환학생의 자격으로 유학을 목표로 한 자기소개서는 독자층이 한정되어 있고, 다른 곳보다 그 특징을 알기는 더 쉽다고 생각한다.
- 국제 교류 프로그램의 경우는 자기소개서와 함께 그것과 연관지어 면접을 함께 보기 때문에 다른 자기소개서보다 내용면에서 충실할 필요가 있다.
- 대부분의 면접관은 해당 국가의 언어학과 관련된 교수진인 경우가 많다. 간혹 원어민 교수가 포함되기도 한다.
- 독자층의 관심사는 기본적으로 어느 정도의 어학 실력을 쌓았느냐에 있다.
- 하지만, 보다 중요하게 볼 지점은 해당대학에서 그 언어를 전공하며 학업능력을 얼마나 발전시키고 언어능력을 향상시킬 것인지 가능성과 실천력이라 생각한다.
- 그래서 교류 프로그램을 통하여 얻을 수 있는 가능성과, 그 이후의 발전 혹은 미래의 모습에 대하여 서술하는 것도 독자층의 기대에 부응하기에 좋은 항목이라고 생각한다.
- 이에 더하여 글로벌 인재로 커나가는 것이 독자층이 바라는 결과이므로, 학생들이 일본 현지로 나아가 얼마나 적응할 수 있는지를 분별하는 데도 신경을 쓸 것이다.

(4) 자기소개서를 작성하는 데 전략을 세운 것이 있다면?

- 독자들은 또한 교환학생을 지원하면서까지 이 전공의 학업에 열정적인 이유가 무엇인지를 알고 싶어 할 것이다. 이를 보여주기 위해서는 지금의 학과에 지원하기 전부터 어떠한 동기를 가지고 관련과목을 학습하게 되었는지를 미리 밝혀두는 편이 독자가 이해하기 편할 듯하다.
- 나의 경우에는 대학 입학 전의 준비부터 시작하는 것이 좋을 듯하다. 오래 전부터 관심사와 전공을 연결시켜서 내가 이 전문분야에 이 정도 흥미를 가지고 있고 이 정도의 자신감을 갖고 있다는 점을 보여주어야 한다.
- 특히 자신감은 독자들의 입장에서도 주의 깊게 보게 될 부분이라고 생각된다. 아무리 뛰어난 어학실력을 가지고 있어도, 자신감이 없으면 입 밖으로 그 언어를 내기란 쉽지 않기 때문이다.
- 실제로 어학을 하는 사람들 대부분이 그런 현상을 겪는다고 한다. 자신이 입으로 말하기까지 어느 정도의 노력을 했고, 그에 따른 결과로 충분한 소통을 할 수 있게 되었다는 점을 강조하여 자기소개서를 작성한다면 독자들의 신뢰감을 얻을 수 있을 것이다.

친교용 자기소개서의 경우

친교용 자기소개서의 경우에는 독자층의 범위가 폭넓게 개방되면서 개개의 목적에 따라 다양하게 형성되므로 각각의 상황에 맞게 조정할 필요가 있다.

다음의 〈예시5〉는 대외활동을 위해 자기소개서를 작성하는 경우이다. 친교용 자기소개서의 대표항이라 할 수 있는데, 이 경우에도 앞선 사례들과 동일하게 정보를 수집하고 독자층을 분석하는 사전 작업이 중요하다.

예시 5

(1) 어떤 목적의 행사인가?

- 해안대장정 행사를 통해 내륙에 사는 사람들로 하여금 보다 바다에 관심을 갖게 하는 것이 목적이다.

(2) 이 행사를 주최한 수협은행에 대해 조사한 것이 있는지?

- 수협은행은 전국수협인의 공동이익 증진과 건전한 발전을 도모하는 은행임을 자처하고 있다.
- 이번 행사는 2회째이며, 이것 외에도 '사랑海 대학생어촌봉사단', '사랑海 썸머페스티벌'과 같은 다양한 어촌 지원행사가 있으며, 이같은 지원행사들이 매년 진행되고 있다.
- 정기적으로 다양한 지원행사를 꾸준히 진행하고 있다는 것은 수협은행이 단순한 이윤 창출의 은행이 아니라 진정한 전국 수협인들을 대표하고 사회에 공헌한다는 깨끗한 이미지 획득을 위한 것이라고 볼 수 있다.

(3) 자기소개서를 읽을 독자층을 예상하고 분석해본다면?

- 수협은행 내에 근무하는 지원행사 담당자가 주요 독자층이라 생각한다.
- 행사 담당자가 처음 이 행사를 계획할 때의 취지는 바다에 인접해 살지 않는 사람들이 보다 바다에 관심을 갖게 하는 것이다. 따라서 바다에 관련된 에피소드나 인상 깊었던 일을 언급하여 평소 글쓴이가 바다에 관심이 많았다는 점을 강조하는 것이 좋을 것이다.

또다른 예로, 'Happy move 글로벌 청년 봉사단'에 참여하고자 자기소개서를 준비하는 경우를 생각해보자. 'Happy move 글로벌 청년 봉사단'은 현대자동차그룹에서 지원하는 봉사단이며 매년 여름, 겨울로 나누어 2기씩 선발한다고 한다. 중국, 인도, 라오스 등 사회적 · 경제적으로 우리나라보다 열악한 국가에 파견되어 환경봉사, 지역봉사, 의료봉사, 요리봉사 등의 봉사활동을 펼친다.

글쓴이는 이 단체에 대한 기본정보를 충실히 조사하고 분석하였을 텐데, 이를 토대로 다음과 같이 자기소개서를 읽을 독자층의 관심사를 예상하고 있다.

예시 6

내가 만약 심사위원이라면 지원자의 무엇을 중점적으로 보고 선발할 것인가?	
봉사활동 경험	- 이전에 봉사경험이 있는 것이 유리하다. 어떤 내용의 봉사활동을 했고 무엇을 느꼈는지 구체화시켜 설득력 있게 제시하는 것이 필요하다. - 봉사경험이 전무하다면 누구에게나 시작이 되는 첫걸음이 있는 것처럼 주눅 들지 말고 자신 있게 자신의 지원동기를 서술하는 것이 필요하다. - 취업에 유리한 스펙으로 지원한 것이라는 인상을 지울 수 있게 진정성을 보여주는 것이 중요하다.
단체활동 경험	- 일정 기간을 다른 봉사단원들과 단체생활을 하게 되므로, 단체 활동 경험이 있고 사회성이 있으면 더 좋을 것이다. - 단체생활에 익숙하지 않아서 불편함을 느낀다거나 돌발적인 개별 활동으로 팀 내에 악영향을 끼치지 않을 사람이 필요하다.
외국어 소통 능력	- 해외에서 봉사활동을 펼치는 것이므로 파견국가에서 기본적인 의사소통이 가능해야 하지 않을까? - 파견국가에 대한 기본이해가 있어서 봉사프로그램 진행에 대한 아이디어나 활동능력이 있으면 더욱 좋을 듯하다.

(3) 효율적으로 배열하기

일반적인 글쓰기 훈련에서 흔히 강조되는 지점 중 하나는 좋은 글이 짜임새 있는 구조로 이루어져 있다는 점이다. 글의 내용이 쉬우면 이해도 쉬울 것이다. 그러나 쉬운 내용일지라도 글의 짜임이 엉망이라면 전달력이 떨어지게 된다. 또한 아무리 어려운 내용이라도 글의 짜임이 잘 갖추어져 있다면 그 글의 이해도가 높아질 것이고, 독자의 입장에서는 가독성이 높아지게 될 것이다.

일반적인 글쓰기에서는 여기에 더하여 읽는 사람의 흥미를 자극할 수 있도록 글의 구성을 짜는 일이 중요하다고 강조한다. 예를 들어, 글을 써 나가는데 중요한 구성단위를 글의 첫머리에 밝혀 놓는다든지, 글의 도입부에서 흥미로운 질문을 던진다든지 하면 독자의 입장에서는 훨씬 적극적으로 글을 읽어나갈 수 있기 때문이다.

그런 의미에서 자기소개서의 밑그림으로 강조하고 싶은 세 번째 사항은 자기소개서의 내용을 효율적으로 배열하는 문제에 대한 것이다. 일반적인 글쓰기에서와 마찬가지로 자기소개서 작성에서도 글에 대한 독자의 이해와 흥미를 북돋을 수 있는 전략을 고민해야 한다. 그래야 자기소개서의 내용 파악이 수월해지고 전달력과 가독성이 좋아지게 될 것이다.

중요한 것을 비중 있게 다루자

자기소개서도 한 편의 글인 만큼 글쓴이 나름의 구성과 내용 안배에 대한 고려가 중요할 수밖에 없다. 구직용 자기소개서의 경우 항목을 제시하는 경우가 많은데, 그렇다고 하여 주어진 항목의 순서가 그대로 중요도의 순서가 되는 것은 아니기 때문이다. 그런 의미에서 제시된 자기소개서의 틀과 구성에 수동적으로 안주해서는 안 되며, 중요한 것을 비중 있게 다루는 안목이 필요하다.

이를 위해 우선적으로 강조하고 싶은 부분은 자기소개서의 독자층이 특별한 관심을 보이는 부분을 체크해보자는 것이다. 다음의 〈예시1〉을 참고해보자.

예시 1

관련 기사 내용	관심도
(1) 필기시험과 인 · 적성검사처럼 명확하게 점수화되는 경우를 제외하면 기업이 각 단계에서 어떤 부분을 중점적으로 보는지에 대해서는 정확하게 알려지지 않았다. 이에 어떤 항목을 가장 중점적으로 평가하는지 물은 결과 … 자기소개서에서는 직업관이 27.8%, 지원동기가 25.6%로 가장 많이 꼽힌 항목이다. 직업관에서는 지원자가 일을 대하는 태도와 열정을, 지원 동기는 지원 회사에 대한 관심과 애정, 명확한 목표의식과 동기부여가 되어있는지를 살펴보기 위한 것으로 풀이된다. 이어 △성격(13.0%) △입사 후 포부(11.2%) △가정환경 및 성장과정(10.3%) △생활신조(7.6%) △학창시절(4.5%) 등의 순으로 나타났다.	1. 직업관 2. 지원동기 3. 성격 4. 입사 후 포부 5. 성장과정
(2) 국내 기업 인사 담당자 10명 가운데 3명은 입사 서류인 자기소개서 가운데 '입사 후 포부'를 가장 중점적으로 평가하는 것으로 나타났다. 코리아 리쿠르트(www.recruit.co.kr)는 기업 인사 담당자 184명을 대상으로 설문조사를 한 결과, 응답자의 33.2%인 61명이 신입직원을 뽑는 자기소개서에서 가장 중점적으로 평가하는 항목으로 '입사 후 포부'를 꼽았다고 7일 밝혔다. 이어 성격의 장단점(21.3%), 지원 동기(20.7%), 성장 과정(13.1%), 학창생활(8.4%) 등의 순이었다.	1. 입사 후 포부 2. 성격 3. 지원동기 4. 성장과정 5. 학창생활
(3) 서류 작성시 입사 동기와 지원 포부에 특히 정성을 기울이라고 조언한다. 이경미 대구종합고용센터 직업진로팀장은 "자기소개서(자소서)에서 입사 동기와 지원 포부에 50% 정도, 나머지를 적절히 안배하는 전략이 필요하다."고 말했다.	1. 입사동기 2. 지원 포부

〈예시1〉을 살펴보면, 자기소개서의 독자라 할 인사담당자들이 어느 부분에 더욱더 관심을 보이는가 하는 내용을 알 수 있어 흥미롭다. 이렇게 자기소개서의 독자층이 중점을 두는 항목들이 존재하는 만큼 해당 부분을 작성할 때 다른 항목보다 비중있게 다루어주는 것이 필요하다.

다음의 〈예시2〉에서처럼 자신이 지원하고자 하는 기업에 대한 정보를 수집하면서 자기소개서에서 비중 있게 다루어야 하는 부분을 체크해놓으면 자기소개서 작성에서 효율성을 높일 수 있게 된다. 이를 참고해서 각자 자신의 쓰고자 하는 자기소개서의 목적에 맞게 정보를 추가해보자.

예시 2

(1) 신신은행에서 개최한 채용설명회의 주요 내용 + 인터넷 검색을 통해 살펴본 결과

- 신신은행의 경우 스펙이 아주 높은 사람보다는 열정적이고 진취적인 사람을 선호한다는 사실을 알 수 있었다.
- 업무를 볼 때 도움이 될 수 있을 만한 경험이 있는 사람을 아주 선호했다.
- 단, 회사생활에서 도움이 될 말한 경험을 아주 많이 겪기보다는 적은 경험을 했더라도 그것을 통해 느낀 점과 자신이 나아가야 할 길을 연결시킨 사람을 선호한다.
- 그러므로 자기소개서를 작성할 때 회사 업무에 도움이 될 수 있는 경험과 느낀 점, 그리고 그것을 회사 업무에서 어떻게 활용할지 이야기하는 것이 좋을 것 같다.

(2) "은행권 상반기 채용 본격 시작 … 이것이 입행 노하우"라는 신문기사 검색 결과

- BK은행 인사담당자는 "평범한 지원자보다는 아르바이트, 연수, 동아리 등 다양한 활동 경험을 가진 지원자를 선호한다."며 "지원자 본인을 가장 잘 나타낼 수 있도록 자기소개서를 성실하게 작성해야 한다."라고 조언했다.
- 매번 채용할 때마다 지원자가 2만 명이 넘지만 인사부 행원 전원이 입사지원서(자기소개서)를 다 검토한다고 한다.
- 다른 기업에 지원한 자기소개서를 복사해서 붙여 넣거나 자신의 활동들을 단순히 나열하는 것은 반드시 피해야 한다.
- 일에 대한 열정이나 빠른 문제해결 능력을 갖고 있는 사람을 선호하며, 고객을 응대하는 대인관계 능력과 경제학적 지식이 가장 중요하다고 한다.

◆ 두괄식 구성으로 전달력을 높이자

앞서 중요한 것을 비중 있게 다루자고 했는데, 이는 자기소개서의 전체적인 구성 차원에서 주어진 조언이라 할 수 있다. 이제 살필 내용은 하나의 항목을 작성하는 경우에 해당되는 조언으로, 기왕이면 강점을 살릴 수 있는 구성을 취하자는 것이 요점이다.

자기소개서 작성에서는 자신에게 필요하고 중요한 내용을 강조하여 비중 있게 다루려는 구성의 안목과 균형 잡힌 서술 감각이 무엇보다 요구된다. 중요한 내용, 강조되어야 할 내용에 대한 비중을 고려하지 않고 쓰다 보면 글의 균형이 깨지거나 용두사미가 되는 경우가 생기기 쉽기 때문이다. 분량의 제한이 있는 경우, 꼭 써야 되는 필수적인 내용을 쓰지 못하게 되는 곤란한 상황이 생길 수도 있다.

그런 점에서 자기소개서 작성에서 강점을 제대로 살리고 싶다면 가급적 두괄식 문단 혹은 두괄식 구성을 취하는 것이 효율적일 수 있다. 두괄식 문단이란, 핵심 문장을 문단의 앞쪽에 배치하고 뒤의 문장들은 핵심 문장을 뒷받침하는 식으로 서술하는 것을 말한다. 두괄식 구성이란 두괄식 문단의 이런 특징을 가져와서 중요한 부분을 가급적 글의 앞부분에 배치하는 것을 말한다. 독자 입장에서도 글을 읽어나갈 때 해당 부분의 핵심이 되는 내용이 앞머리에 제시되어 있다면 더욱 읽기 쉽고 가독성을 확보할 수 있을 것이다.

예를 들어, 다음과 같은 항목에 맞춰 자기소개서를 쓴다고 생각해보자. 구직용 자기소개서에서 흔히 제시되는 항목인데, 요구사항이 간결하게 다듬어져 제시되어 있지 않으므로 글을 쓰는 입장에서는 기본적인 내용을 구상하되 어떤 순서로 풀어나가야 할지 효율적인 배열에 대해 고민을 해보아야 한다. 그래야 어느 부분을 강조해서 비중 있게 써야 할지 판단이 서게 될 것이다.

예시 3

제시된 문항	포함 내용
1. 회사 및 직무에 지원한 동기와 지원한 직무를 잘 수행할 수 있는 이유를 본인의 경험, 준비와 노력을 바탕으로 기술하여 주십시오.	지원동기 직무수행능력 본인의 경험 준비 상태

이어지는 〈예시4〉는 위의 항목에 맞춰 동일한 내용과 표현을 구성을 바꿔가며 써본 사례들이다. 하나씩 살펴보면서 어떤 순서로 글을 풀어가는 것이 가장 효율적인지 따져보기 바란다.

예시 4

A	동대문 의류매장에서 아르바이트를 한 경험이 있다. 의류매장에서 일하면서 급속히 변화하는 고객들의 Needs를 파악하고자 설문지 제작을 사장님께 건의했고, 실행에 옮겼다. 200장의 설문 조사를 통해 고객이 제품구매 시 가격, 제품의 질, 그리고 서비스를 고려요소로 활용한다는 사실을 알았다. 또한, 당시 롱 야상이 구매자들 사이에서 유행한다는 사실을 파악한 후 건의하여 전월대비 10%의 매출향상을 이끌어냈다. 현장에서 고객을 직접 대하면서 고객이 선호하는 제품에 대한 유행이 빠르게 변화한다는 것을 직접 체험할 수 있었다. 비록 4개월간의 짧은 기간이었지만 영업 직무에서 뜨거운 열정을 느낄 수 있었다. 이번 아르바이트 경험을 통해 '신규고객 창출/영업목표수립 및 달성방법/고객중심의 관계 세일즈/영업 커뮤니케이션' 등 영업직무능력을 배양했다. 어떤 분야의 전문가가 되기 위해서는 '1만 시간' 이상을 투자하는 열정이 있어야 한다고 한다. '1만 시간'을 뛰어넘는 자기계발로 꿈의 무대에서 '최고의 최전방 공격수'가 되고 싶다.
B	동대문 의류매장 아르바이트 경험을 통해 '신규고객 창출/영업목표수립 및 달성방법/고객중심의 관계 세일즈/영업 커뮤니케이션' 등 영업직무능력을 배양했다. 현장에서 고객을 직접 대하면서 고객이 선호하는 제품에 대한 유행이 빠르게 변화한다는 것을 직접 체험할 수 있었다.

	급속히 변화하는 고객들의 Needs를 파악하고자 설문지 제작을 사장님께 건의했고 실행에 옮겼다. 200장의 설문 조사를 통해 고객이 제품구매 시 가격, 제품의 질, 그리고 서비스를 고려요소로 활용한다는 사실을 알았다. 또한, 당시 롱 야상이 구매자들 사이에서 유행한다는 사실을 파악한 후 건의하여 전월대비 10%의 매출향상을 이끌어냈다. 어떤 분야의 전문가가 되기 위해서는 '1만 시간' 이상을 투자하는 열정이 있어야 한다고 한다. 비록 4개월간의 짧은 기간이었지만 영업 직무에서 뜨거운 열정을 느낄 수 있었다. '1만 시간'을 뛰어넘는 자기계발로 꿈의 무대에서 '최고의 최전방 공격수'가 되고 싶다.
C	어떤 분야의 전문가가 되기 위해서는 '1만 시간' 이상을 투자하는 열정이 있어야 한다고 한다. 동대문 의류매장에서 아르바이트를 한 경험이 있는데, 비록 4개월간의 짧은 기간이었지만 영업 직무에서 뜨거운 열정을 느낄 수 있었다. '1만 시간'을 뛰어넘는 자기계발로 꿈의 무대에서 '최고의 최전방 공격수'가 되고 싶다. 의류매장에서 일하면서 급속히 변화하는 고객들의 Needs를 파악하고자 설문지 제작을 사장님께 건의했고, 실행에 옮겼다. 200장의 설문 조사를 통해 고객이 제품구매 시 가격, 제품의 질, 그리고 서비스를 고려요소로 활용한다는 사실을 알았다. 또한, 당시 롱 야상이 구매자들 사이에서 유행한다는 사실을 파악한 후 건의하여 전월대비 10%의 매출향상을 이끌어냈다. 이번 아르바이트 경험을 통해 '신규고객 창출/영업목표수립 및 달성방법/고객중심의 관계 세일즈/영업 커뮤니케이션' 등 영업직무능력을 배양했다. 현장에서 고객을 직접 대하면서 고객이 선호하는 제품에 대한 유행이 빠르게 변화한다는 것을 직접 체험할 수 있었다.

2. 자기소개서의 미덕 갖추기

자기소개서는 말 그대로 자신을 남에게 알리는 글로 어렸을 때부터 한 번쯤은 써봤음직한 글이다. 자기소개서의 종류도 여러 가지여서 그간의 경험을 돌아보면 자기소개서 작성을 전혀 안 해본 것이 아니지만, 그럼에도 자기소개서 작성의 부담이 여전히 남아있다.

이러한 부담감은 진학용이나 친교용의 목적으로 자기소개서를 작성하는 경우에도 비슷하지만, 특히나 취업용으로 자기소개서를 작성하는 경우에는 더욱더 막막하고 심하게 괴로워진다. 취업할 때 필요한 자기소개서는 입사 시험의 필수 전형으로, 면접과 더불어 입사의 당락에 큰 영향을 미치는 만큼 잘 써야 한다는 욕심이 그 어느 경우보다 커지기 때문이다.

문제는 열심히 쓰기는 했지만, 스스로도 잘 썼는지 판단이 잘 안서는 경우가 의외로 많다는 점이다. 흔히들 개성적인 자기소개서 작성이 중요하다고 강조하기에 개성적인 자기소개서를 작성하려면 어떻게 하는 것이 필요할까 고민해본 적이 있을 것이다. 그런데, 자기소개서를 쓰는 목적과 상관없이 개성적으로만 쓰는 것이 최선일까? 과연 자기소개서에서 개성적이라는 것은 무엇을 의미할까? 또다른 고민이 시작되기도 한다.

자기소개서 작성이 어려운 이유 중의 하나이기도 한데, 그런 맥락에서 강조하고 싶은 사항이 바로 자기소개서의 미덕을 갖추는 문제에 대한 것이다. 자기소개서는 독자가 읽어주는 글이므로, 자기소개서에 요구되는 최소한의 미덕을 갖추었는지를 점검하면 스스로 자기진단을 내릴 수 있을 것이다. 그리고 그 결과를 토대로 좀더 발전적인 자기소개서 작성지점을 찾아갈 수 있으리라 기대한다.

(1) 타당성과 구체성 획득하기

일반적인 글쓰기에서 호감을 갖게 하는 전략이 있다면 어떤 것이 있을까? 글쓰기 훈련 과정에서는 독자를 배려하는 글쓰기라는 표현으로 여러 가지를 강조한다. 자기소개서 작성과 관련하여 한 가지를 우선적으로 꼽는다면, 읽는 사람이 이해하기 쉽도록 글을 쓰는 것이 좋다는 점을 들고 싶다.

그렇다면 이해하기 쉽게 쓴다는 것은 무슨 의미일까? 글의 내용이 쉬운 것을 골라서 쓴다는 것인가? 하지만 모든 글이 무작정 쉬운 내용만 담을 수는 없다. 철학적이고 어려운 문제라면 그 다루는 내용도 그만큼 깊이가 있어야 하기에 자연히 어려운 내용이 되기 때문이다.

그런 의미에서 이해하기 쉽게 쓴다는 것은 내용적 차원이라기보다는 표현적 차원에서 해당 글을 읽어나가기가 쉽게 서술되어 내용 파악이 까다롭지 않은 것을 의미한다. 독자가 해당 글의 의미 파악을 제대로 손쉽게 해낼 수 있는 만큼 저절로 가독성과 전달력이 좋아지게 되는 것이다. 다음의 〈예시1〉을 살펴보자.

예시 1

원래 글쓰기 A	수정한 글쓰기 B
생물이 산다고 하는 것은 끊임없이 자신과 남을 조정해나가는 과정이라 할 수 있다. 즉, 자신과 주위 환경의 상호관계를 바꾸어 나가는 것이다. 내부적으로는 여러 가지 대사적 조정이 있으나 외부적으로는 반사, 위협, 공격,	생물은 살아가는 동안 끊임없이 내부의 세계와 외부의 세계를 조정해 나가며, 그것을 통해 개체 유지와 종족 보존을 달성한다고 할 수 있다. 자신의 내부 세계를 조정하는 것으로는 여러 가지 대사 작용을 들 수 있고, 외부 세

<table>
<tr>
<td>경쟁, 방어, 유화, 구애 등으로 나타나며 이를 통해 생물은 개체 유지와 종족 보존을 달성해 나간다.
이 때 상대방의 행동을 바꾸도록 유도하는 신호 활동을 의사소통이라 한다. 그러나 동물이라고 해서 의사소통을 위한 매체가 모양이나 소리 등 기본적 신호에 국한되어 있는 것은 아니다.</td>
<td>계와의 상호 관계로는 반사, 위협, 공격, 경쟁, 방어, 유화, 구애 등을 들 수 있다.
이 가운데 상대방의 행동을 바꾸도록 유도하는 신호 활동을 특히 의사소통이라고 한다. 이러한 의사소통의 방법은 생물의 종류마다 다양한 모습을 보이고 있어서 흥미를 끈다. 꿀벌들은 춤을 곁들여 다른 식구들에게 꿀이 있는 곳을 알려주고, 개미는 오줌을 누어서 지나간 길을 표시한다. 또한 돌고래나 박쥐는 초음파로 통신을 하며, 전기가오리나 전기뱀장어처럼 전기를 일으켜 서로 의사를 전하는 것도 있다.</td>
</tr>
</table>

〈예시1〉의 두 예문은 기본 내용이 유사하지만, 독자 입장에서는 가독성의 차이가 느껴진다. A에 비해서 B가 다소 이해하기 쉬운 내용이라고 할 수 있다. 그 까닭은 선택된 어휘가 보다 구체적이고 쉬운 데에도 있지만, 이해를 돕기 위해 실제의 사례들을 가져왔기 때문이다. 논리는 개념적이어서 많은 생각을 해야 하지만 실제의 사례는 구체적이어서 이해가 쉽다. 따라서 어렵고 복잡한 내용일수록 독자의 이해를 돕기 위해서는 알맞고도 풍부한 실례를 드는 것이 좋다.

자기소개서 작성에서도 수정한 글쓰기처럼 이해하기 쉽게 자신의 이야기를 펼쳐나가는 게 중요하다. 가독성이 높은 글일수록 독자에게 전달력이 높아져서 자기를 소개하는 작업을 보다 효율적으로 수행할 수 있게 될 것이다.

그렇다면 자기소개서 작성에서 독자의 이해를 돕는 글쓰기가 가능하려면 어떤 부분을 신경 써야 할까? 그에 대한 답은 타당성과 구체성 획득하기에 달려있다. 자기소개서를 쓸 때 명심해야 할 것은 내가 나를 설득하지 못하면 남도 설득할 수 없다는 점이다. 그런 의미에서 타당성과 구체성을 획득하는 문제를 자기소개서의 미덕으로 강조하고자 한다.

타당성을 획득하려면

타당성이란 주장하는 내용의 근거나 이유가 얼마나 보편성 또는 설득력을 가졌느냐의 문제이다. 예를 들어, '저는 귀사에 입사를 원합니다'라고 한다면 입사를 희망하는 이유에 대한 설득력이 있어야 하고, 그 설득력은 보편성을 가져야 한다. '나는 대학을 졸업했으므로 입사를 원한다'라든지 '전공과목과 일치하므로 입사를 원한다'라는 식의 이유는 구체적이지도 않고, 적절하지도 않다. 무엇보다도 설득력이 떨어진다.

다음의 〈예시2〉는 자기소개서의 일부로 입사 후 희망업무와 포부를 다루고 있는 부분이다. 독자 입장에서 살펴보고 소감을 교환해보자.

예시 2

입사 후 희망업무와 포부

세계화 조류에 뒤지지 않기 위해 일선에서 뛰는 해외 영업 파트에서 일하고 싶습니다. 특히 중국 전문가가 되고 싶습니다. 무역을 하기 위해서는 우선 어학이 기본이 되어야 하는데 중국어를 바탕으로 전문 무역가가 되어 조직 사회에서 제 능력을 인정받고 싶습니다. 제가 비록 무역을 전공하지는 않았지만, 입사 후에는 무역 부문에서 부족한 점을 집중적으로 학습할 것입니다. 그리고 인생을 살면서 최종적으로 추구하고 싶은 것은 시대감을 잃지 않고 그 시대를 이끌어가며 살아가는 것입니다.

그렇다면 자기소개서의 설득력을 높이기 위해 타당성을 획득하려면 어떻게 해야 할까?

첫째, 누구라도 쓸 수 있는 당연한 말은 차라리 쓰지 않는 게 낫다. 추상적인 문구도 지양하는 것이 필요하다. 성격이나 장래의 포부 등을 말할 때 주의해야 할 사항이다. '성격이 원만하고 적극적이다', '최선을 다하겠다'와 같은 표현은 이제까지의 자기소개서에 너무 많이 사용한 표현들이어서 상투적이고 주의를 끌지 못하기 때문이다. 뿐만 아니라, 그 부분에 대한 지원자의 구체적인 관심이나 지식의 결여로도 읽힐 수 있다. 모든 사실의 서술에서 정확하고 구체적인 표현으로 치밀하고 솔직한 인상을 심어 주도록 하자.

굳이 쓰고 싶다면, 구체적으로 예를 들어 다르게 표현하는 것이 필요하다. 예를 들어, "다양한 아르바이트를 통해 경험을 쌓았습니다."라는 말보다는 어떤 아르바이트를 하면서 무슨 일을 하였고, 그러한 것들이 현재 어떤 식으로 도움이 되는지 구체적으로 기술하는 것이 좋다. "여행을 통해 많은 것을 느꼈습니다."라는 말 역시, 여행의 어떤 점이 와 닿았는지, 또 그것이 스스로의 성장에 어떻게 작용했는지 언급해 준다면 훨씬 훌륭한 자기소개서가 될 것이다. 자기소개서에서는 글쓴이가 구체적으로 표현해야 읽는 이도 구체적으로 생각하게 된다.

다음의 〈예시3〉은 자신의 구상작업을 토대로 완성된 자기소개서의 일부이다. 독자의 입장에서 살펴보고, 소감을 교환해보자.

예시 3

	자기소개서	구상작업
(1)	다이아몬드는 깎을수록 빛이 난다고 합니다.	나를 표현한다면

(2)	어려운 상황일수록 피하기보다 도전하는 편입니다. 제가 가지고 있는 경험과 역량이 발휘되어 문제가 해결될 때 더 큰 성취감을 느낍니다. 현재에 만족하지 않고 정진하여 제 자신의 가치를 레벨 업하고 싶습니다.	이런 표현을 선택한 나의 의도 설명하기
(3)	아버지께서 운영하시던 식당이 매출 부진으로 고비를 맞이했을 때 철저한 원인분석과 효과적인 전략을 통해 문제를 해결한 경험이 있습니다. 저는 20여 곳의 대형 음식점을 방문하며 영업 전략을 재검토한 결과 '첫째, 지리적 요충지에 위치. 둘째, 유통혁신을 통해 제품의 가격을 인하하여 고객이 쉽게 접할 수 있는 환경 조성'이 필요함을 파악했습니다. 이에 식당 반경 3㎞를 수요 범위라 정하여 수요자 조사를 했고 이를 바탕으로 6개의 공공기관, 1개의 대학교, 아파트 단지에 전단지 및 샘플 홍보를 통해 고객을 유치했습니다. 또한, 농장과의 직거래를 통해 10%의 비용절감을 이루어 냈습니다. 이러한 저의 노력으로 방문 고객은 점점 늘어났고 결과적으로 매출이 증진되어 어려움을 극복할 수 있었습니다.	구체적인 근거를 제시하기

둘째, 객관적인 서술을 하는 것이 필요하다. 자기소개서는 자기의 이야기를 하는 것이지만 자신의 글을 읽어주는 타인을 염두에 두고 쓰는 글이기도 하다. 따라서 자신이 좋아하는 소재나 단어에 얽매이지 말고 타인과의 의사소통이 가능한 어휘나 소재를 선택하는 것이 좋다.

또한 자신의 주장을 피력하는 부분이 들어가는 경우 지나치게 배타적인 시각이나 강경한 서술은 되도록 삼가고 상식적인 선에서 거부감 없는 내용이 되도록 조정하는 것이 중요하다.

무엇보다 과장이 많으면 진실한 감동을 주기가 어렵다. 자기소개서에서는 자신의 공적을 과대 포장한다거나 자기중심적으로 상황을 설명하기 쉬운데, 조금은 객관적인 입장에서 자신에 관한 사항을 설명할 수 있어야 한다. 자기감정에 치우쳐 자기자랑을 하는 것은 쉽지만, 그런 글을 읽는 독자의 마음을 얻는 것은 쉽지 않을 것이기 때문이다.

다음의 〈예시4〉는 자신의 경험을 담아 자기소개서의 한 항목을 서술한 것이다. 독자 입장에서 살펴보고 소감을 교환해보자.

예시 4

함께 두드려라! 그러면 열릴 것이다!

팀워크는 개인의 작은 희생을 통해서 공동의 목표를 이뤄가는 것이라 생각합니다. 동아리 활동을 통해 협력을 통한 진정한 팀워크의 힘을 느낄 수 있었습니다.

영화동아리 '스크린'의 회장직을 맡아 기존에 부진했던 동아리를 활성화하고자 단편영화 제작을 기획했습니다. 예산확보를 위해서 30만 원의 회비를 모았지만, 그것으론 턱없이 부족했습니다. 팀원들은 영화제작에 대한 저의 고민을 이해하고 바쁜 스케줄에도 3일간 밤낮으로 머리를 맞대고 예산문제에 대한 해결책을 구상했습니다. 회의를 통해 '영화 내 제품 PPL을 통해 학교 주변 상가들을 홍보하고 충분한 예산을 지원받자!'라는 아이디어를 구상했습니다. 아이디어를 행동으로 옮기기 위해 2인 1조를 이루어 학교 주변 상가를 돌며 PPL로 인한 홍보 효과에 대해 설명하며 사장님을 설득했고, 그 결과 약 100만 원의 자금을 확보하고 성공적으로 영화를 촬영할 수 있었습니다.

개인의 기량만을 앞세워서는 조직의 목표를 달성할 수 없다고 생각합니다. 각기 다른 배경의 사람들이 서로의 경험을 공유했을 때 더 큰 힘이 발휘됩니다. '희생정신'을 바탕으로 동료와의 끈끈한 협력을 통해서 규소그룹의 비전에 힘을 보태겠습니다.

셋째, 모든 서술이 자신을 나타내는 데 충실하도록 신경 쓰는 것이 필요하다. 특히 지원 동기나 인생관 등을 나타내는 부분에서 자신의 이야기를 뒤로 한 채 특정 사안에 대한 일반적인 주장을 펴는 경우가 많은데, 이는 지금 하고 있는 글쓰기가 자신을 누군가에게 소개한다는 전제를 망각하였기 때문이다.

자기 자신에 대한 이야기보다 배경에 대한 설명이 많아진다든지, 업무의 성격과 상관없는 이야기를 비중 있게 서술한다든지 하면 독자 입장에서는 주객이 전도된 느낌을 받게 될 것이다. 따라서 타인에게 자신을 소개한다는 본래의 취지를 유념하여, 자기소개서에 담긴 모든 이야기들이 이러한 목적을 뒷받침하는 내용이 될 수 있도록 신경 쓰는 것이 필요하다.

다음의 〈예시5〉는 자기소개서의 일부로 지원동기를 다루고 있는 부분이다. 독자 입장에서 살펴보고 소감을 교환해보자.

예시 5

2005년 중학교를 졸업하고 고등학교에 입학하기 전 겨울방학, 당시 뉴질랜드에 살고 있던 친언니에게 가기 위해 처음 비행기를 탔을 때였다. 학교에서나 가정에서나 테이프와 비디오만으로 영어를 써본 나는, 실제로 기내식을 선택하기 위해 '외국인' 승무원에게 처음 건넸던 영어 한 마디를 아직도 잊지 못한다. "Chicken!"

아직까지도 잊히지 않는 그 짜릿함과 외국에 대한 신비로움은, 순수했던 열다섯 살의 나를 기억하며 웃음지을 수 있는 현재진행형의 추억이 되었다. 그 시절의 추억으로 한때 나는 '외교관'의 꿈을 꿔 보기도 했었지만, 이후 나의 정체성을 찾아 고민하였던 청소년 시기에 품었던 수많은 꿈들 중 한 가지였던 '역사학도'의 꿈을 찾아 현재의 명지대학교에 입학하게 되었다.

하지만 성인이 된 나는 어릴 적부터 하고 싶었던 '재즈 피아니스트'의 꿈을 쫓아 학교를 4년 동안 휴학하고 음악 공부에 열정을 쏟았고, 다시 학교에 복학한 지금도 여전히 진행 중에 있다.

많은 지면을 할애하여 나의 꿈 이야기를 적은 것은, 이 모든 과정들이 바로 「청년 공공외교단」에 꼭 맞는 사람이 바로 '나'라는 사실을 가리키고 있기 때문이다. 어렸을 적 가졌던 외국에 대한 막연한 동경은 성인이 된 지금, 외국에 대한 단순한 호기심을 뛰어넘어 좀 더 넓은 안목과 깊어진 관심으로 바라볼 수 있게 되었고 이 점은 역사학과에서 공부하고 있는 것이 많은 도움이 되고 있다. 뿐만 아니라 전공인 역사학은 공공외교단에서 구상하는 아이디어의 구체적인 근거를 마련해 줄 수 있을 것이라 생각한다. 또한 문화, 예술, 지식, 가치와 같은 '소프트 파워(soft power)'를 수단으로 상대 국민에게 다가가는 것이 '공공외교'의 핵심이라는 점에서, 재즈 피아니스트의 꿈을 찾아 '문화' 분야의 음악을 공부해 온 나는 공공외교단에 꼭 필요한 존재가 될 수 있을 거라 생각한다. 따라서 나의 모든 꿈들에 한 발자국 더 나아갈 수 있는 이 좋은 기회를 어찌 지원하지 않을 수 있겠는가.

구체성을 강조하는 이유

예를 들어, 다음과 같은 항목으로 자기소개서를 쓴다고 생각해보자.

예시 6

1. 회사 및 직무에 지원한 동기와 지원한 직무를 잘 수행할 수 있는 이유를 본인의 경험, 준비와 노력을 바탕으로 기술하여 주십시오.
2. 대학생활 중 가장 성취감이 컸던 경험과 목표 달성을 위한 본인의 노력에 대해 기술하여 주십시오.
3. 남들과 차별화되는 자신의 성격 및 특기사항에 대하여 구체적으로 서술하여 주십시오.

다음의 〈예시7〉은 자기소개서의 일부로 〈예시6〉의 1번 항목을 선택하여 서술하고 있다. 독자 입장에서 살펴보고 소감을 교환해보자.

예시 7

자신에 대한 신념이 있고 기업에서 자기 꿈을 실현하고자 하는 사람이면 누구나 보다 안정적이고 누구나가 인정해 주는 곳에서 일하고 싶어 합니다. 이것 이외에도 보다 중요한 것은 개인 역량의 실현 여부에 있습니다. 제 개인적으로는 돈 많이 주는 회사보다는 제 능력을 발휘할 수 있는 회사에서 일하고 싶습니다. 그리고 사원들을 위한 지속적인 교육프로그램이 많은 회사에서 일하고 싶습니다. 자신의 계발 없이는 발전이 없으므로 이런 것들이 충족된 귀사에서 일할 수 있었으면 합니다.

자기소개서 작성에서 구체적인 서술을 강조하는 이유는 타당성을 뒷받침하는 구체적인 근거가 제시되어야 하기 때문이다. 자신의 목표지점과 맞물려 활용할 구체적인 근거를 찾아내야 보다 설득력 있게 자기소개서를 작성할 수 있다.

그런 의미에서 자기소개서를 타당성 있게 서술하려면 무엇보다 글쓴이의 경험을 효율적으로 살려줄 구상과 논리가 필요하다. 취업담당자들은 취업서류를 작성할 때 무엇보다 자신이 지원하는 직종과 관련된 구체적인 경험이나 능력을 기재하는 것이 중요하다고 입을 모은다. 막연히 '능력이나 열의가 있다'라는 식의 표현보다는 과거 에피소드 중심의 사항을 많이 기재하는 것이 필요하다는 것이다.

다음의 〈예시8〉은 이런 조언을 잘 받아들여 원하는바 취업에 성공한 사례를 담은 기사이다. 기사의 주인공이 어떤 준비과정을 거쳐 왔는지 살펴보고, 내게도 필요한 부분이 있다면 기억을 해두도록 하자.

예시 8

올 2월 안동대를 졸업한 권영민(27) 씨는 최근 '겹경사'를 맞았다. 지난달 "2007 대구경북 취업서류 콘테스트"에서 당당히 최우수상을 수상한 데 이어 안동 농협에도 덜컥 붙어 1일부터 출근하게 된 것.

권씨는 무엇보다 자기소개서(자소서) 작성에 공을 많이 들였다. 남들보다 스펙이 그리 뛰어나지 않아 자신의 장점을 극대화할 필요가 있었기 때문이다. 3년 전부터 공기업 취업을 준비한 권씨는 지원 서류를 낸 곳만 200여 곳에 이른다. 선배들로부터 서류는 가능한 한 많이 내보라는 조언을 들었기 때문. 권씨는 "여러 곳에 서류를 내면서 회사마다 어떤 것을 원하는지 파악하고 어떤 점을 보완해야 하는지 응용력이 생긴다."고 말했다. 지난해 9월 취업시즌을 맞아 권씨는 자신만의 자소서 틀을 완성했고 그것을 바탕으로 조금씩 내용을 고쳐 원서를 내왔다는 것.

권씨는 자소서에 될 수 있으면 자신이 경험한 사례를 많이 집어넣었다. "지난해 안동 국제탈춤페스티벌에서 외국 VIP를 에스코트한 적이 있었어요. 그때 폴란드 친구들이 제가 한 명 한 명을 끝까지 책임지고 안내하는 걸 보고 대단하다는 이야기를 했어요. 그 내용을 자소서에 넣었죠." 어찌 보면 사소한 거지만 그런 경험담을 통해 책임감 강한 자신의 성격을 간접적으로 드러낼 수 있다는 것.

또 권씨는 한국전력에 지원할 때는 아무래도 회사에서 안전을 중요시하기 때문에 자신이 포스코에서 아르바이트를 한 내용을 집어넣었다. 권씨는 "보잘 것 없는 분기구 청소지만 혹 소홀히 하면 안전에 치명적이라는 회사 직원의 말을 인용했다."고 했다. 이를 통해 꼼꼼하고 철두철미한 모습을 간접적으로 보여주었다는 것.

권씨는 자소서에 지원 직종과 관련된 여러 경험담을 담으면 면접에도 상당히 유리하다고 했다. 면접관들이 자소서의 내용에 대한 질문을 많이 하기 때문에 그만큼 면접 준비도 수월해진다는 것. 권씨는 "과거엔 스펙이 우선시되었지만 지금은 기업들이 자소서와 면접을 점차 중요시하고 있다."고 전했다.

다음의 〈예시9〉에서처럼 최근의 신문기사 등을 검색하여 자기소개서를 읽고 평가해갈 독자층의 요구사항을 체크하거나, 자기소개서를 잘 쓰기 위한 조언들을 정리해두는 것도 효율적인 자기소개서를 작성하는 데 유용할 것이다.

예시 9

(1) 자기소개서는 읽으면 구직자의 이미지가 떠오르도록 써야 한다.

(2) 지원 회사의 문화를 이해하고 경력, 경험 중심으로 자기소개서를 작성하는 것이 좋다.

(3) 지원 분야와 연관이 있는 아르바이트나 봉사활동, 자격증, 동아리 생활 등을 두루 경험해보는 것이 유리하다.

그러므로 대부분의 자기소개서에서 흔히 보이는 〈예시10〉과 같은 표현들은 보다 구체적인 근거를 뒷받침하는 쪽으로 수정하는 것이 필요하다. 구체적인 근거가 확보되면 훨씬 설득력 있게 내용을 설명할 수 있게 될 것이다. 여기에 개성적인 표현을 가미하면 금상첨화가 되지 않겠는가?

예시 10

원래 표현 A	수정한다면 B
(1) 학생 때는 공부를 열심히 했습니다.	

(2) 군대시절 군복무를 충실히 했습니다.	
(3) 친구들과는 원만하게 지냈습니다.	
(4) 부모님께 효도를 하며 자랐습니다.	
(5) 입사하면 열심히 하겠습니다.	
(6) 단체 활동에서 협동심과 리더십을 발휘했습니다.	

(2) 진부함과 상투성에서 벗어나기

앞선 부분에서 자기소개서가 갖춰야 할 미덕으로 타당성과 구체성을 들었는데, 이번에는 자기소개서가 피해야 할 미덕을 살펴보고자 한다. 바로 상투적인 자기소개서, 진부한 자기소개서에서 벗어나야 하는 문제에 대한 것이다.

"적을 알고 나를 알면 백전백승이다."라는 말이 있다. 자기소개서의 독자층이 자기소개서를 읽어나가는 상황을 생각할 때 결코 편안하거나 자유롭지는 않을 것임은 쉽게 상상할 수 있다. 이때, 자기소개서의 독자층이 제대로 잘 읽을 수 있게 만들어주는 방법을 모색하여 충실히 따르되, 독자층이 기피하는 유형이 있다면 확실히 피해가는 것이 현명한 처신이 된다. 독자층이 원하는 바를 파악하고 그에 맞춰 자신의 강점을 부각시킨다면 자기소개서 작성의 부담도 훨씬 줄어들 것이다.

독자가 기피하는 자기소개서가 있다면

첫째, 진부한 느낌이 드는 자기소개서의 경우가 대표적이다. 읽어보면 다른 사람들과 비슷하여 진부하다고 느끼는 경우를 말하는데, 자기를 소개하는 글쓰기에서 남다른 자기 면모를 보여주는 것이 중요하다는 맥락을 상기한다면 실패한 자기소개서라고 할 수도 있다.

'진부하다'의 의미를 찾아보면 국어사전에는 "사상, 표현, 행동 따위가 낡아서 새롭지 못하다"라고 설명하고 있다. 곧 오래전부터 여러 사람이 자주 사용해서 이미 많은 사람이 잘 알고 있는 것, 따라서 새롭지 않고 오히려 지겨워진 것을 의미한다.

자기소개서의 경우에도 문장의 첫머리에 '저는', '나는' 이란 단어로 시작하는 것은 마치 일기의 첫머리에 '오늘…'이란 말로 시작하는 것과 똑같은 인상을 준다. 또한, '저는 언제 어디서 태어나…'로 시작하는 경우, 첫머리부터 진부할뿐더러 이런 유형일수록 끝까지 읽어도 인사담당자가 구직자의 특징을 파악하기 어려운 경향을 보인다고 한다.

다음의 〈예시1〉은 자기소개서의 일부로 성장과정에 대하여 서술하고 있다. 독자 입장에서 살펴보고 소감을 교환해보자.

예시 1

저는 1980년 8월 4일 남쪽나라의 아름다운 섬 거제도에서 4형제 중 막내로 태어났습니다. 딸을 기대하던 집안에서 늦둥이 아들로 태어난 저는 열렬한 축복을 받지는 못했으나 어려서부터 화목한 분위기 속에서 부모님과 형들의 뜨거운 보살핌과 사랑을 받고 자랐습니다.

학창 시절에는 활발한 성격과 남들을 대표하는 것을 좋아한 덕에 5년 연속 반장을 역임하고 6학년 때는 전교회장을 하며 남들을 이끌어 나가고 남들을 대표할 수 있는 리더십을 조금씩 쌓아 나갔습니다. 중학생이 되어서도 항상 반장을 하였고 전교 회장을 도맡아 하였습니다.

어려서부터 여러 사람을 대표하는 위치에 있다 보니 대인관계에서 신뢰가 너무나 중요하다는 것을 일찍 깨달을 수 있었습니다. 부모님께서는 항상 저의 판단과 행동을 믿고 따라주셨기 때문에 제가 하는 모든 일에 대해 책임감을 가지고 성실히 임할 수 있었습니다. 따라서 항상 제 주변에는 사람들이 많았습니다. 저를 믿고 따라와 주는 사람들과 저와 함께 하려는 사람들이 있었습니다. 군대에 입대하여서도 모범 분대장으로 표창장을 여러 번 받았고 간부님들이 책임지고 일을 맡길 수 있는 믿을 만한 병사 1위로 뽑아 주셨습니다.

둘째, 상투적인 내용과 표현이 넘쳐나는 자기소개서의 경우에도 독자가 읽기를 꺼려한다. '상투적이다'의 의미를 찾아보면 국어사전에는 "늘 써서 버릇이 되다시피 한 것"이라고 설명하고 있다. 곧 사람들이 많이 써서 뻔한 것이 되어버렸을 때 '상투적'이라고 표현하는데 습관적으로 사용하는 상투적인 표현은 이미 하도 많이 들어서 신뢰성이 안 간다는 의미까지도 담고 있다.

다음의 〈예시2〉는 자기소개서의 일부로 성격 및 특기 사항에 대하여 서술하고 있다. 독자 입장에서 살펴보고 소감을 교환해보자.

예시 2

남들과 차별화되는 자신의 성격 및 특기사항에 대하여 구체적으로 서술하여 주십시오.

한마디로 말하면 '하면 하고 안 하면 안 한다'는 것입니다. 사소한 것에서는 양보를 많이 하는 편이지만 내가 한 번 승부를 건 일에 대해서는 절대 양보하지 않습니다. 그렇다고 무턱대고 아무 것에나 승부를 걸지는 않습니다. 어떤 현안이 있을 때 너무 완전한 방법을 강구해 놓고 행동하기보다는 일단 저질러 놓고 사태를 수습하는 스타일입니다. 성격은 차분하면서도 사교적이고, 인물형은 리더형이라기 보다는 참모형입니다. 단점은 한 가지 일에 너무 몰두하여 다른 일들을 간과하는 경우가 종종 있다는 것입니다.

그런 의미에서 진부하고 상투적인 표현으로 자기소개서를 작성하는 것은 글쓴이 스스로 자기소개서에 담을 내용을 제대로 준비하지 못했기 때문이다. 막연하게 서술하려는 생각이 앞서게 되면 자기소개서에 담을 내용에 대한 고민을 생략하게 되고 따라서 저절로 진부하고 상투적인 표현으로 자신을 소개할 수밖에 없게 되는 것이다.

다음의 〈예시3〉은 자기소개서의 일부로 성장과정에 대하여 서술하고 있다. 독자 입장에서 살펴보고 소감을 교환해보자. 부족한 부분이 있다면, 보완할 수 있는 아이디어를 내보자.

예시 3

성장 과정에 대하여

바람직한 인격 형성을 위해선, 유년 시절은 자연과 벗하고, 청소년기는 친구와 벗하고, 청 · 장년기는 치열한 사회와 접해야 한다고 합니다. 어려서는 시골에서 보냈고, 이후에는 공부에 대한 열정이 있어 서울로 전학을 오게 되어 많은 친구를 사귀었으며, 친구나 선배와의 많은 교류를 가졌습니다. 능력 있고 자신 있는 사회인이 되기 위해 대학에서 자신의 계발에 많은 시간을 할애했습니다. 물론 많은 시행착오를 겪었지만 거기에 머무르지 않고, 그것을 통해서 새로운 경험과 개선점을 찾으려는 노력을 게을리 하지 않았습니다.

독자가 읽어주는 자기소개서를 쓰고 싶다면

이 말은 "자기소개서 작성에서 진부함과 상투성에서 벗어나려면/ 참신하게 잘 쓰려면" 등의 질문과 동일한 의미를 지닌다. 처음부터 참신한 자기소개서를 작성하기 어려운 만큼 최소한 자신의 자기소개서를 읽고 진부하다거나 상투적이다거나 하는 독자의 반응을 얻지 않는 것이 필요하다. 이를 위해 세 가지를 강조하고자 한다.

첫째, 성실성이 드러나는 자기소개서가 좋다는 점이다. 성실한 태도의 첫걸음은 초고 작성에서부터 시작되고, 퇴고 작업으로 마무리된다. 자기소개서는 분량이 적은 글임에도 단번에 흡족한 글로 마무리하기가 어렵다. 따라서 한 번에 작성하지 말고, 초고를 작성해 여러 번에 걸쳐 수정 보완을 하는 것이 만족도를 높이는 방법이 될 것이다. 글이 완성된 후 퇴고하는 작업에서도 글쓴이의 성실성이 드러나게 마련이다.

어떤 자기소개서는 분량이 A4 용지 반 페이지에도 못 미칠 정도로 간략한 내용만으로 끝마치는 경우가 있는데, 분량이 지나치게 짧으면 자기소개의 목적을 제대로 달성하기 어렵게 마련이다. 반대로 자기소개서의 분량에 상관없이 쓰고 싶은 내용을 담아내는 수다형의 경우에도 효율성이 떨어진다. 이런 자기소개서일수록 신변잡기를 중언부언하다 정작 일과 관련된 내용은 빼버리게 되는 경우가 많은데, 독자의 시간과 노력을 허무하게 빼앗는 결과가 될 수 있으니 주의가 필요하다.

따라서 자기소개서를 퇴고하는 데 시간 투자를 제대로 하려면, 자기소개서에 대한 잘못된 인식도 개선할 필요가 있다. 취업 담당자들은 자기소개서에 대해 기업들이 잘 보지 않는다는 인식은 구직자들이 쉽게 생각하는 오해 중 하나라고 한다. 실제로 다양한 취업기관에서 설문 조사를 실시해보면, 대부분의 기업에서 자기소개서를 끝까지 읽는다는 결과를 접할 수 있기 때문이다.

둘째, 자신감 있게 작성하는 것이 필요하다는 점이다. 강한 자신감은 지원자에 대한 신뢰와 더불어 인사 담당자의 호기심을 자극할 수 있다. 문장 전체적으로 '나를 뽑아 주십사' 하는 청유형의 문구보다는 자신감이 흘러넘치는 문구를 선택하는 것이 훨씬 보기 좋다. 스스로 가진 능력이나 자질이 뛰어나더라도 자신감이 없는 사람은 주목받지 못한다. 능력과 자신감 중 인사 담당자들은 자신감에 더 높은 점수를 준다. 자신감을 가지자!

따라서 자기소개서 작성에서는 '뽑아만 주신다면 무슨 일이든 열심히 하겠다'는 돌쇠 스타일에서 벗어나는 것이 필요하다. 이런 식의 분위기로 자기소개서를 작성하는 사람일수록 채용 자체에만 연연할 뿐 지원자 스스로 '채용가치'에 대해 설명하는 부분을 충분하게 뒷받침하지 못하는 경향이 있다. 구직용이라면 채용가치에 대한 설명을 생략해서는 안 된다. 충분히 근거를 제시하여 설득력을 얻는 것이 필요하다. 이는 진학용이나 친교용의 경우에도 마찬가지여서, '채용가치'를 대신할 또다른 가치를 주목하여 그 부분을 충분히 서술하는 것이 필요하다.

다음의 〈예시4〉는 전체적으로 자신의 각오를 다짐하는 부분에 치중하여, 정작 중요한 부분이라 할 채용가치에 대한 구체적인 설명이 생략되어 있어 안타깝다. 지원하려는 회사가 무조건 좋아 보인다는 식으로 맹목적인 애정을 털어놓고 있는데, 여기에서 멈추면 독자 입장에서는 자기소개의 목적에 부합되는 지원자의 면모를 파악하기가 어려울 것이다.

예시 4

회사 및 직무에 지원한 동기와 지원한 직무를 잘 수행할 수 있는 이유를 본인의 경험, 준비와 노력을 바탕으로 기술하여 주십시오.

무엇보다 제가 수많은 은행 중 규소은행에 입사지원을 하게 된 이유는 '고객의 행복'이라는 규소은행의 목표가 저의 심금을 울렸기 때문입니다. 지금 자기소개서를 쓰고 있는 이 시간에도 어떻게 보면 저는 은행의 고객입니다. 고객의 입장에서 보았을 때 어려서부터 부모님과 함께 여러 은행을 자주 갔던 저에게 가장 인상이 깊은 은행은 들어가 있기만 해도 마음이 편안해지는 은행이었습니다. 고객의 행복과 신뢰, 믿음을 바탕으로 고객과 가장 가까운 은행이 되려 하는 규소은행은 제가 저의 능력을 마음껏 발휘해보고 싶은 회사이자, 제 꿈을 실현시키고 싶은 무대입니다. 짧은 인생을 살아오면서 대인관계만큼 인생에 중요한 것은 없다고 생각해왔습니다. 저로 인해 다른 사람이 행복하고 만족할 수 있다면 최선을 다해 노력하겠습니다. 항상 고객을 최우선으로 생각하며 저를 낮추는 겸손함으로 매사에 정진하겠습니다. 항상 더 멀리, 더 높이 바라보는 안목과 자신감으로 귀사를 이끌어 나갈 수 있는 유능한 인재가 되도록 하겠습니다.

규소은행에서는 특히 임직원간의 신뢰와 책임, 최강의 팀워크, 창조적 열정을 중시하는 만큼 지금까지 쌓아온 저만의 리더십을 발휘하여 매사에 누구보다 적극적으로 참여하며, 저의 창의적인 생각과 신뢰할 수 있는 행동으로 나타내 보이겠습니다. 무엇보다 금융업계에서 중요한 섬세함과 차분함으로, 항상 고객들에게 미소를 잃지 않는 밝은 모습으로 규소은행의 서비스 정신에 어긋나지 않도록 하겠습니다. 규소은행이 저의 마음을 끌어낸 만큼 저 또한 귀사의 무한한 가능성과 발전력을 끌어내어 글로벌 시대에 맞게 아시아뿐만 아니라 전 세계에서 신뢰성과 안정성을 인정받을 수 있는 최고의 은행이 될 수 있도록 최선을 다해 노력하겠습니다.

셋째, 솔직하게 쓰는 것이 더 큰 매력이 될 수 있다는 점이다. 자기소개서 작성에서 강조하는 솔직성은 일차적으로 사실에 근거하여 서술하는 것을 기준으로 삼는다. 남에게 보이기 위해서 거짓된 내용을 담아서는 절대로 안 되며, 급하다고 타인의 글쓰기를 베껴오는 일도 해서는 안 된다. 이런 맥락에서 어느 신문의 독자마당에 실린 다음의 〈예시5〉를 살펴보자.

예시 5

신입사원의 자기소개서를 검토하던 중 우연히 같은 문장을 발견했다. 해외 배낭여행 경험을 쓴 내용이었는데 여행 코스와 머문 시간, 식당 등이 일치했다. 심지어 여행에서 느낀 점까지 모두 똑같았다. 하지만 이내 그 원인을 알았다. 그 두 입사 지원자는 가지도 않은 배낭여행 경험을 책에서 무작정 인용했던 것이다. 그것이 우연히 같은 회사의 지원서로 작성됐다. 최근 허위 경력 이야기가 적지 않다는 사실을 듣기는 했지만 이제 막 사회생활을 시작하는 대학생들까지 이런 허위 경력에 휩싸인다는 것은 왠지 마음을 무겁게 했다.

물론 기업마다 다양한 사회 경험과 활동을 중요시하는 풍조에 따른 것임을 이해하지 못하는 바는 아니다. 하지만 이것은 아니라는 생각이 든다. 좀 더 진실된 마음가짐이 필요하다. 우리 사회가 이렇게 짝퉁 천지가 된 데 대해 안타까움이 앞선다. 젊음은 젊음다워야 한다. 떳떳함만큼 좋은 입사지원서는 없다.

여기에 더해 이야기를 극적으로 전개하기 위해 과장하게 된다든지 사실이라 하더라도 지나치게 자신을 미화시켜서도 안 된다. 지나친 수식어의 사용으로 그 글의 목적이 흐려진다든지, 초점 없는 빗나간 이야기 등을 끌어와서도 안 된다. 가능한 한 차분하게 자신의 이야기를 서술하는 것이 무난하며, 그래야 내용도 솔직해지면서 자기소개의 목적에 보다 충실해질 수 있다.

다음의 〈예시6〉은 대학생을 대상으로 한 특별한 행사에 지원하기 위한 목적으로 자기소개서를 작성하고 있다. 친교용의 목적으로 작성되었고 자기소개서의 분량 제한이 없었기에 비교적 자유롭게 서술된 글이다.

예시 6

양은냄비

대학의 자유와 낭만에 대한 부푼 꿈을 안고 고향인 포항에서 서울로 진학을 하게 된 신입생 시절, 고등학교와는 엄청 다른 분위기에 쉽게 적응할 수 없었지만 금방 동기들과 친해져서 실컷 놀았다. 결국 내게 남은 것은 '학사경고'라는 딱지뿐, 대학생활에 대한 회의가 들어 휴학을 하고 해병대를 지원하게 되었다.

답답하긴 했지만 군대라는 곳도 나쁘지는 않아서, 나름 규칙적인 생활로 기본기를 다질 수 있었다. 그래도 제대 날짜가 다가오고 보니 미래에 대한 걱정이 커졌다. 조언을 구한 소대장님이 권한 방법이 "제대하면 한 달 정도 무전여행 형식으로 배낭여행을 다녀보라"는 것이었다. 하지만 제대한 지 1년이 다 되어 가는데도 실천하지 못했다.

제대하면서 앞으로는 정말 열심히 살아보자고 결심했건만, 이런 저런 핑계로 이룬 것이 없는 나는 마치 양은냄비 같다. 양은냄비는 어떤 요리든 정말 빨리 해치워버리지만, 그만큼 요리의 식는 속도도 아주 빠르다. 이처럼 나도 어떤 일을 할 때는 양은냄비가 끓어오르는 속도처럼 빨리 해치워 버리지만, 냄비를 가열해주는 불이 없어지면 그동안 끓었던 모든 것들이 남들에 비해 더 빨리 식어버리는 것이다.

하지만, 양은냄비로 만든 요리가 오히려 더 맛있을 수도 있다. 나 역시 비록 어느 한 분야 뛰어난 것이 없을지라도 주어진 업무능력은 남들에게 결코 뒤지지 않는다. 학교일뿐만 아니라 아르바이트를 할 때에도 못 한다는 소리를 들어 본 적이 없고, 오히려 의외라고 말하는 사람들이 많았다. 끈기 있게 오랫동안 일을 하지는 못했지만, 일하는 동안에는 맡은 일을 잘 해낸다. 그래서 양은냄비로도 뚝배기 못지않게 맛있는 요리를 만들어낼 수 있다고 자신한다.

국토 대장정은 '나'라는 양은냄비에 그동안 잊고 지냈던 불을 다시 한 번 지펴줄 기회라고 생각한다. 나는 한국을 아끼고 사랑할 수 있고 나의 경쟁력도 키울 수 있는 여행을 꿈꾸고 있기 때문이다. 그리고 군 입대를 통해 변화된 것처럼 나와의 싸움에 도전하고, 힘든 여정을 통해 동료들 간의 우정을 머리가 아닌 가슴으로 배울 수 있을 것이라 기대한다.

〈예시6〉은 어느 단체에서 주관하는 국토대장정의 참가자 중 한 명이 되고 싶어 하는 글쓴이의 의욕과 패기가 잘 드러나 있다. 아주 깔끔하게 다듬어진 글은 아니지만, 재치 있는 표현들이 개성적인 자기소개서의 분위기를 만들고 있다. 무엇보다 자신의 단점에 대한 솔직한 토로가 있고, 그럼에도 이를 숨기거나 부끄러워하지 않는 글쓴이의 자세가 '양은냄비'라는 표현과 잘 맞아 떨어진다는 점에서 독자에게 어필되는 부분이 있었으리라 생각한다.

경우에 따라서는 이렇게 솔직함을 보여주는 것이 매력적인 글쓰기의 포인트로 자리잡을 수도 있다. 그래서 솔직하게 진정성을 보일 것을 주문하기도 한다.

다음의 〈예시7〉은 자기소개서는 아니지만, 자기에 관한 이야기를 담은 어떤 글을 읽고 독자가 보내온 소감문이다. 솔직하게 써내려간 글을 읽게 되면, 독자의 마음이 어떻게 움직이는지를 잘 보여주고 있기에 소개해본다.

예시 7

어느 날 갑자기 친한 친구가 평소에는 하지 않았던 본인의 옛날이야기를 털어놓을 때가 있습니다. 이런 저런 이야기보따리를 다 풀어낸 후에 괜히 말했다며, 너한테 이 이야기를 왜 하고 있는지 모르겠다는 듯 멋쩍은 웃음을 짓는 친구는 듣는 이로 하여금 따뜻한 미소를 짓게 합니다. 이 글은 그 친구가 풀어놓는 이야기보따리 같은 느낌입니다. 이미 오래전에 지나간 이야기지만 말하는 이는 왠지 모르게 멋쩍어하고 듣는 이는 조심스럽습니다.

이 글의 마지막 문단이 더욱 듣는 이를 조심스럽게 만듭니다. 솔직히 그 이야기를 안 꺼냈으면 한다는 화자의 마지막 말에 강한 어조나 힘이 담겨있는 것은 아니지만, 듣는 사람은 행여나 말하는 사람의 마음을 힘들게 했나 하는 걱정이 들기 때문입니다. 인생의 큰 사건에 관한 이야기이기 때문에 분명히 말하는 사람이나 듣는 사람이나 조심스러운 글입니다. 그러나 이 글을 다 읽고 나면 글쓴이를 더 친숙하고 따뜻한 사람으로 인식하게 됩니다. 솔직함으로 풀어낸 글은 진정성을 가지는데, 바로 이 글이 그렇습니다.

사람은 누구나 잘 잊히지 않는 기억이 있는데 이 글은 그 기억을 마치 한 편의 소설처럼 잘 풀어내고 있습니다. 이 글의 첫 문장은 독자의 시선이 온통 2016년 7월 17일로 향하게 합니다. 인생의 강렬했던 기억은 마치 한 편의 영상처럼 우리들의 머릿속에 남게 되는데, 이 글 도입부의 어조는 선명한 필름처럼 그 날의 느낌을 상상하게 만듭니다. 진실을 알기 전부터 그 사실을 의심하고 있었다는 화자의 말을 통해 독자는 진실을 알게 된 화자의 반응을 더욱 궁금해 할 수밖에 없습니다. 강렬한 기억을 시간의 순서대로 배치하지 않고 의식의 흐름대로 재배치한 옴니버스 식 구성이 좋은 것 같습니다. 또 주변 사람들이나 화자의 생각이나 말을 직접 인용화법을 통해 많이 표현했는데, 이것이 독자로 하여금 글 내용에 더 몰입하게 하고 내면화시키는 것 같습니다.

그러나 무엇보다도 이 글의 가치는 솔직함으로 사건을 풀어냈고, 그렇기 때문에 진정성을 가진다는 데 있습니다. 가족 간의 비밀스런 이야기들을 통해서 한층 더 성장했다는 글쓴이의 고백이 진정성을 갖습니다. 또, 상의도 없이 글을 적어서 누나에게 미안하고 사랑한다고 덧붙인 부분이 또한번 독자들의 가슴을 따뜻하게 합니다.

귀한 글 잘 읽었습니다. 감사합니다.

3. 제대로 다듬어주기

글은 쓰는 것만으로 끝나는 것이 아니다. 글을 다 쓴 다음에도 다시 검토하여 손질을 해야 한다. 글이 잘 되었는가 아닌가를 알아야 어디를 손질할지도 알 수 있으므로, 글쓴이 스스로 다시 한번 자신의 글을 읽고 평가하는 시간을 가질 필요가 있다. 이렇게 평가한 것에 따라서 퇴고를 하는데, 퇴고는 신중하면서도 정성을 기울여 해야 한다. 퇴고를 얼마나 정성스럽게 하는가에 따라 글이 좋아지기도 하고 나빠지기도 하기 때문이다.

퇴고는 작게는 틀린 글자를 고치거나 빠뜨린 글자를 써넣는 일에서부터 어떤 것이 더 적절한 표현인지를 고민하여 선택하는 일에 이르기까지 여러 단계에 걸쳐 이루어진다. 일반적으로 통용되는 퇴고의 방식에는 덧붙이기(부가)의 원칙과 덜어내기(삭제)의 원칙, 그리고 다시 배열하기(재구성)의 원칙이 쓰인다. 각각 쓰고자 했던 부분에서 부족한 부분을 채워 넣거나 불필요한 부분을 제거하고, 효과를 높이기 위해 순서를 바꾸는 일을 말하는 것이다.

글이란 쇠와 같아서 불에 오래 달구고 다듬을수록 더 강하고 아름다워진다. 퇴고를 많이 하면 할수록 잘못된 부분을 고쳐나갈 수 있고 글쓴이가 처음에 계획했던 의도로 글의 방향이 바뀌게 될 것이다. 그런 의미에서 이 장에서는 자기소개서의 퇴고 단계에서 필요한 몇 가지 사항을 살펴보기로 하자.

(1) 문법 감각 발휘하기

앞선 장에서 살핀 좋은 문장의 토대 갖추기는 문법 감각을 키우는 기본

전제가 된다. 문법 감각은 문장의 호응관계를 바탕으로 문법적으로 정확한 문장을 구사하기 위한 능력을 말한다.

그런데, 문법적으로 정확한 문장을 구사하고 있더라도 같은 구조의 문장이 계속 반복되면 글은 지루해지고 흐름이 깨진다. 의미가 변화되지 않는 범위 내에서 다양하고 적절하게 문장들을 선택, 결합, 배열하도록 하는 훈련이 필요하다. 자기소개서의 경우에도 가독성을 높이려면 문법 감각을 발휘하여 제대로 다듬어주는 것이 필요하다.

문장의 결합에 신경 쓰기

일반적으로 문장은 짧고 간결하게 쓰는 것이 좋다. 그러나 이 말은 모든 경우에 짧은 문장이 긴 문장보다 낫다는 의미는 아니다. 가장 중요한 것은 경우에 따라 짧은 문장과 긴 문장을 자유자재로 구사할 수 있는 능력이다.

이런 맥락에서 다음 〈예시1〉의 A와 B를 비교해보자.

예시 1

A	B
신화의 세계는 환상의 세계이다. 그 환상은 원시 사회의 생활환경에서 생겼다. 고대인은 자연의 힘에 대해 두려움을 느꼈다. 만물에는 영혼이 있다. 고대인은 육체의 힘을 벗어난 영혼이 독립적으로 존재할 수 있다고 생각했다. 고대인은 어려움이 있으면 그 영혼에게 도움을 청하려고 했다. 고대인은 영혼의 힘을 숭배했다. 그래서 신화가 생겼다.	신화의 세계는 환상의 세계이다. 그런데 그 환상이란 원시 사회의 생활환경에서 생겨난 것이다. 고대인은 자연의 힘에 대해 두려움을 느꼈으며, 만물에는 영혼이 있어 육체를 벗어난 영혼이 독립적으로 존재할 수 있다고 생각했다. 그러므로 어려움이 있으면 자연을 주재하는 영혼에게 도움을 청하려고 했던 것이다. 이렇듯 영혼의 위력을 숭배했기 때문에 신화가 생겨나게 되었다.

〈예시1〉의 A는 짧은 단문들로 이루어진 글이다. B는 A의 의미를 다치지 않는 범위 내에서 적절하게 문장들을 결합시킨 글인데, 의미의 전달에 있어서나 글의 격(格)에 있어서 훨씬 나아졌음을 느낄 수 있다. 물론 A는 B 말고도 다른 방법으로 변형이 가능하다. 어떠한 문장 결합 방식이 가장 좋은가 하는 것은 필자의 의도나 문맥, 독자의 성격 등에 따라 달라질 것이다.

그렇다면, 다음의 〈예시2〉에서 제시한 두 글의 경우에는 어떠할까? 각자 비교 작업을 행하고 그 차이점을 찾아보자.

예시 2

C	D
나는 직접 희생자가 생기지 않는 범죄행위라 할지라도 처벌되어야 한다고 생각한다. 그래야만 사람들은 그들 자신은 물론이고 남까지도 해치는 일을 그만두게 될 것이다. 취중 운전은 때때로 사고를 불러일으킨다. 교통사고의 원인이 되기도 한다. 노름은 큰 사건이 아닐지 모른다. 그러나 그것은 근절되어야 한다. 산골의 개울에 버려진 비닐껍데기 때문에 직접 상처를 입는 사람은 없다. 그러나 오물이 쌓이면 국민 전체의 생명에 위협이 가해질 수 있다.	이른바 희생자 없는 범법행위라 할지라도 사실상 희생자가 따를 수 있기 때문에 마땅히 처벌되어야 한다. 그러한 행위를 저지름으로써 사람들은 그 자신을 해치는가 하면 남까지도 해치는 일이 허다함을 우리는 보아왔다. 가령 취중운전은 교통사고를 불러일으킬 것이 뻔하고 그냥 놀이에 불과한 노름도 피를 부르는 죄의 온상이 되기도 한다. 비닐껍데기가 몇 장 계곡 속에 버려졌다 해도 당장은 눈에 거슬릴 정도의 피해밖에는 없을 듯하지만, 그것은 상수도원인 하천 오염의 원인의 하나가 되어 국민 생명을 직접 노리고 있는 독약이게 되는 것이다.

유창성을 갖춘다는 것

가독성이 좋은 글은 독자가 느끼기에 매끄럽게 잘 읽히는 글이기도 하다. 매끄럽게 잘 읽힌다는 것은 그 글이 유창성을 갖고 있다는 것을 의미

한다. 유창성을 갖추기 위해서는 다음에 제시한 것처럼 여러 각도에서 문장을 다듬어주는 것이 필요하다.

첫째, 의미의 묶음이 분명한 글을 쓰는 태도가 무엇보다도 필요하다. 다음의 〈예시3〉을 살펴보자.

예시 3

요즘의 젊은 여성은 남성보다 경제적 자립에 더 큰 관심을 가지고 있다.

〈예시3〉의 문장은 간결해보이지만, 독자에 따라서는 두 가지 의미로 전달된다. 하나는 "요즈음 젊은 여성들은 경제적 자립이라는 문제에 대해, 오히려 남성들이 관심을 갖는 것보다도 더 큰 관심을 갖고 있다."라는 의미로 받아들여진다. 다른 하나는 "요즈음 젊은 여성들의 관심의 대상은 젊은 남성들이 아니라 경제적 자립을 어떻게 하는가의 문제에 있다."라는 의미로 받아들여진다. 이렇게 되면 글쓴이의 의도가 제대로 전달될 수가 없을 것이다. 이처럼 애매한 문장을 가급적 쓰지 않도록 해야 한다.

둘째, 단문과 복문을 적절하게 사용하는 것이 글의 유창성을 살리는 방법이 되기도 한다. 다음의 〈예시4〉에서처럼 단문의 연속으로 이루어진 A의 경우보다는 적절히 복문화한 B의 경우가 좀 더 매끄럽게 잘 읽히고 의미의 전달도 분명해지게 된다.

예시 4

A	그는 키가 크다. 커도 너무 크다. 그래서 자기 발이 잘 보이지 않았다.
B	그는 키가 너무 큰 나머지 자기 발을 잘 볼 수가 없었다.

참신한 표현에 신경 쓰기

자기소개서의 작성에서는 진부함과 상투성을 벗어나는 것이 중요한 만큼 다듬어주기를 할 때 역시 참신성을 갖출 수 있도록 노력한다.

첫째, 무엇보다 새로운 관점에서 문제를 바라보고 글을 쓰는 태도가 필요하다. 글은 생각의 과정이 언어로 나타난 것이므로 글의 참신성은 곧 생각이 새로워야만 가능하다. 그리고 생각이 새로우려면 남들이 보지 않는 새로운 관점에서 사물을 바라볼 수 있어야 한다.

둘째, 표현의 측면에서도 참신성을 갖출 수 있도록 표현 감각을 키우는 것이 필요하다. 표현 감각은 여러 가지 수사법을 자유롭게 구사하는 능력을 말한다.

어떤 현상이나 사물을 표현하는데 있어서 이를 곧바로 말하지 않고 그와 비슷한 성질을 가진 다른 사물이나 현상에 빗대어 표현하는 비유법, 문장의 인상을 강하게 만드는 강조법, 단조로운 문장에 변화를 주어 주의를 높이는 변화법 등 수사법은 한정될 수 있는 표현의 범위를 한층 넓게 만들어준다.

여기에 동의어나 반의어, 유의어 등의 공부가 수반된다면 현재의 문장력보다 발전된 표현력을 지닐 수 있을 것이다.

명작 속의 어떤 구절을 인용하거나 격언이나 속담을 사용한다든지 비유를 끌어온다든지 하면 글이 훨씬 달라 보일 것이다. 때로는 엉뚱하게 들리거나 기발한 생각을 한두 문장으로 표현하는 훈련을 하여 상상력의 개발과 참신한 수사의 발견에 도움이 되도록 하자.

구두점을 제대로 활용해주는 센스

구두점은 단순한 규칙의 문제가 아니라 읽는 사람들에게 어떤 통제력을 가하고 문장 표현에 있어서 중요한 의미를 지니게 해준다. 다음의 〈예시5〉에서처럼 구두점을 찍어주는 것만으로도 글의 흐름을 제대로 잡아주는 경우가 있으며, 그 결과 문장의 의미가 명확해지면서 가독성이 훨씬 좋아지기도 하기 때문이다.

예시 5

A	B
(1) 나는 조금 재미난 이야기를 들었다.	(2) 나는 조금, 재미난 이야기를 들었다.
(3) 나는 너같이 술을 좋아하지 않는다.	(4) 나는 너같이, 술을 좋아하지는 않는다.
(5) 나의 사랑하는 친구의 딸 연아!	(6) 나의 사랑하는, 친구의 딸 연아!

그런 의미에서 자기소개서를 다듬어주는 차원에서 구두점의 활용을 명확히 해주는 것이 필요하다. 물론, 구두점을 어떻게 찍느냐에 따라 글의 분위기에 생동감이 생길 수도 있고, 그 반대로 글의 분위기가 어색해질 수도 있으므로 꼭 필요한 지점인지를 확인해보는 센스가 필요하다.

예시 6

(1) 누런 개가 웅덩이를 가로질러 뛰어갔다. 개의 꼬리는 공중을 향해 치켜들려 있었다.

(2) 누런 개가 웅덩이를 가로질러 뛰어갔는데, 그 꼬리가 공중을 향해 치켜들려 있었다.

(3) 꼬리가 공중을 향해 치켜 들려져 있는, 누런 개가 웅덩이를 가로질러 뛰어갔다.

(4) 누런 개—그 꼬리가 공중을 향해 치켜 들려져 있는—가 웅덩이를 가로질러 뛰어갔다.

(2) 문체에 대한 관심도 필요하다

정확한 문법 감각은 문장의 전달력이나 호소력, 내용상의 포용력이나 확산의 힘에 있어서 커다란 도움이 된다. 정확한 문법지식과 문법의 운용에 대한 훈련된 능력은 문장이 지니는 의미나 흐름을 확실하게 나타내주는 기능을 한다고 볼 수 있다.

하지만 정확한 문장이 곧 훌륭한 문장이 되는 것은 아니다. 문장은 문법이라는 보편성과는 별도로 '표현'의 측면에 의해 생생하게 살아있는 느낌이 전달된다. 곧 문법은 우리가 갖추어야 할 가장 기본이 되는 요건이지만, 거기에서 그칠 것이 아니라 플러스 알파의 요소로 표현의 측면을 첨가시키는 것이 반드시 필요하기 때문이다.

그런 맥락에서 자기소개서를 제대로 다듬어주는 차원에서 문체에 대한 관심을 소개하고자 한다. 문체란 사람마다 각기 다른 개성을 지니고 있듯 글쓰기에서 글쓴이에 따라 다양하게 나타나는 개성적 특색을 말한다. 앞서 소개한 것처럼 자기소개서 한 통을 쓰는 데 고려해야 할 지점들이 많고, 오히려 그 어떤 글쓰기에서보다 우리의 열정과 소망이 내재되어있는 만큼 자기소개서에 대한 애정도 커지기 마련이다. 그러니, 자기소개서 작성에서도 글쓴이가 의도하는 바대로 자기가 쓴 글의 분위기를 만들어가는 방법을 고민해볼 필요가 있다.

경어체와 평어체의 차이

경어체는 경의를 표시하기 위해 사용하는 문체로, 일상적인 대화에서 쓰는 존댓말이나 높임말이 글쓰기에서 쓰이는 것을 말한다. 예를 들어, '밥/먹다/있다'와 같은 표현을 경어체로 바꾸면 '진지/잡수시다/계시다'와 같은 표현이 되며, '~있다/~했다/~이다'와 같은 종결어를 경어체로 바꾸면 '~있습니다/~했습니다/~입니다'와 같은 표현이 된다.

자기소개서 작성에서는 대개 경어체를 쓰는 경향이 있다. 아무래도 자기소개서 작성이 구직의 목적으로 쓰게 되는 상황이 큰 비중을 차지하다 보니, 경어체로 쓰는 것이 조금은 더 공손하고 예의바른 분위기로 전해질 수 있어서이다. 구직용이나 진학용의 경우에는 대개 그 독자층이 글쓴이와 동년배이기보다는 윗세대이기도 하니, 더더욱 경어체 사용을 당연하게 생각한다.

하지만 친교의 목적으로 자기소개서를 작성하는 경우에는 평어체로 쓰는 게 자연스러울 수도 있다. 글쓴이에 따라서는 구직용 자기소개서라 해도 평어체로 작성하는 경우도 있고, 평어체로 썼다고 해서 반드시 무례하다고 느끼는 것은 아니다.

평어체로 쓰는 경우에는 문장의 끝맺음이 훨씬 더 간결하고 깔끔해서 읽기에 편할 수 있다. 무엇보다 분량의 압박에서 조금은 벗어날 수 있다는 장점도 평어체를 선택하는 이유가 되기도 한다.

중요한 것은 그 어느 쪽을 쓰든 한 가지로 일관되게 통일해서 써야 한다는 점이다. 흔히 문장의 첫머리에 '나는 …이다'라고 했다가 어느 부분에 이르러서는 '저는 …했습니다'라고 혼용하는 경우가 많기 때문이다.

경어체를 선택하는 경우

다음의 〈예시1〉은 동일한 내용을 경어체와 평어체로 작성한 자기소개서의 일부이다. 앞서 정리한 경어체와 평어체의 특징을 잘 살펴보기 바란다.

예시 1

경어체 A	평어체 B
비록 선생님들의 하루 제자였지만 적지 않은 가르침을 받았습니다. 김 선생님의 "벽에 부딪칠 때, 여행을 떠나라!", 한 선생님의 "훌륭한 자존심은 남을 채워줄 때 자기에게 생기는 거예요"와 같은 말씀들은 아직도 마음속에 품고 있습니다. 그렇게 선생님들을 만나고 집으로 돌아오는 길에는 선생님들의 말씀과 영화의 한 장면이 접목되어 떠오르기도 했고, 제 자신의 지난날이 부끄럽게 느껴지기도 했습니다. 수많은 선생님들을 만나고 난 뒤, 삶이 참 많이 바뀌었습니다. 토익 책에 얼굴을 묻고 갈길 몰라 방황하던 지난날과 달리 이루고 싶은 꿈도 생겼습니다. 삶의 아름다움과 슬픔을 노래하며 주위 사람들과 함께 도란도란 살고 싶어졌습니다. 식습관, 생활습관도 바뀌어서, 술과 육식 대신 채식 위주의 식사를 즐깁니다. 그리고 취직을 하거나 다시 제도권에 들어가는 대신 더 즐겁게 책을 읽고 있습니다. 의도하고 애쓰지 않았지만 어느새 몸과 마음이 원하는 쪽으로 흘러가고 있다고 생각합니다.	비록 선생님들의 하루 제자였지만 적지 않은 가르침을 받았다. 김 선생님의 "벽에 부딪칠 때, 여행을 떠나라!", 한 선생님의 "훌륭한 자존심은 남을 채워줄 때 자기에게 생기는 거예요"와 같은 말씀은 아직도 마음속에 품고 있다. 그렇게 선생님들을 만나고 집으로 돌아오는 길에는 선생님들의 말씀과 영화의 한 장면이 접목되어 떠오르기도 했고, 나 자신의 지난날이 부끄럽게 느껴지기도 했다. 수많은 선생님들을 만나고 난 뒤, 삶이 참 많이 바뀌었다. 토익 책에 얼굴을 묻고 갈길 몰라 방황하던 지난날과 달리 이루고 싶은 꿈도 생겼다. 삶의 아름다움과 슬픔을 노래하며 주위 사람들과 함께 도란도란 살고 싶어졌다. 식습관, 생활습관도 바뀌었다. 술과 육식 대신 채식 위주의 식사를 즐긴다. 또 취직이나 다시 제도권에 들어가는 대신 더 즐겁게 책을 읽고 있다. 의도하고 애쓰지 않았지만 어느새 몸과 마음이 원하는 쪽으로 흘러가고 있었다.

자기소개서의 문체로 경어체를 선택하는 경우, 당부하고 싶은 사항이 있다. 경어체로 작성하는 경우 문장의 끝맺음을 조금만 다듬어주어도 훨씬 경쾌하게 글을 읽어나갈 수 있게 된다는 점이다. 경우에 따라서는 다양한 끝맺음으로 글의 분위기를 경쾌하게 살려줄 수도 있기 때문이다.

다음의 〈예시2〉는 경어체로 작성된 A를 다듬어준 것이다. 어떤 부분을 어떻게 다듬었는지 꼼꼼하게 살펴보자.

예시 2

경어체 C

비록 선생님들의 하루 제자였지만 적지 않은 가르침을 받았습니다. 김 선생님의 "벽에 부딪칠 때, 여행을 떠나라!", 한 선생님의 "훌륭한 자존심은 남을 채워줄 때 자기에게 생기는 거예요"와 같은 말씀들은 아직도 마음속에 품고 있지요. 그렇게 선생님들을 만나고 집으로 돌아오는 길에는 선생님들의 말씀과 영화의 한 장면이 접목되어 떠오르기도 했고, 제 자신의 지난날이 부끄럽게 느껴지기도 했답니다.

수많은 선생님들을 만나고 난 뒤, 삶이 참 많이 바뀌었습니다. 토익 책에 얼굴을 묻고 갈 길 몰라 방황하던 지난날과 달리 이루고 싶은 꿈도 생겼지요. 삶의 아름다움과 슬픔을 노래하며 주위 사람들과 함께 도란도란 살고 싶어졌으니까요. 식습관, 생활습관도 바뀌어서, 술과 육식 대신 채식 위주의 식사를 즐깁니다. 또 취직이나 다시 제도권에 들어가는 대신 더 즐겁게 책을 읽고 있습니다. 의도하고 애쓰지 않았지만 어느새 몸과 마음이 원하는 쪽으로 흘러가고 있다고나 할까요?

평어체를 선택하는 경우

다음의 〈예시3〉은 평어체로 작성한 경우이다. 글쓴이가 의도한 것인지는 모르겠으나 '까르르'라는 필명에 어울리게 글의 분위기가 경쾌하다. 이는 접속사 등의 군더더기가 없이 비교적 간결한 문장으로 글이 이어지고 있기 때문이다. 물론, 글 전체가 단문의 연속은 아니어서 군더더기 없이 잘 읽어나갈 수 있게 다듬어주었으리라는 짐작을 하게 된다.

예시 3

나는 '까르르'라는 필명으로 블로그를 운영하고 있는 20대 후반의 청년이다. 남들처럼 공부해 대학의 경제학과에 입학했고, 졸업했다.

대학 시절엔 남들처럼 취업 준비에만 열성이었다. 그 누구보다도 먼저 투자상담사 자격증을 땄고, 토익 공부 등 학점 관리와 스펙 쌓기에 열성이었다. 경제적으로 넉넉하지는 않았으나, 운동도 좋아하고, 쾌활하며, 주변 사람들에게 인기도 있어 나름 잘살고 있는 줄로만 믿었다.

> 그런데 문득 돌아보니 '이건, 아니다' 싶었다. 행복하지 않았던 것이다. 그때부터 심각하게 인생을 고민했다. 우선 취직을 포기했다. 하고 싶은 게 딱히 없는데 무작정 직장에 다니고 싶지는 않았다.

특히 밑줄친 부분에서는 ① 경제적으로 넉넉하지는 않았으나, ② 운동도 좋아하고, ③ 쾌활하며, ④ 주변 사람들에게 인기도 있어, ⑤ 나름 잘 살고 있는 줄로만 믿었다는 여러 사실을 담고 있다. 자기소개서에서는 이렇게 여러 가지 사항을 나열할 때 자칫 지루해지거나 단조로운 느낌을 주게 되고, 결과적으로 전달력이 떨어지게 되는 경우가 많다. 그런데 〈예시 3〉에서는 전달력이 떨어지기 쉬운 이 문장에 쉼표를 효율적으로 사용하여 글의 흐름과 속도감을 잘 조절해주고 있다.

더구나 한 문장 안에 경제적으로 넉넉하지 않은 사실과 그래도 나름 잘 살고 있다고 생각하는 부분이 묶여지면서 대비되는 효과도 얻고 있다. 문체란 거창한 것이 아니라 이렇게 사소하지만 자기 특색과 취향을 독자에게 느끼게 해주는 지점이라 할 수 있다.

종결어에도 표현기능이 있다

학생들의 글에서 흔히 발견되는 사례가 같은 종결어의 반복된 사용인데, 글이 단조롭게 느껴지는 요인이 되기도 한다. 다음의 〈예시4〉에서처럼 종결어의 경우에도 나름의 표현 기능을 갖고 있으므로, 자신의 의도를 반영하여 종결어를 다양하게 선택하는 글쓰기 연습을 해보자.

예시 4

	평어체	경어체
확신의 맥락	– 임에 틀림없다/ – 라고 믿는다/ – 임을 안다(알고 있다)	– 임에 틀림없습니다/ – 라고 믿습니다/ – 임을 압니다(알고 있습니다)
추측의 맥락	– 라고 생각한다/ – 일 것이다/ – 일 수도 있다	– 라고 생각합니다/ – 일 것입니다/ –일 수도 있습니다
의심의 맥락	– 할 것 같지는 않다/ – 일지 의심스럽다(의문스럽다)	– 할 것 같지는 않습니다/ – 일지 의심스럽습니다 (의문스럽습니다)
의도의 맥락	– 하고자 한다/ –하겠다	– 하고자 합니다/ –하겠습니다
책임의 맥락	– 해야 한다/ – 할 필요가 있다	– 해야 합니다/ – 할 필요가 있습니다
평가의 맥락	– 하는 것이 좋다/ – 하는 편이 옳다	– 하는 것이 좋습니다/ – 하는 편이 옳습니다
허가의 맥락	– 해도 좋다	– 해도 좋습니다
권유의 맥락	– 하라고 권한다/ – 하라고 권유하는 바이다	– 하라고 권합니다/ – 하라고 권유하는 바입니다
명령의 맥락	– 임을 촉구한다/ – 하라고 촉구한다	– 임을 촉구합니다/ – 하라고 촉구합니다

어휘 사용에서 민감한 문제들 체크하기

첫째, 구어체의 사용이 지나치게 커지지 않도록 조심할 필요가 있다. 구어(口語)로 쓰인 문체를 '구어체'라고 하고, 문어(文語)로 쓰인 문체를

'문어체'라고 한다. 예를 들자면 다음의 〈예시5〉와 같이 구별해볼 수 있겠는데, 구어체는 말하기에서 흔히 동원되는 표현이라 할 수 있고 문어체는 글쓰기에서 흔히 동원되는 표현이라 생각하면 된다.

예시 5

구어체	문어체
거(이거, 그거, 저거, 별거 등)	것(이것, 그것, 저것, 별것 등)
뭔 일	무슨 일
이랑/랑(수박이랑 맥주랑)	와/과(수박과 맥주와)
내가 원하는 건 딱 이거야	내가 원하는 것은 바로 이것이다

자기소개서도 한 편의 글이고 사회적인 활동을 목표로 하는 글쓰기인 만큼 구어체의 사용이 지나치면 진지함을 잃은 태도라고 오해하기 쉽다. 구어체의 특성상 말투가 그대로 들어가면 글의 분위기가 덩달아 가벼워 보이기도 해서, 진지하게 작성해야 하는 자기소개서의 목적과 어울리지 않게 되기도 한다. 그래서 자기소개서에서는 경어체로 쓰건 평어체로 쓰건 지나친 구어체의 표현을 적절한 선에서 조정하여 다듬어주는 예의가 필요하다.

둘째, 신중하게 어휘를 골라 쓰는 태도가 필요하다. 자기소개서는 자신의 이야기를 풀어나가는 점에서 글쓴이가 주도권을 갖고 있는 글이기는 하지만, 독자층이 제대로 읽어주고 좋은 반응을 보여줄 때 효용성을 갖는 글임을 강조한 바 있다. 그렇다면 글쓰기 과정에서 독자와 소통이 어렵거나, 독자의 오해를 산다거나, 독자에게 부정적인 이미지를 주는 표현을 최대한 걸러내려는 퇴고 작업이 필요하다.

셋째, 신뢰감을 주는 글쓰기가 되고 있는지 살펴볼 필요가 있다. 일반적인 글쓰기에서 독자를 배려하는 글쓰기를 강조하는데, 그에 포함되는 내용 중 하나가 글을 읽는 사람에게 신뢰감을 줄 수 있어야 한다는 점이다. 독자가 그 글을 읽고 신뢰감을 갖는다는 것은 글쓴이의 논리를 이해하였음을 의미하며, 따라서 해당 글쓰기의 의도 혹은 목표가 성공적으로 독자에게 전달되었음을 의미한다. 이는 자기소개서의 경우에도 마찬가지일 것이다.

독자에게 신뢰감을 줄 수 있으려면 글을 쓰는 태도가 진지해야 한다. 글쓴이 스스로 그 문제를 진지하게 생각하고 있으며 깊이 있고 신중하게 쓰고 있다는 자세가 글에 나타나야 하기 때문이다. 자신 있는 태도로 글을 쓰는 것도 중요하다. 대체로 자신이 없는 글은 중언부언하거나 확정적인 표현을 미루는 경향이 있고, 불필요한 겸양을 보이기도 한다. 글쓴이 자신이 확신이 없는 상태라면 그 글을 읽는 사람도 신뢰감을 갖기는 어려울 것이다.

다음의 〈예시6〉은 "뼈아픈 교훈을 남긴 실패"라는 소제목으로 쓰인 자기소개서의 일부이다. 자기소개서 전체를 살펴보면 글쓴이는 열심히 자신의 라이프 스토리를 담아내고는 있지만, 독자 입장에서 제대로 읽을 수 있게 다듬어보는 시간을 충분하게, 그리고 충실하게 갖고 있지는 못한 듯하다.

꽤 긴 분량의 글인데, 글의 흐름대로 읽어나가면서 다듬어쓰기 차원에서 같이 살펴볼 만한 부분을 발췌하였다. 앞서 강조한 사항을 유념하면서 같이 살펴보기로 하자.

예시 6

다듬어 쓰기가 필요한 부분	독자 반응
(1) 특목고 진학에 실패했다. 외고 진학을 위해 밤새며 공부했었다. 이때 힘들고 피곤해서 생긴 다크써클과 눈가주름이 지금도 있다. 하여튼 인생을 살면서 맛본 첫 번째의 실패였다.	비논리적 태도
(2) 일반고생이 된 나에겐 열등감으로 다가왔다. 소위 말하는 '열폭'의 시기였다.	신조어 사용의 부적절성
(3) 이내 나는 특목고 실패에 대한 열등감을 내 옆자리 친구들에 대한 우월감으로 대체하기 시작했다. 기계적이고 주입식으로 외고 준비를 하며 학업의 성취를 지상최대의 가치로만 생각했던 어리석은 나의 한계였다. 아닌 척하며 깔보기 시작한 밥맛없는 태도는 이내 급우들 사이를 겉돌게 만들었다.	비속한 표현으로 인한 불쾌감
(4) 선생님들은 느닷없이 찾아온 '듣도 보도 못한 잡것'을 반갑게 맞아주며 비판도 하고, 격려도 해주었다.	신조어 사용의 부적절성
(5) 2학년이 되고 학우들과는 새로 시작하는 마음으로 잘 지냈다. 그러나 이내 작은 위기가 찾아왔다. 과거를 알게 된 몇 명이 내게 '주홍글씨'를 찍으려 한 것이다. 대처할 수도 없고 당황스러워서 교실에서 왈칵 눈물을 쏟았었다.	과장된 수사법
(6) 자신의 일도 아닌데, 큰소리로 나를 옹호해주는 친구들이 대단했다. 이해 타산적으로 사람의 관계를 생각하던 나에게는 정말 충격이었다. 정말 감사했고, 사람의 힘을 다시금 깨달았다.	과장된 감정 나열

(1)번의 경우 특목고 진학에 실패한 경험담을 서술하고 있는 부분이다. 이때 글쓴이는 입시준비의 어려움을 이야기하다가 갑자기 '하여튼'이라는 표현을 쓰면서 첫 번째 실패임을 강조한다. 국어사전에서 '하여튼'을 살펴보면, '의견이나 일의 성질, 형편, 상태 따위가 어떻게 되어 있든'이라는 뜻이라 풀어놓고 있다. 대개 글쓴이의 주장을 강조하거나 단정적으로 마무리하고자 할 때 사용되는 편이라 다소 막무가내로 마무리한다는 인상

을 주게 된다. 이런 경우에는 전후 사정을 간략하게라도 밝힌 후 논리를 일관되게 추려낸 후 '따라서/그러므로'로 연결하는 것이 바람직하다.

⑵번과 ⑷번의 경우에는 신조어 사용이 독자층에 부담으로 작용하는 경우이다. '열폭'이란 말은 '열등감 폭발'이라는 신조어인데, 독자층의 연령대를 생각할 때 자기소개서에 쉽게 동원하기 어려울 것이다. '듣보잡'을 풀어준 '듣도 보도 못한 잡것'이라는 표현도 마찬가지로 독자에게 부정적인 이미지를 줄 수 있어 조심스럽다.

⑶번의 경우에는 일상생활에서 흔히 쓰일 법한 표현이 노골적으로 드러나있어 안타깝다. 비속한 표현을 사용하는 경우 글의 격이 떨어질 뿐만 아니라, 그 글을 읽는 독자에게는 불쾌감을 줄 수 있음도 기억하자.

⑸번과 ⑹번에서는 감정의 절제가 필요해 보이는 부분들이 있다. ⑸에서 인용한 '주홍글씨'라는 표현은 글쓴이가 겪은 경험을 인상적으로 보여줄 수 있는 수사적 표현으로 볼 수 있지만, 제시된 정황에 비추어 볼 때 다소 과장된 게 아닌가 싶다. 과도한 수사는 역효과를 내기 마련이므로 적절한 선에서 조정해주는 것이 자기소개서의 미덕을 발휘하는 것임을 다시한번 기억하자.

⑹번에서도 감정의 과잉으로 과장된 표현이 나열되고 있다. 구체적으로 친구들의 행동을 설명하고 그에 맞게 자신이 깨우친 바를 담담하게 서술하는 것이 훨씬 설득력을 얻는 글쓰기 방법이 된다.

(3) 독자 입장에서 읽어보기

세 번째 사항으로, 독자 입장에서 읽어보고 가독성을 높일 것을 권하고 싶다. 다듬어쓰기를 하는 목적이 바로 가독성을 좋게 하여 전달력을 최대한 높이려는 데 있기 때문이다.

가독성을 높이려면 자기소개서에 대한 감각을 키우는 것이 필요하고, 무엇보다 독자 입장에서 읽어보는 것이 효과적이다. 대부분의 글쓰기에서와 마찬가지로 이 방면의 글을 다양하게 접하면서 독자로서 느끼는 반응과 호응을 미리 체험해두는 것이 중요하기 때문이다.

예를 들어 구직용 자기소개서를 써야 한다면, 자신이 지원할 직종의 사람들이 올려놓은 자기소개서를 찾아 읽어보는 것이 도움이 된다. 다른 사람들이 어떻게 썼는지 확인하면서 자신이 인사담당자라면 어떤 글이 괜찮은지 감을 익히는 연습을 하는 것이 필요하다. 이런 식으로 여러 통의 자기소개서를 읽다보면 최소한 이렇게 써서는 안 되겠다는 감을 잡을 수 있을 것이다. 아울러, 눈에 잘 들어오는 소개서는 어떤 건지 체크해 놓는 것은 자신의 글쓰기 실력을 키우는 좋은 훈련이 되기도 한다.

자세한 설명을 생략했지만, 진학용이나 친교용의 목적으로 자기소개서를 작성하는 경우에도 이런 방법으로 독자 입장에서 읽어보는 연습을 하는 것이 도움이 될 것이다.

다음의 〈예시〉들은 각각의 경우에 맞춰 독자 반응과 소감을 정리해놓은 것이다. 구체적인 자기소개서의 사례를 직접 제시하는 것은 분량의 측면에서 부담되므로, 우리는 독자 반응으로 제시된 〈예시〉들을 살피면서 좋은 반응을 얻는 자기소개서의 요건에는 어떤 것들이 있는지 역으로 체크하는 작업을 해보기로 하자.

구직용 자기소개서의 경우

예시 1

(1) '원원 스튜디오'에 입사하기 위한 자기소개서입니다. 이를 위해 타 스튜디오와는 다른, '원원 스튜디오'만이 지향하는 가치 및 특성에 대해 꼼꼼히 조사하였군요. 이를 토대로 자기소개서를 읽을 독자층의 공감대를 형성하기 위한 글쓴이의 전략이 그럴 듯했습니다.

(2) 자신의 이점을 잘 나타내주는 테마들로 자기소개서를 구성하였습니다. 성실성, 소통 및 공감능력, 좋은 사진에 대한 자신만의 철학 등 사소한 듯 보이지만 포토 그래퍼와 관련된 요소들로 글쓴이가 해당 업무에 꼭 필요한 인재임을 입증하고 있네요.

(3) 무엇보다도 좋은 사진에 대한 자신만의 철학을 보여준 점, 매우 돋보였어요. 나아가 '원원 스튜디오'의 지향점이 자신의 가치관과도 부합하기 때문에 입사하기로 마음먹었다는 지원 계기는 진솔하면서도 신뢰감을 주는 부분이라 생각합니다·

(4) 자신만의 각오와 포부를 상세하게 표현했다는 점에서 적극적인 성격과 열정도 느낄 수 있습니다.

(5) 하지만, 문장이 다소 거칠고 편안하게 읽히지 않는 분위기여서 아쉬움이 남습니다. 매끄럽게 다듬는 작업이 추가되어야 이 글의 가독성이 높아지리라 생각합니다.

예시 2

(1) 'KBS 촬영 보조팀'에 입사하기 위해 'KBS'에 대해 면밀히 살펴본 흔적이 역력합니다. 하지만 상대적으로 '촬영 보조팀'에 대한 조사가 다소 피상적이라 아쉽습니다. 글쓴이가 주로 촬영하고 싶은 분야의 방송에 대해 면밀히 조사하면 더 효율적인 자기소개서가 되지 않았을까요? 가장 필요한 정보와 부차적인 정보를 선별하고, 그에 따라 분석하는 능력도 필요합니다.

(2) 자신의 이점을 잘 나타내주는 테마들로 자기소개서를 구성하였습니다. 관련 경험, 성실성, 체력 등, 이 모두 사소한 듯 보이지만 촬영 보조에 필요한 덕목들로, 글쓴이가 '촬영 보조팀'에 꼭 필요한 인물임을 입증하고 있습니다.

(3) 또 자신이 방송 프로그램에 관심을 갖게 된 계기를 구체적으로 서술했군요. 더불어 방송 프로그램을 통해 구현할 수 있는 이상향에 대한 성찰도 돋보입니다. 덕분에 글쓴이가 이 일에 진지한 태도를 갖고 있다는 점을 알 수 있었어요.

(4) 게다가 단순히 글쓴이가 가진 장점이나 이점만을 어필하는 데에 그치지 않고, 앞으로 그곳에 들어가서 자신이 하고자 하는 일들을 구체적으로 밝혀주었습니다. 자신만의 계획과 포부를 상세하게 표현했다는 점에서 적극적인 성격과 열정도 느낄 수 있어 좋습니다.

(5) 하지만 문장 차원에서 보다 다듬어주는 작업이 필요합니다. 가독성을 살려준다면 훨씬 좋은 글이 될 것입니다.

예시 3

(1) 국내 스포츠마케팅회사인 '파이월드'에 입사하기 위한 자기소개서입니다. 자신이 들어가고 싶은 부서 및 직책을 구체적으로 명시하고 그에 필요한 조건을 분석하였네요. 더불어 '파이월드'의 사업 현황이라든가 채용 방법 등을 정확히 인지하고 이를 자기소개서 작성에 잘 반영하고 있습니다.

(2) 자기소개서의 내용 전개도 무난하고 자신이 하고자 하는 말을 독자에게 잘 전달하고 있는 글입니다. 무엇보다도 스포츠에이전시에 대한 글쓴이의 진지한 관심을 확인할 수 있었어요. 이 일을 좋아하게 된 계기와 앞으로 이 일을 대하고자 하는 태도 등이 매우 진솔하게 서술되어 있군요.

(3) 자신의 이상형을 설정하고, 바람직한 에이전시의 방향에 대해 고민한 부분도 인상 깊었습니다. 덕분에 글쓴이가 이 일에 열정적으로 뛰어들 믿음직한 인재라는 신뢰감을 심어주네요.

(4) 하지만 이 글의 가장 큰 문제점 중의 하나는 불안정한 문장과 문단 개념입니다. 무엇보다도 문단이 산만하게 나뉘어져 있고 띄어쓰기도 제대로 되어 있지 않네요. 심지어 맞춤법 부분에서 틀린 경우도 있습니다.

(5) 문장 및 문단 개념이 정확하지 않으면 상대방에게 신뢰를 주기 어렵겠지요. 또 글쓴이가 논리적이고 야무지다는 인상을 주기 힘들 것입니다. 가능하면 글을 깔끔하고 정확하게 쓰는 습관을 들여야 할 것입니다.

진학용 자기소개서의 경우

예시 4

(1) 진학하기 위해 가고자 하는 대학원에 대해 꼼꼼히 살펴보았군요. 무엇보다 대학원의 교육 과정에 대해 제대로 인지하고, 이에 대한 학업계획도 구체적으로 짜고 있군요! 여러모로 신뢰감을 보여주는 자기소개서입니다.
(2) 자기소개서를 읽을 독자층에 대한 분석도 치밀하네요. 독자층의 기대치에 부응하여 자기소개서에 넣을 내용도 매우 핵심적이고 본질적인 부분들로 구성하고 있군요.
(3) 자신만의 각오와 포부를 상세하게 표현했다는 점에서 적극적인 성격과 열정도 느낄 수 있어 좋습니다.
(4) 다만 문장이 길어지는 경향이 있습니다. 문장 차원에서 보다 간결하게 다듬어주는 작업을 하여 가독성을 살려준다면 훨씬 좋은 글이 될 것입니다.

예시 5

(1) 교환학생에 뽑히고자 하는 열망이 잘 드러난 자기소개서입니다. 자신이 중국어와 중국문화에 관심을 갖게 된 계기를 차근차근 설명해주고 있네요. 덕분에 글쓴이가 이 프로그램에 열정이 있다는 사실을 잘 드러내주고 있습니다.
(2) 게다가 한국문화를 전파하고 싶다는 의지를 서술한 점도 참 좋았어요. 자신감 있는 목소리로 자신의 포부를 보여준 건 분명 이 자기소개서의 강점입니다.
(3) 하지만 이 부분의 비중이 상대적으로 너무 약합니다. 독자층의 관심이 모아지는 항목일수록 비중 있게 강화하는 것이 필요하겠지요.
(4) 그리고 문단 개념이 약한 편입니다. 문장도 다소 거칠고 매끄럽게 읽히지 않아 아쉬움이 남습니다. 글쓴이가 논리적이고 야무지다는 인상을 줄 수 있도록 가능하면 글을 깔끔하고 정확하게 쓰는 습관을 들여야 할 것입니다.

친교용 자기소개서의 경우

예시 6

(1) '아자 청년 활동단'에 지원하기 위해 대상기관에 대해 면밀히 살펴보았군요. 자기소개서를 읽을 독자층에 대한 분석도 치밀합니다. 심사 담당자들의 기대치를 정확하게 예측하고 있네요. 자기소개서에 넣을 내용에 관한 계획도 핵심적이고 본질적인 부분들로 구성하고 있어 좋습니다.
(2) 자신이 왜 이 대외활동을 하고 싶은지, 그 열망이 잘 드러난 자기소개서입니다. 자신이 인권 문제에 관심을 가지게 된 계기와 관련 경험들을 비교적 구체적으로 서술하고 있군요. 비록 소소한 이야기들이지만 자신의 생각을 진솔하게 표현하고 있어 글쓴이가 진심으로 이 대외활동에 관심을 가지고 있다는 사실을 짐작할 수 있었습니다. 그래서 더욱 신뢰감이 가는 자기소개서입니다.
(3) 전체 제목과 항목간의 부제목이 돋보이네요. 서로 일관성이 있는 제목으로 짜여있고, 게다가 그 논의가 점층적으로 확장된다는 느낌을 주기에 더욱 좋았습니다.
(4) 그러나 아쉽게도 비유가 식상하다는 인상을 지울 수가 없네요. 자신의 성장과정을 애벌레나 나비에 비유하는 것은 너무나도 흔한 통념입니다. 좀 더 자신의 개성을 드러낼 수 있는 표현으로 글을 구성하면 더 좋을 것 같네요.
(5) 문장이 거칠고 문단 구성이 다소 불안정한 경향이 있는데, 신경 써서 보완하면 더욱 좋은 글이 될 것입니다.

예시 7

(1) '우쭈 글로벌 봉사단'에 지원하기 위한 자기소개서입니다. 이곳에 지원하기 위해 대상기관이 지향하는 가치 및 주요 활동들에 대해 꼼꼼히 살펴보았군요. 무엇보다 정보를 그대로 나열하는 것이 아닌, 자신만의 목소리로 대상기관을 분석했다는 점에서 이 글이 돋보입니다.
(2) 자기소개서를 읽을 독자층에 대한 분석도 상당히 치밀하네요. 심사를 담당하는 이들의 기대치를 구체적으로, 그것도 정확하게 예측하고 있습니다.
(3) 자신의 이점을 잘 나타내주는 테마들로 자기소개서를 구성하였습니다. 능동성과 자율성, 만남의 소중함을 아는 자세, 진정한 리더에 대한 깨우침 등, 이 모두 사소한 듯 보이지만 봉사활동과 관련된 기본자세들로 글쓴이가 '우쭈 글로벌 청년 봉사단'에 꼭 필요한 인재임을 입증하는 내용이라 좋습니다.

(4) 게다가 이것들이 그 전에 체험했던 각종 대외활동을 통해 얻은 산물이라는 걸 강조하고 있어서 글쓴이가 사회 공헌 활동에 대해 지속적인 관심을 갖고 있었다는 것을 느끼게 해줍니다. 이는 대상기관의 지향 가치와도 맞물리는 지점이라 핵심을 공략한 느낌이 들었어요.

(5) 문장전달력도 높습니다. 안정감 있고 차분한 문장이 가독성을 높이고 있네요. 내용 또한 세 항목이 유기적으로 짜여있어서 완결성 있는 인상을 줍니다.

(6) 하지만 문단 구성을 전혀 하지 않은 1번 항목의 경우 가독성이 현저히 떨어집니다. 전체적으로 문단 구성의 효율성을 좀더 높일 필요가 있습니다.

예시 8

(1) '외국인 전통문화 체험사업'에 지원하기 위해 한국문화재보호재단에 대해 꼼꼼히 살펴보았군요. 무엇보다도 정보를 그대로 나열하는 것이 아닌, 주체적인 시각으로 대상기관을 분석했다는 점에서 이 글이 돋보입니다.

(2) 자기소개서를 읽을 독자층에 대한 분석도 상당히 치밀하네요. 독자층의 기대치와 연결해서 자기소개서에 넣을 내용에 관한 계획도 매우 핵심적이고 본질적인 부분들로 구성하고 있군요.

(3) 안정적인 문장이 가독성을 높이고 있는 글입니다. 항목 내의 내용들도 밀도 있고 자신이 하고자 하는 말을 효과적으로 전달하고 있네요. 무엇보다 전통문화를 보존하고 계승하기 위한 자신만의 고민과 시각이 엿보입니다. 그것들이 매우 본질적이고 깊이 있는 사고였기 때문에 글쓴이의 통찰력을 느낄 수 있었습니다.

(4) 하지만, 문화지킴이로서의 자신의 포부가 다소 막연하고 피상적으로 보입니다. '준비된 인재'라는 인상을 보다 확실히 심어주기 위해 구체성을 보강할 필요가 있습니다.

(5) 좀 더 보완한다면, 세 항목의 연결성을 높이는 게 어떨까요? 이 자기소개서의 세 가지 항목은 유기적으로 짜여 있기보다는 개별적으로 서술된다는 느낌을 줍니다. 물론 지금 이 상태도 나쁘지 않습니다. 하지만 전체 흐름을 염두에 두어 항목간의 유기성을 높인다면 구성적인 면에서 더 완성도 있고 매끄러운 자기소개서가 될 것입니다.

(6) 그리고 문장 차원에서도 보다 다듬어주는 작업이 필요합니다. 가독성을 살려준다면 훨씬 좋은 글이 될 것입니다.

3장 유형별 자기소개서의 작성 포인트

1. 구직용의 경우

구직(求職)을 위한 자기소개서는 직장에 취업하는 것뿐만 아니라 임시직의 아르바이트를 구하는 경우까지 넓게 적용된다. 구직을 위한 자기소개서는 직장을 얻고자 하는 글쓴이와 직원을 구하고자 하는 읽는 이의 목적성이 합치된다는 점에서 가장 실용적이고 실제적인 목적에서 쓰이는 글이라 할 수 있다.

이렇게 실제적인 효용성이 크다보니 자기소개서라 할 때 대개는 구직의 목적을 먼저 떠오르게 되는데, 효용성을 제대로 얻기 위해서는 다음과 같이 구직의 목적에 맞게 포인트를 맞추는 것이 필요하다.

지원 분야와 지원동기를 명확히 제시하기

첫째, 지원 분야와 지원동기를 명확히 제시하는 것이 필요하다는 점이다. 아무리 잘 쓴 자기소개서라고 해도 지원자가 어느 분야에 지원하기 위해 쓴 것인지 알 수 없다면 인사 담당자 눈에 들지 못할 것이다. 어떤 분야나 어느 직종에 상관없이 제출해도 무방한 자기소개서는 인사 담당자에게 신뢰감을 줄 수 없다. 아무 일이나 다 할 수 있다는 것은 아무 일도 못한다는 말과 같으므로, 어떤 업무를 하고 싶은지 분명하게 기술하는 것이 필요하다.

따라서 자기소개서를 작성하기 전에 자신이 지원한 일에 대해 어떠한 생각을 가지고 있으며, 이 일에 지원한 이유가 무엇인지를 정확하게 파악하는 것이 필요하다. 그래야만 자신의 어떤 면모와 경력 사항들이 이 일에서 어떻게 작용할 수 있는지를 명확히 표현할 수 있기 때문이다. 일반적인 자기소개서에서 벗어나기 위해서는 적어도 지원한 업무를 하기 위해 어떤 준비와 공부를 했는지 정도는 구체적으로 기술해주는 것이 자기소개서의 미덕으로 요구되는 성실성과 충실성을 갖추는 것이 된다.

이를 위해서는 지원하려는 회사에 대해 구체적인 정보를 수집하는 관심과 애정이 필요하다. 구직하려는 회사의 정보를 얻기 위해 홈페이지나 신문기사 등을 검색하는 방법이 많이 활용된다. 사보를 받아보거나 해당 기업 견학을 하는 등 살아있는 정보를 활용하는 것도 유익하다.

그렇다고 다음의 〈예시1〉에서처럼 막연하게 조사하는 단계에 머물러서는 안 된다. 충실한 정보 수집을 통해 피상적이거나 인상적으로 서술한다는 이미지에서 확실하게 벗어나야 한다.

예시 1

어학연수로 영국에서 생활하고 있을 때 영어회화를 잘 하기 위해 사용한 방법이 영화 관람이었습니다. 런던 중심가에 있는 Leicester Square에는 큰 광장을 중심으로 극장들이 모여 있습니다. 우선 많은 상영관 덕분에 한눈에 상영 영화를 확인할 수 있어서 너무 좋았고 그 편리함이 인상적이었습니다. 각종 대형 시사회 등이 열리고 특히 〈Star Wars〉 시사회는 가장 인상적이었습니다. 더욱 인상적이었던 것은 다양한 명화 페스티벌을 주최하는 영화관이었습니다. 영화를 사랑하는 사람들에게 철 지난 영화는 꼭 비디오나 DVD로 봐야 한다는 고정관념을 완전히 깨뜨렸고, 일반 영화보다 싼 값에 좋은 영화를 많이 볼 수 있었으며, 저예산 단편영화와 우리나라 영화도 종종 상영하여서 시간 맞춰 영화를 보러 간 적도 있었습니다. 우리나라에도 이렇게 영화 하면 떠오를 수 있는 장소가 있었으면 합니다. 그것이 영화 보급 1위 기업 CJ이었으면 좋겠기에, 마케팅부서에 지원하였습니다.

지원 분야에 맞는 면모를 부각시키기

둘째, 지원하려는 분야를 명확히 하고 그에 맞는 면모를 부각시키는 것이 필요하다는 점이다. 이를 위해서는 학교를 다니면서 본인이 했던, 남들과 차별화되는 일을 선택한 후 이를 입사할 기업에 맞게끔 작성하는 것이 필요하다. 기업 입장에서는 지원자가 어떻게 살아왔는지도 궁금하지만, 무엇을 할 줄 알고 입사 후 무엇을 잘하겠다는 판단도 내리고 싶어 할 것이기 때문이다. 따라서 학교생활에 비중을 두어 학과 활동 및 대외 활동 등에 포커스를 맞추는 것이 기본 사항이 된다. 덧붙여, 지원 분야와 관련 있는 자격증을 첨부하여 자신의 능력을 증명해 줄 객관적인 자료로 활용하는 것도 필요하다.

만약 지원 분야와 밀접한 아르바이트 경험과 경력사항이 있다면 일의 분야와 성격, 수행한 업무 성과 등에 대해 자세하게 기술하는 것이 좋다. 이 때, 일의 분야와 맡았던 업무뿐만 아니라 회사 정보 및 근무기간 등에 대해서도 구체적으로 밝히면 더욱 상세한 이해가 가능해질 것이다. 다음의 〈예시2〉를 참고하되, 좀 더 깔끔하고 명확하게 다듬어 쓰기를 해보자.

예시 2

(1)	1학년 때부터 지금까지 '무릉도원'이라는 검도 동아리에서 활동하였다. 동아리 활동은 많은 공연과 토론을 통하여 사람과 사회에 대한 다양한 사고를 접하고 주체적인 시각을 정립할 수 있었던 광장이었다. 특히 기획부장으로 동아리의 행사를 주관하며 조직 안에서의 '관계'에 대한 이해를 얻을 수 있었으며, 대내외 시합을 통해 수많은 '사람'으로서의 사회를 만날 수 있었다. 동아리에서의 경험들은 앞으로 살아나가면서 어떤 식으로 사회생활을 하고 꿈을 펼쳐야 하는가에 대한 명확한 가치관을 심어주었다. 곧, 타인을 나의 일부로 받아 안을 수 있는 건전한 사고를 부여해 주었으며, 조직과 구성원 개인이 함께 성장하고자 하는 의지만이 모두에게 이익이 되는 'win-win' 전략으로 상황을 이끌 수 있다는 결론을 얻을 수 있었다.
	대학생활을 시작하며 '넓은 세상 경험하기'라는 목표를 세웠다. 꿈을 실현시키기 위해 일찍부터 아르바이트를 하며 노력한 끝에 대학 2학년 때 유럽여행을 다녀올 수 있었다. 학교를 휴학한 대신 유럽 10여 개국을 여행하며 개성 있는 삶을 사는 세계

(2)	각국의 젊은이들을 만났으며, 새로운 문화를 체험하며 우리나라를 더욱 사랑하는 마음을 배웠다. 나처럼 외국에서 온 일본인이나 남미인들과의 교류를 통해 편견에서 벗어나 열린 시각으로 세상을 대할 수 있게 된 것이다. 미국적인 사고만이 옳은 것이라는 태도는 어떻게 나왔는지, 일본의 젊은 세대들은 한국에 대하여 어떤 감정과 생각을 가지고 있는지, 남미에서의 경제 실패로 인한 이민 러시와 지금의 한국 상황은 어떤 유사점이 있는지 등에 대해 각국의 젊은이들과 토론하였다. 이렇게 다양한 사고와 생활을 이해하고 받아들이는 것이 Global Mind의 한 축을 이룬다고 생각한다·
(3)	대학에서 교수님의 지도 아래 CPIM(생산재고관리사) 스터디에 참여한 바 있다. CPIM을 통해 기업의 생산 계획 Hierarchy를 중심으로 고객 만족을 위한 기업들의 노력과 사례 등을 살피며 3년 동안 배웠던 경영학의 지식들을 정리할 수 있는 기회를 가졌다. 이는 스터디 지식으로만 그치지 않고 관심을 CRM이라는 구체적 방향으로 이끌었다. 고객의 가치창조는 곧 그 기업의 가치 증가로 이어지며, 고객은 기업이 고객을 끌어들이기 위해 최선을 다할 때에만 뒤돌아본다고 한다. CRM 마인드를 업무에 투영시켜 고객만족을 위한 올바른 서비스를 제공하고 싶다.

가치관의 측면을 배제하지 않기

셋째, 구직용 자기소개서는 다른 목적의 자기소개서보다 보다 실용적으로 쓰기 쉬운 경향이 있지만, 그렇다고 해서 개인을 이해하는 데 필요한 가치관의 측면을 배제해서는 안 된다는 점이다. 지원 분야와 관련하여 참고가 될 만한 성장배경이나 성격을 밝혀주는 것은 개인을 제대로 이해하는 데 매우 중요하기 때문이다.

이력 사항을 항목화하여 간단히 기술하게 되는 이력서(또는 입사지원서)와는 다르게, 자기소개서에서는 이런 사항들을 글로 표현할 수 있는 여지가 크다. 따라서 자신이 어떻게 살아왔나를 보여주는 것만큼이나 앞으로 어떻게 살아갈 것인가를 보여주는 것이 가능한 형식의 글이기도 하다. 이렇게 드러나는 개인의 내면적인 면모와 가치관 등은 직업관이나 인생관, 인간관 등으로 변형되어 서술될 수 있다.

다음의 〈예시3〉은 구립도서관의 사서로 일하기 위해 직무와 관련된 충분한 이해 능력과 지식의 구비를 단지 나열하는 것이 아니라 자신의 각오와 좌우명과 연결하여 설명하고 있음이 돋보이는 글이다. 자신의 좌우명을 밝히면서 도서관 업무에서 어떻게 해나갈 것인지를 언급하면 좋을 것이라는 글쓴이의 구상이 치밀해 보이며, 이와 연결하여 사서의 자질에 대해 스스로 정리하고 있는 부분도 글쓴이가 지원 분야에 대한 확고한 신념과 지식을 갖고 있음을 분명히 알려주는 지점이어서 칭찬할 만하다.

예시 3

(1)	저의 좌우명은 '무엇을 하느냐도 중요하지만, 어떻게 하느냐도 중요하다'입니다. 어떤 일을 한다고 할 때, 그 대상이 되는 것에 집중을 하는 것도 중요하지만 그 일이 이루어지는 과정도 중요하다는 의미입니다. 이 좌우명은 고등학교 때 운동회를 하면서 가지게 된 생각으로, 반에서 발야구를 할 학생을 뽑는데 저는 자진하여 참가하게 되었습니다. 그때는 반 친구들과 함께 하는 것이 재미있어서 반드시 이겨야겠다는 생각은 별로 없었습니다. 야간자율학습 시간에 친구들과 패스 연습도 하고, 서로 요령을 가르쳐 주면서 자연스럽게 경기에 몰입하여 최선을 다하게 되었던 것입니다. 비록 경기에서는 졌지만 게임 후에 느낀 감정은 패배감이 아닌 만족감과 성취감이었습니다. 이러한 경험을 통해 경기 자체를 즐기고 그 과정을 중시하게 하였으며, 앞서 언급한 좌우명을 갖게 되었습니다.
(2)	규맥도서관의 사서가 된다면, 사서업무도 하고 대(對)이용자 봉사도 하게 될 것입니다. 이에 저는 사서업무를 수행함에 있어 사무적으로만 일을 처리하지는 않겠습니다. 전 과정에 심신을 기울여 사서업무를 효율적으로 처리하기 위하여 노력할 것이며, 융통성 있고 유연성 있게 수행하기 위해 노력하겠습니다. 그리고 대(對)이용자 봉사에 있어서, 다만 이용자가 원하는 도서를 찾아주고 이용자의 질문에 대답하는 것이 아니라 이용자와 함께 도서를 검색하며 적극적으로 소통하겠습니다. 그리고 질문에 대한 답을 상호 커뮤니케이션을 통해 협동하여 찾아볼 것입니다. 제 좌우명을 토대로 도서관 업무에 전념하겠습니다.

(3)	제가 생각하는 사서의 자질은 바로 '봉사정신'입니다. 이것은 사회봉사활동이나 장애인에게 하는 봉사와는 조금 다릅니다. 왜냐하면 도서관 이용자는 어떤 정보를 찾고자 하는 의지와 욕구를 가졌기 때문입니다. 그들의 의지에 부응하기 위해 사서는 이용자를 단지 도서관을 방문하는 '손님'으로 여길 것이 아니라, 도서관의 '주인'으로 여겨 봉사하는 마음을 가져야 한다고 생각합니다. 또 이를 통해 이용자가 사서라는 직원에게 갖는 막연한 거리감을 해소하고 친근감을 유발하여 활발한 상호 커뮤니케이션 달성에 도움이 되어야 한다고 생각합니다.

아르바이트의 경우

그렇다면 아르바이트의 경우에는 어떻게 쓰는 것이 가능할까? 대개의 아르바이트가 자기소개서 제출을 생략하고 있는 편이기는 하지만, 그렇다고 자기소개서 작성이 전혀 요구되지 않는 것은 아니다. 아르바이트를 위해 자기소개서를 써야 된다면 구직용 자기소개서의 범위에서 쓰되, 그보다는 정도를 완화하여 조금은 융통성을 갖고 유연하게 쓰는 것이 가능할 것이다.

이어지는 〈예시4〉의 글쓴이는 인생에 도움이 되는 경험을 쌓고 알찬 겨울방학을 보내기 위해 스키장에서 아르바이트 활동을 하기를 원하고 있다. 글 전체의 분위기는 대학생답게 재치 있고 발랄한데, 글쓴이 스스로 자신이 원하는 일이라면 열정적이고 성실히 수행하는 면모가 있음을 잘 알고 있어 자신감이 넘친다. 이런 인상 덕분인지 아르바이트 경험이 처음이라 함에도 성실히 최선을 다해서 맡은 바 책임을 다할 것이라는 글쓴이의 소신과 각오가 공허하게 들리지 않는다.

예시 4

(1) 지원동기– 새로움과 경험을 얻고 싶습니다!

사람들은 새로운 것을 찾아 헤매며, 특히나 젊을 때는 새로운 것에 대한 욕구가 가장 강한 때라고 생각합니다. 저에게 있어서 스키장이란 곳은 한 번도 접해보지 못한 미지의 영역이며, 아르바이트 역시 마찬가지입니다.

새로움에 대한 욕구만큼이나, 젊었을 적 고생은 사서 한다고들 하죠. 전 여기서 고생을 풍부한 경험이라고 생각하며, 그 경험이 한 사람을 성숙된 이로 성장하는데 절대적인 역할을 한다고 생각합니다. 열정적으로 무언가를 느끼고 싶어 하는 이 청년에게, 성숙한 사회인으로 성장하고 싶어 하는 미성숙자에게 새로움을 겪고 고생을 살 기회를 주시기 바랍니다.

(2) 나의 성장과정– 영화에서 배운 삶의 나침표!

중학교 1학년 때, 친구들과 영어과외를 받은 적이 있습니다. 다들 꽤나 친하게 지냈기 때문에 우리는 가을의 어느 날을 맞이하여 2박 3일간 여행을 갔습니다. 도시와는 달리 풀내음과 바닷내음이 나는 곳에서 지내던 우린 선생님의 권유로 읍내 영화관에서 '위대한 유산'이라는 영화를 보았습니다. 편협한 이기주의적 요소가 강했던 사춘기의 소년에게 영화는 '성실히, 순수하게 살라'는 인생의 나침표를 던져 주었습니다.

살아온 날들보다 앞으로의 인생이 더 많이 남은 저입니다만, 나이가 들수록 제 자신이 황폐해지는 것을 느끼곤 합니다. 하지만 이상하리만치 잊히지 않는, 어릴 적 본 그 영화로 인해 흔들리는 자신을 항상 북극을 가리키는 나침판처럼 붙잡아 올바른 곳을 보고 살아가도록 노력하고 있습니다.

(3) 성격– 노력하는 사람이 되자!

예전의 저는 과묵한 편이어서 한때 동네 아주머니들로부터 '한과묵'이란 별명을 얻을 정도였습니다. 교우관계 역시 그다지 폭넓지 못했기에 저의 이런 성격을 바꾸기로 마음먹었습니다. 그래서 누군가를 처음 접할 때도 친근하고 다정하게 대할 수 있도록 노력했으며, 그런 노력 덕분이었는지 '참 달라졌다'라는 말을 많이 듣게 되었습니다. 노력하면 된다는 사실을 이때 가슴깊이 새기게 되었으며, 노력하는 자세야말로 저의 가장 큰 장점으로 꼽고 싶습니다.

또한, 저는 중산층의 집안과 다정다감한 부모님 밑에서 자라서인지 크게 모난 점은 없으나 자신의 주장을 쉽게 꺾지 않는 면도 있습니다. 단체 활동에서 이런 성격은 자칫 마이너스적인 요소가 될 수 있지만, 상대방의 의견에 경청하는 자세를 갖고 있는 저이기에 제 의견이 틀렸다고 생각하면 수정하는 여유를 갖고 있습니다. 이는 다른 한 편으로 남의 말에 휘둘리지 않는 플러스적 요소가 될 수도 있을 것입니다. 실제로 이런 자세는 친구들과 대화를 할 때 많은 도움이 되어 주었습니다.

(4) 사회경험– 복지관에서의 소중한 활동들!

고3 시절을 제외하고는 방학 때마다 복지관을 다니면서 봉사활동을 했었고, 두 번이나 반장을 했던 저는 지도하시는 선생님과 함께 친구들을 이끌었습니다. 복지관에서는 외로이 홀로 사시는 노인분들을 만나드리고, 미흡하나마 말벗이 되어드리는 활동을 주로 하였습니다. 이를 통해 나만을 생각하는 이기적인 모습에서 벗어나 정신적으로 성숙하게 될 수 있었지요.

다들 어린 학생이다 보니 봉사활동 이외의 놀이적인 요소가 결합된 활동들도 했었습니다. 조를 짜서 산행을 통한 지도그리기와 그것을 발표하는 활동들을 권장하였는데, 수동적으로 수련회의 규칙에 따르는 것이 아니어서 자발성과 적극성을 요구하는 활동들이었습니다. 이러한 일련의 활동들은 조원들의 많은 대화와 노력이 요구되었기 때문에 단체 활동에서 필요한 리더십과 협동심을 배울 수 있었습니다.

이렇게 다양한 활동들을 통해 쌓은 경험과 자신감은 혼자가 아닌 여럿이 함께 일하며 고객에 봉사해야 하는 스키장 아르바이트에 보다 큰 자산이 될 것이라 생각합니다. 저는 정신적으로나 육체적으로 이곳에서 일할 만반의 준비가 되어 있다고 확신합니다.

2. 진학용의 경우

자기소개서는 진학(進學)을 위한 목적으로도 쓰인다. 대학원에 입학하여 학위과정을 밟아 공부를 계속하려는 경우 자기소개서 작성이 요구되기도 하기 때문이다. 경우에 따라서는 어학연수 등과 같이 자신에게 필요한 공부를 더 하고 싶을 때 자기소개서 작성이 요구된다.

진학용 자기소개서는 앞서 설명한 구직용 자기소개서와 달리 '진학'에 포인트를 맞추는 것이 필요하다. 곧, 자신이 원하는 분야에서 제대로 된 공부를 계속 해나가며 실력을 쌓아 성취할 수 있는 면모를 부각시키는 게 포인트라면 포인트가 된다. 물론, 이러한 포인트를 제대로 살리려면 구직용의 경우에서와 마찬가지로 지원하는 학문분야에 대한 정보를 수집하고, 그에 맞게 자신의 성격이나 관심사, 경력 사항 등을 부각시키는 것이 필요하다.

◆ 진학 동기와 목적의식을 분명하게 밝히기

다음의 〈예시1〉은 문헌정보학과 영어영문학을 복수전공한 글쓴이가 교육대학원에 진학하려는 동기로 쓰인 글이다. 글쓴이는 복수전공을 하느라 깊이 있게 공부하지 못했던 영어교육학 분야의 학문을 좀 더 심도 있게 학습하고 싶어 하며, 아울러 교원 임용고시에 응시할 수 있는 자격을 취득하기를 원하고 있다.

자기소개서의 내용은 자신의 성격을 영어 교사의 자질과 연결하여 설명하면서 유능한 영어 교사가 될 수 있으리라는 잠재적 가능성을 강조하는 데 중점을 두고 있다. 진학을 위한 자기소개서에서도 이렇듯 구체적인 진학 동기와 목적의식이 분명한 게 좋다.

예시 1

나는 영어를 참 좋아하고, 잘 한다. 중학교 시절 이후로 지금까지 영어 과목을 좋아했고, 성적도 탁월한 편이다.

물론 영어를 잘 한다는 것 하나만으로는 큰 무기가 될 수 없다. 중요한 것은, 내가 영어실력을 향상시키기 위해 공부하는 것 자체로 즐거움을 느낀다는 것이다.

나에게 영어 공부를 한다는 것은 흔히 보통의 한국 사람들이 하는 것처럼 토익이나 토플의 시험점수를 올리기 위한 것이 아니다. 나에게 영어는 하나의 언어이고, 의사소통 수단이다. 그렇기에 내게 영어공부는 외국인과 의사소통을 잘 하기 위한 목적이 우선되며, 영어를 공부하고 익히는 그 자체가 즐겁고, 점차 실력이 나아지는 것을 볼 때마다 뿌듯함을 느낀다.

나는 논리적이고 분석적인 사람이다. 이것은 교사가 되려는 사람에게는 필수적인 자질이라고 생각한다. 어떤 것을 '잘 하는 것'과 '잘 가르쳐줄 수 있는 것'은 분명히 다르다. 기본적으로 어떤 것을 누군가에게 잘 설명해주기 위해서는 그것에 대해서 많이 알아야 한다. 나는 내가 알고 있는 것을 상대방이 쉽게 이해할 수 있도록 논리적으로 설명해주는 것에 더 자신 있다.

무엇보다 나는 아이들을 참 좋아한다. 순수한 아이들과 함께 하며 그들의 꿈을 키워주는 것에 보람을 느끼고 싶다. 이러한 면면이 영어교사가 되고 싶은 이유이기도 하다. 그런 의미에서 교육대학원에 진학하는 것은 영어교사의 꿈을 이루기 위한 첫걸음이다.

영어는 스트레스를 받으며 공부해야 하는 지식의 한 분야가 아니라, 다른 나라 사람들이 의사소통을 위해 사용하는 언어일 뿐이고, 국제화 시대에 접어들고 있는 요즘 영어는 필수이자 기본이다. 내가 교사가 된다면 학생들에게, 영어 공부를 하며 내가 느껴온 즐거움을 전해주고 싶다.

진학 후의 학업계획을 구체적으로 밝히기

둘째, 대학원 진학 후의 학습계획과 훗날 학업을 마쳤을 때의 포부 역시 구체적으로 서술하는 것이 필요하다.

다음의 〈예시2〉는 미술사학과를 졸업하고 대학원 과정에 진학하기 위해 작성된 글이다. 글쓴이는 미술사학이라는 학문이 특히 범위가 포괄적이고, 이 분야에서 일을 하거나 학자가 되기 위해서는 대학원을 가는 것이 필수라고 생각하고 있다. 그리고 다른 나라의 미술사학도 연구해야 하는 학문의 특성을 이해하여 이를 실천할 수 있는 계획을 세우고 있다. 미술사학을 전공하여 학예사가 되고 싶은 자신의 미래를 위한 준비과정에 대학원 진학의 의미가 있는 만큼 대학원 진학 후의 공부에 대한 의욕과 미래에 대한 기대와 포부가 넘쳐있다.

예시 2

파노프스키(Erwin Panofsky, 1892-1969)라는 유명한 미술사학자는, 작품을 심층적으로 해석하기 위해서는 그 시대의 사회적 계층, 종교, 철학의 기본적인 태도와 맥락을 이해해야 한다고 하였다. 나는 이러한 파노프스키의 생각에 전적으로 동의한다. 미술사학도 하나의 역사이기 때문에 주변의 영향을 받는 것은 당연한 것이다. 그렇기 때문에 근시안적인 시각으로 미술에 대해 공부하기보다는 여러 가지를 알아야 한다고 생각한다.

이를 위해 준비하고 있는 계획은 다음과 같다.

우선, 미술사학을 제대로 이해하기 위해서는 당시의 역사에 대한 공부가 필수적으로 요청되기에 역사학 분야를 부전공으로 채택하여 공부를 하고 있다.

둘째, 우리나라 그림을 제대로 알기 위해서는 이웃나라인 중국과 일본에 대해 잘 알아야 한다고 생각한다. 일본어를 공부한 뒤 중국어를 배우면서 간단하게라도 해당 분야의 서적을 읽을 수 있기를 기대하고 있다.

셋째, 아직은 자료 소개가 뜸하여 충분히 공부하기가 어려운 여건이지만 제3세계의 미술에도 관심을 가지고 공부해야 한다고 생각한다. 역사가 오랜 나라의 찬란한 문화를 접해야 한다고 생각하며 알아가기 위해 노력중이다.

기술이 발달하고 살기 편안해질수록 과거를 뒤돌아보게 된다고 한다. 이러한 상황에서 과거와 현재를 오갈 수 있는 미술사학 분야의 공부가 매력있게 느껴지는 것은 나로서는 당연하다. 아직은 학생의 신분이라 여러 나라를 가보지는 못했지만 가까운 곳은 배낭여행을 다니며 문화재를 직접 보고 느끼며 생각하고 알아보고 싶다.

대학원에 진학하여 심도있는 공부가 뒷받침되면 학기마다 있는 발굴사업에 참여하고, 해외답사에도 적극적으로 지원하고 싶다. 이렇게 작은 것에도 호기심을 가지고 차근차근 알아보면 언젠가는 박물관 학예사의 꿈도 반드시 이룰 수 있을 것이라 기대한다.

어학연수의 경우

그렇다면 어학연수를 위한 자기소개서의 경우는 어떻게 작성하는 것이 가능할까? 연수과정 또한 진학의 의미를 크게 벗어나지 않으므로 앞서 설명한 주의사항을 그대로 지키는 것이 필요하다. 다음의 〈예시3〉을 참고하되, 이제는 자신의 경우에 맞게 한 통의 자기소개서를 작성해보기 바란다.

예시 3

제 꿈은 중국문학 번역과 중국어 동시통역 능력을 겸비한 전문가가 되는 것입니다. 제가 다니던 중국어 학원에서 처음 뵌 선생님이 그런 분이셨습니다. 학원 강의 외에도 중국서적을 번역하시고 중국과 우리나라를 오가며 동시통역까지 하시는 분이셨는데, 그 당당함이 막연하게 미래를 계획하던 저에게는 큰 충격이었습니다. 그 선생님을 만난 이후, 나도 저런 당당함을 갖고 싶고 그렇게 될 수 있게 열심히 노력하겠다고 스스로에게 다짐했습니다.

북경 어언대학은 1962년 6월 중국의 외국 유학생을 위하여 설립된 예비학교로 중국 국가교육위원회 직속의 국가중점대학 중 하나라고 알고 있습니다. 1년에 약 4000명의 유학생들이 어언대학으로 중국어를 배우기 위해 가고 있고, 그만큼 어디에도 빠지지 않는 최고의 커리큘럼을 가지고 있다고 들었습니다.

저는 북경 어언대학에서 어학연수를 받고 싶습니다. 1년의 예정기간을 넘어서는 일이 있을지도 모르겠습니다만, 얼마간의 시간이 더 필요하다고 해도 많이 노력하고 배울 것입니다. 중국어 능력시험인 HSK에도 계속 응시할 것이고, 중국의 대학에도 입학할 수 있는 자격이 주어지도록 열심히 공부할 것입니다.

어학연수를 마친 이후에는 중국의 대학에서 중국문학을 공부해보고 싶습니다. 한국에서 공부하면서 짧기는 했지만 중국의 고전시가와 문학을 조금씩 접해보았습니다. 중국시가 특유의 문장과 그 속에 담긴 오묘한 의미에 끌려서 더 깊이 공부해보고 싶다는 생각을 하게 되었습니다. 또 중국문학을 제대로 공부해야 나중에 중국서적을 번역하는 일을 할 때 도움을 받을 수 있을 것이라는 생각도 했습니다.

어언대학에서의 어학연수는 제게 있어서 오랫동안 가져왔던 꿈을 실현하는 첫걸음입니다. 그만큼 두렵기도 하고 설레기도 합니다. 저는 제 자신의 당당한 미래를 위해 이곳에서 제 꿈의 첫걸음을 내딛고 싶습니다. 저는 반드시 꿈을 이룰 것이고, 이 대학에 꼭 필요한 사람이 될 것이라고 자신할 수 있습니다. 제 자신을 소개할 수 있는 기회를 주셔서 감사합니다.

3. 친교용의 경우

앞서 살핀 구직이나 진학의 목적이 아니더라도 자기소개서를 쓰게 되는 상황은 의외로 많다. 다름 아닌 친교(親交)의 목적을 위한 것으로, 새로운 단체에 가입하고자 할 때 자기를 소개하는 경우는 매우 흔한 상황이다. 대학생활의 꽃이라 하는 동아리 활동뿐만 아니라 방학중 특별행사에 참여하기 위해 자기소개서를 써야 하는 경우가 생기기 때문이다. 개인적인 교류를 위해 자기소개서를 쓰거나 구애나 구혼의 과정에서 자기소개서를 쓰게 되는 경우 역시 드물지 않다.

친교를 목적으로 하는 자기소개서의 경우 앞서 살핀 구직이나 진학의 목적에서처럼 정해진 틀이나 필수사항이 있는 것은 아니다. 친교의 상황이라는 것이 대단히 포괄적이고 다양한 만큼 자기소개서를 작성하는 일반적인 원칙을 지키는 선에서 유연하고 개성적으로 접근하는 것이 필요할 것이다.

이에 이 장에서는 친교의 상황에서 쓰인 자기소개서의 몇 가지 사례를 짚어보는 것으로 설명을 대신하고자 한다. 주어진 사례를 꼼꼼히 분석하여 자신에게 필요한 부분을 챙기되, 독자의 입장에서 어떤 반응이 가능할지를 아울러 살피는 것이 또 다른 공부가 될 것이다.

구체적인 동기를 분명히 제시하자

먼저, 입회를 목표로 쓰인 사례를 검토하자. 입회를 목적으로 하는 만큼 구체적인 동기가 분명히 제시되어야 하는 것은 필수사항이다. 다음의 〈예시1〉은 자신이 풍물 동아리에 가입하고 싶은 이유를 명확히 제시하고 있다.

예시 1

풍물을 처음 접한 순간의 감동을 잊을 수 없습니다. 저절로 흥이 나는 우리 가락의 멋과 공연장을 울리는 장구, 북, 꽹과리, 징은 저의 마음을 사로잡았습니다. 중학교 때 숙제로 인해 공연을 관람하기 전까지 직접 풍물을 본 적이 없었습니다. 텔레비전에서 얼핏 보는 것이 전부였는데, 공연으로 직접 보았을 때의 그 두근거림은 정말 잊을 수 없습니다.

이후에도 저의 마음속에는 항상 '언젠가 풍물을 배워서 장구도 쳐보고 북도 쳐볼 것이다'라는 생각이 있었습니다. 하지만 중, 고등학교 때 배우는 것은 무리여서 마음속에서 점차 흐려지고 있었습니다. 그러나 대학생이 되고 나서 다시 한 번 저의 마음속에는 풍물에 대한, 풍물을 하고 싶은 생각이 강하게 일어나고 있습니다.

흔히 20대를 탄산음료에 많이 비유합니다. 톡톡 쏘는 맛이 개성이 강하고 자기 멋대로인 20대를 상징한다고 생각해서 비유하는데, 저는 그 톡톡 쏘는 것이 금방 빠져서 나중에는 밍밍해지는 것도 20대를 설명하는데 중요하다고 생각합니다. 20대의 열정이 지속되지 않고 일회성으로 한 번에 끝나는 것을 뜻한다고 생각합니다.

하지만 저의 풍물에 대한 열정은 그러한 일회성이 아닙니다. 오랫동안 마음속에 품어두고 있었던 풍물을 배운다면 정말 기쁜 마음으로 꾸준히 연습할 것입니다.

자신의 면모를 제대로 보여주자

다음의 〈예시2〉 역시 봉사활동단체에 가입하려는 목적으로 쓰인 글이다. 아이들을 보살피는 봉사 연합 동아리에 자신이 얼마나 적합한 사람인지를 보여주기 위해 자신의 성장과정과 성격에서 연결고리를 찾아내고 있음을 칭찬할 만하다.

예시 2

(1) 입회동기: 사랑을 필요로 하는 아이들에게

나의 사랑을 필요로 하는 사람이 있고 또 그 사랑을 누군가에게 전해줄 수 있다는 것은 참으로 의미 있고 행복한 일이다. 그런 의미에서 특히 부모에게 버려진 아이들은 내가 가진 사랑을 나누어 줄 수 있는 아름다운 존재라고 생각한다. 사랑을 받으며 자라야 할 자격이 있는 아이들에게 비록 작은 힘이겠지만 하늘의 해가 그렇듯 나도 사랑을 쏟아주고 싶다.

(2) 성장배경과 가정환경: 사랑을 배우다

부모님의 큰 사랑은 나를 끊임없이 성장하고 깨우치게 만들었지만 내게만 사랑을 쏟으신 것은 아니었다. 어렸을 때부터 어머니는 불우이웃돕기 성금을 거르지 않고 내셨는데, 돈의 액수를 떠나 누군가를 도와 줄 수 있다는 기쁨을 몸소 보여주신 것이라 생각한다. 아버지께서도 한 달에 두 번쯤은 근처 양로원에서 봉사활동을 하셨다. 한번은 아버지를 따라 양로원에 갔었는데, 그 곳에서의 일들이 내게는 결코 쉽지 않았다. 그래서인지 청소를 하고 할머니들의 이야기 상대가 되어주고 할아버지의 목욕을 시켜드리는 아버지의 모습은 퍽이나 인상적이었다.

이렇게 두 분이 나에게 몸소 보여주신 것은 남에게 베푸는 사랑의 실천이었다. 사랑은 받을 때도 행복한 것이지만 사랑이 필요한 누군가에게 주는 것이야말로 진정한 행복이라는 것을 부모님께 배우며, 사랑은 나눌수록 커진다는 것의 의미를 깨닫게 되었다.

(3) 성격: '情'으로 말하다

정이 많고 남에게 싫은 소리 한번 제대로 못하는 여린 마음은 부모님의 성격을 그대로 닮아버린 것 같아서 속상한 적도 많았다. 자기주장을 확실히 하는 사람이 당당해보이기도 하고, 사회에 나가서도 대접받는다고 여기기 때문이다. 하지만, 정이 많은 여린 마음 때문에 어려운 처지의 사람을 보면 언제나 도와주고 싶어 하는 나를 볼 때 조금은 위안이 되기도 하였다.

무엇보다도 정이 많고 여린 내 성격이 사랑 받기를 원하는 아이들을 돌봐주기에는 나쁘지 않다고 생각한다. 봉사활동을 하는 사람 중에는 한 번 해보고 나서는 그 뒤로는 발을 끊는 경우가 많아, 부모에게서 버림받은 아이들에게 더 큰 상처를 남기는 경우도 있다고 한다. 내가 만약 아이들을 만나게 된다면 한번 맺은 정 때문에 그 아이들과의 관계를 쉽게 끊지 않고 계속적인 활동을 이어갈 수 있다고 확신한다. 그리고 나의 여린 마음이 그 아이들이 받은 상처를 함께 아파하고 이해하며 그들에게 부족한 사랑을 조금이라도 더 채워주려고 노력하게 할 것이다.

친교용이라도 진지한 모색이 필요하다

친교용 자기소개서의 경우에는 그 어느 것보다 함께하고 싶은 소망을 보여주는 것이 자기소개서를 잘 쓰게 만드는 가장 큰 자산이 되기도 한다.

다음의 〈예시3〉은 자신의 취미활동을 위해 작성된 자기소개서의 일부로, 진지하게 함께 하고 싶은 의욕과 패기를 잘 보여주고 있다. 글쓴이는 중학교 1학년 때 방과후 활동으로 드럼을 배운 뒤 꾸준히 연습을 하여왔다고 한다. 독학으로 실력을 키워온 터라 제대로 된 공연을 하지 못한 게 늘 아쉬웠고, 이에 욜로 밴드라는 곳에 들어가 좀더 다양한 사람들과 어울려 공연을 해보기를 소망하고 있다.

예시 3

입회 질문: 좋아하는 장르나 아티스트를 좋아하는 이유를 서술해 주세요.

저는 밴드 YB를 좋아합니다. 그 밴드를 좋아하는 첫 번째 이유는 밴드의 뚜렷한 색깔을 가졌기 때문입니다. '나는 가수다'라는 프로그램에 출연했을 때 자신들의 곡이 아닌 다른 곡들을 자신의 색깔에 맞추어 편곡하는 것을 보고 대단하다는 생각이 들었습니다. 자신의 색깔을 정해두고 그 뚜렷한 음악색깔로 대중들에게 어필하는 모습이 놀라웠고, 저도 저만의 뚜렷한 색깔을 찾아 연주하고 싶습니다.

YB를 좋아하는 두 번째 이유는 그 밴드의 합, 즉 팀워크가 부럽기 때문입니다. 굉장히 오랜 시간을 함께 한 밴드여서인지, 모든 악기가 서로의 소리를 듣고 있는 듯 했습니다. 편곡하는 베이시스트도 다른 밴드원이 어떻게 연주할지를 알고 편곡해 주었습니다.

YB를 보며 내가 알고 있고, 할 수 있는 연주보다 훨씬 많은 폭에서 밴드팀원들이 합을 맞추고 즐기는 모습을 알게 되었습니다. 욜로 밴드에 입회하여 활동을 할 수 있다면, 음악적 색깔이 분명한 밴드팀원들과 함께 합을 맞추고 즐기는 다채로운 음악세계가 펼쳐질 것이라 기대합니다.

하지만, 친교용이라 해도 어떤 활동을 목표로 하느냐에 따라 무게감이 다를 수 있다. 준비과정에 시간투자가 필요한 경우가 있다면, 구직용에서와 마찬가지로 치밀하게 진지하게 제대로 준비해보기를 권한다.

다음의 〈예시4〉는 외교부에서 주최하는 활동에 지원하기 위해 작성된 자기소개서의 일부이다. 글쓴이가 참여하고자 하는 '청년 공공외교단' 활동은 외교의 주체를 민간 차원으로 확대하려는 목적으로 시행되는 외교부 프로그램 중 하나라고 한다. 글쓴이는 자기소개서의 준비 단계에서 이 프로그램이 대학생을 대상으로 한 친교용 활동을 공모하고 있는 듯 보이지만, 단체의 연혁이 길고 취지가 진지하며 세부 계획이 체계적으로 잡혀있다는 정보를 수집하였다. 그리고 그에 따라 막연하고 피상적으로 서술하기보다는 좀더 진지하고 구체적인 내용을 담아줄 필요가 있다고 판단하였다고 한다. 이에 다음과 같이 주어진 질문에 대해 성실하고도 진지하게, 자신감 있게 서술하고 있다.

예시 4

◎ 희망 업무와 포부(해보고 싶은 공공외교 활동)에 대하여 서술하세요.

첫째, '역사' 분야와 관련된 활동이다. 구체적인 내용으로는, 먼 외국 땅에 있는 외국인들을 생각하기 이전에 우리와 가장 가까이에 있는 '주한 외국인'들을 대상으로 '역사 · 문화재 탐방'을 시켜주는 활동이다. 공공외교의 일환으로 이미 한국문화 체험이라든지 한국어 교육 등의 활동이 많이 이루어지고 있지만, 정작 우리나라의 역사를 알려주려는 시도는 많이 없었던 것 같다. "역사를 잊은 민족에게 미래는 없다"라는 신채호 선생의 말처럼 역사는 민족의 뿌리이며 정체성이다. 따라서 우리와 가장 가까이에 있는 타국 국민들, 즉 주한 외국인에게 문화재 탐방을 통해 간접적으로 우리의 역사를 알려줌으로써 우리나라에 대한 이해를 높이며 공감을 얻어야 한다. 이는 나아가 국가 이미지를 높일 수 있는 공공외교의 한 방안이 될 수 있을 것이라 생각한다.

둘째, '음악' 분야와 관련된 활동이다. 특별히 우리 민족의 대표적인 노래인 '아리랑'이 2012년 유네스코 세계문화유산의 인류무형유산에 등재된 사실을 떠올려 보았다. 아리랑은 이제 우리 민족이 지켜야 할 노래에서 전 세계 인류가 지켜야 할 노래가 된 것인데, 이와 관련하여 이것을 기념하고 더 나아가 아리랑에 대해서 아직 잘 모르는 외국인을 위해 미디어와 영상매체를 활용하여 우리나라의 아리랑을 소개하는 영화나 영상을 만들어 보는 활동을 구상해 본다.

흔히 '외국인의 마음을 얻는 것'이 공공외교의 핵심이라 한다. 이러한 일은 소프트 파워가 중요시되고 있는 오늘날에는 정부 혼자만으로 감당하기 어렵다. 마영삼

초대 공공외교대사는 "런던올림픽에서 우리의 태극전사들은 땀과 열정으로 최선을 다함으로써 스포츠 선진 한국의 이미지를 전 세계에 보여주었다. 공공외교는 멀리 있는 것이 아니다. 국민 모두가 외교관이다."라고 하였다.

또 한 명의 외교관이 바로 지금 여기 있다. "Welcome!!"

연 습

그렇다면, 순수하게 자신을 알리고 싶은 의도로 자기소개서를 쓰려 할 때는 어떻게 하면 좋을까? 자신을 잘 들여다보고 자신의 면면을 솔직하고 담백하게 드러내는 것이 필요하지 않을까? 어느 글쓴이가 자기소개서의 끄트머리에 붙인 〈예시〉에서처럼, 우리 모두 거울 앞에서 스스로의 얼굴을 들여다보며 이렇게 나를 북돋아 격려하는 것이 필요하다, 정말로!

예시

넓은 이마는 항상 준비된 자세로, 관대한 자세로 당신을 대하기 위함이요,
나란히 나있는 눈썹은 당신과 동등함을 주장하기 위함이다.
마음의 눈은 열린 마음으로 당신의 의도를 알기 위함이요,
큰 코는 당신에게서 의심과 궁금증의 냄새를 맡아 그것을 해소시키기 위함이다.
빨간 입술은 나의 정열로 당신에게 최선을 다하기 위함이요,
얼굴의 미소는 당신과 조화를 이루어 내기 위함이다.

1. 〈예시〉에서와 같이 나의 외모를 소재로 나를 소개하는 짧은 글쓰기를 해보자.
2. 자기성찰의 글쓰기가 갖는 매력에 대해 이야기를 나눠보자.
3. 자기성찰의 글쓰기로 새롭게 연습하고 싶은 글쓰기 주제나 형식이 있는지 곰곰 생각해보고, 수업성원들에게 소개해보자.

참고문헌

가톨릭대학교 교양교육원,『분석과 창의적 문제 해결』(가톨릭대학교 출판부, 2005).
강미은,『논리적이면서도 매력적인 글쓰기의 기술』(원앤원북스, 2006).
강신재,『좋은 글, 잘된 문장은 이렇게 쓴다』(문학사상사, 1993).
강준만,『대학생 글쓰기 특강』(인간과 사상사, 2005).
강현화 외,『창의적 사고와 효과적 표현』(경희대 출판국, 2004).
교육발전연구원,『대학 교양교육에 대한 분과 학문의 성찰』(전남대학교 출판부, 2005).
김경남,『지성을 위한 글쓰기 이론과 실제』(경진문화사, 2006).
김경원 · 김철호,『국어 실력이 밥 먹여준다』(유토피아, 2005).
김경훤 외,『창조적 사고 개성적 글쓰기』(성균관대 출판부, 2005).
김귀옥,『대학과 지성』(한성대학교 출판부, 2009).
김두한,『실용문작성법』(학문사, 2005).
김명숙,『조르주 페렉의 새로운 자서전적 글쓰기』(한국학술정보, 2005).
김병원,『글의 비밀』(보성사, 1988).
김성수,『프랑켄슈타인의 글쓰기: 상처 입은 젊은 영혼들과의 대화』(글누림, 2009).
김수중 외,『삶과 글』(조선대 출판부, 2002).
김슬옹,『통합교육을 위한 삶쓰기 논술교육』(인간과 자연사, 2000).
김열규,『어떻게 읽고 쓸 것인가』(기린원, 1988).
김영진 외,『자기표현과 글쓰기』(한올출판사, 2006).
김영채,『생각하는 독서』(박영사, 2005).
김용구,『문장의 이론과 실제』(청문각, 1996).
김용택,『내 인생의 글쓰기』(나남, 2008).
김윤식,『일제말기 한국인 학병세대의 체험적 글쓰기론』(서울대학교 출판부, 2007).
김종철,『글쓰기가 삶을 바꾼다』(북이십일, 2011).
김 훈 외,『인문학 글쓰기』(북스힐, 2005).
명로진,『내 책 쓰는 글쓰기』(바다, 2010).
박동규,『글쓰기를 두려워 말라』(문학사상사, 1997).
박미라,『치유하는 글쓰기: 마음 치유 에세이』(한겨레출판, 2008).

박아르마 · 이찬규,『글쓰기란 무엇인가』(여름언덕, 2004).
배상복,『문장 기술』(랜덤하우스 중앙, 2004).
서울대학교 대학국어편찬위원회,『대학국어: 글읽기와 글쓰기』(서울대학교 출판부, 2009).
서울시립대 교양도서편찬위원회,『신 대학인의 글쓰기』(새문사, 2005).
서정곤 외,『글쓰기 여행, 토막글에서 통글까지』(역락, 2005).
서정수,『작문의 이론과 방법: 단락과 논술법을 중심으로』(새문사, 1985).
서정수,『생각하는 힘을 기르는 문장력 향상의 길잡이』(사닥다리, 1994).
성지기,『생활 속의 맞춤법 이야기』(역락, 2003).
성프란시스대학 인문학 과정,『거리의 인문학』(삼인, 2012).
송숙희,『읽고 생각하고 쓰다』(교보문고, 2011).
송준호,『문장부터 바로 쓰자』(태학사, 1996).
숙명여대 의사소통능력개발센터,『세상을 바꾸는 글 읽기와 쓰기』(숙명여대 출판국, 2005).
심강보,『내 글의 무게는 몇 그램일까: 생각의 틀을 넓히는 글쓰기』(나랏말씀, 2010).
심윤종,『바른말 좋은글』(성균관대 출판부, 2001).
안기수,『글쓰기의 멋과 표현』(보고사, 2005).
안상헌,『어느 독서광의 생산적 책읽기 50』(북포스, 2005).
안정효,『글쓰기 만보』(모멘토, 2006).
오성호,『대학 글쓰기』(새문사, 2008).
유종국,『도대체 무엇을 어떻게 쓸 것인가』(형설출판사, 1998).
육재용,『실용문 작법』(학문사, 2003).
이강룡,『인터넷 시대의 글읽기 블로그시대의 글쓰기』(KT 문화재단, 2005).
이기문,『당신의 우리말 실력은?』(태학사, 2001).
이남희,『(자기 발견을 위한) 자서전 쓰기 특강』(연암서가, 2009).
이병모,『글짓기, 이렇게 하자』(박이정, 2006).
이상임,『상상과 창조의 글쓰기』(경희대학교 출판문화원, 2010).
이성복,『쉬운 문장 좋은 글』(한국경제서적, 1999).
이오덕,『글쓰기 어떻게 가르칠까』(보리, 1993).
이외수,『글쓰기의 공중 부양』(동방미디어, 2006).
이재성,『4천만의 국어책』(들녘, 2006).
이정림,『(인생의 재발견) 수필 쓰기』(랜덤하우스 코리아, 2007).

이정자,『글쓰기의 길잡이』(국학자료원, 2006).
이주동,『카프카 평전: 실존과 구원의 글쓰기』(소나무, 2012).
이지호,『글쓰기와 글쓰기 교육』(서울대 출판부, 2001).
이청준,『자서전들 쓰십시다』(열림원, 2000).
임병식,『막 쓰는 수필, 잘 쓰는 수필: 수필을 해부하며 글쓰기의 맥을 짚는 책』(에세이, 2007).
임영환 외,『작문의 이론과 실제』(집문당, 1998).
임철순,『내가 지키는 글쓰기 원칙』(이화여자대학교 출판부, 2013).
장하늘,『글 고치기 전략』(다산초당, 2006).
전남대 교육발전연구센터,『글쓰기』(전남대 출판부, 2005).
정기철,『문장의 기초』(도서출판 역락, 2001).
정진홍,『마지막 한 걸음은 혼자서 가야 한다: 정진홍의 900킬로미터』(문학동네, 2012).
정호경,『좋은 글 쓰기의 힘』(도서출판 운디네, 2006).
조영순,『꿈을 찾아 떠나는 미래 여행: 미래자서전 쓰기』(굿글로벌, 2012).
최규수,『대학생을 위한 학술적 글쓰기의 실제』(보고사, 2006).
최규수,『대학에서 글쓰기를 어떻게 할 것인가』(명지대학교 출판부, 2008).
최규수,『대학시절의 글쓰기 1: 학술적 글쓰기와 친해지기 편』(명지대학교 출판부, 2014).
최규수,『고치고 더한 대학시절의 글쓰기 1: 학술적 글쓰기와 친해지기 편』(명지대학교 출판부, 2017).
최윤 외,『자전 소설:나의 나』(문학동네, 1996).
최인자,『국어교육의 문화론적 지평』(소명출판, 2001).
최종규,『생각하는 글쓰기』(호미, 2009).
최현섭,『(자기주도 쓰기 학습을 위한)과정 중심의 글쓰기 워크숍』(역락, 2000).
최현섭 외,『삶과 글쓰기』(삼영사, 2000).
편찬위원회,『우리 시대의 글쓰기』(국민대 출판부, 2006).
한국외대 한국어교육과,『글쓰기의 이론과 실제』(한국외대 출판부, 2007).
한기호,『글쓰기의 힘』(한국출판마케팅 연구소, 2005).
한성우,『경계를 넘는 글쓰기』(월인, 2006).
한양대학교 국어교육위원회,『글과 생각』(한양대 출판부, 2002).
한효석,『이렇게 해야 바로 쓴다』(한겨레신문사, 1996)).
허병두,『글쓰기 열두 마당』(고려원미디어, 1996)).

허재영,『교양인과 글쓰기 기술』(박이정, 2000).
현혜수,『나를 기록하라: 성공을 부르는 자서전 쓰기』(매경출판, 2007).
홍순성,『문장 표현론』(계명대 출판부, 2004).
황소웅,『바른 글 좋은 글』(랜덤하우스 중앙, 2005).

가와이 코오조오,『중국의 자전문학』, 심경호 옮김(소명출판, 2002).
기든스,『현대성과 자아정체성』, 권기돈 역(새물결, 1997).
나탈리 골드버그,『뼛속까지 내려가서 써라』, 권진욱 옮김(한문화, 2001).
나탈리 골드버그,『글 쓰며 사는 삶』, 한진영 옮김(페가수스, 2010).
나탈리 골드버그,『인생을 쓰는 법: 살아갈 나를 위해 살아온 날을 쓴다』, 한진영 옮김(페가수스, 2013).
로버타 진 브라이언트,『누구나 글을 잘 쓸 수 있다』, 승영조 옮김(예담, 2004).
루츠 폰 베르더 외,『즐거운 글쓰기』, 김동희 역(도서출판 들녘, 2004).
모티머 애들러 · 찰스반 도렌,『논리적 독서법』, 오연희 옮김(예림기획, 1997).
몬티 슐츠 · 바나비 콘라드,『스누피의 글쓰기 완전 정복』, 김연수 옮김(한문화, 2006).
민토 바바라,『민토 피라미드로 배우는 논리적 글쓰기』, 이진원 옮김(더난, 2005).
번즈 마리린,『생각에도 연습이 필요해』, 홍윤기 옮김(예림당, 1994).
빌 루어바흐 · 크리스틴 케클러,『내 삶의 글쓰기』, 홍선영 옮김(한스 미디어, 2011).
빌렘 플루서,『디지털시대의 글쓰기』, 윤종석 옮김(문예출판사, 1998).
사이토 다카시,『원고지 10장을 쓰는 힘』, 황혜숙 옮김(루비박스, 2005).
샌프란시스코 작가집단 Grotto,『글쓰기 좋은 질문 642』, 라이언 옮김(쿠리어스, 2013).
셔퍼드 코미나스, 『치유의 글쓰기』, 임옥희 옮김(홍익, 2008).
스테파니 도우릭,『일기, 나를 찾아가는 첫 걸음』, 조미현 옮김(간장, 2011).
스티븐 킹,『유혹하는 글쓰기』, 김진준 옮김(김영사, 2002).
앤 라모트,『글쓰기 잘쓰기』, 송정희 옮김(중앙일보사, 1996).
올리비에 르불,『수사학』, 박인철 옮김(한길사, 1999).
윌리엄 진서,『글쓰기 생각쓰기』, 이한중 옮김(돌베개, 2007).
줄리아 카메론,『나를 치유하는 글쓰기: 세상 속으로 걸어가는 여정』, 조한나 옮김(이다 미디어, 2013).

케슬린 설리번,『작문 · 단문 쓰기로 익히기』, 최현섭 · 위정호 옮김(삼영사, 2000).
첸리 췬,『내 정신의 자서전: 나에게 묻는다, 지식인이란 무엇인가』,
김영문 옮김(글항아리, 2012).
패트릭 하트웰, 『글을 어떻게 쓸 것인가: 최신 작문이론』, 이을환 외 5인 편역(경문사, 1985).
필리스 크림 · 메리 R. 리,『작문신공: 나의 생각을 디자인하는 글쓰기』,
강주현 옮김(효형출판, 2006).
헤르만 헤세,『헤르만 헤세의 독서의 기술』, 김지선 옮김(뜨인돌, 2006).

최규수 崔圭穗

이화여자대학교 국어국문학과를 졸업하고 같은 대학에서 석사, 박사학위를 받았다.
현재 명지대학교 방목기초교육대학(인문교양학부) 교수이다.

주요 저서

주요 저서로는 『대학생을 위한 학술적 글쓰기의 실제』, 『대학에서 글쓰기를 어떻게 할 것인가』, 『대학시절의 글쓰기 · 1–학술적 글쓰기와 친해지기 편』, 『19세기 시조 대중화론』, 『송강 정철 시가의 수용사적 탐색』, 『고전시가 연구의 전망과 모색』, 『규방가사의 '글하기'전략과 소통의 수사학』 등이 있다.

choiks@mju.ac.kr

자기 성찰의 글쓰기와 친해지기 편

대학시절의 글쓰기 2

초 판 1 쇄 | 2019년 2월 21일
저 자 | 최규수
발 행 인 | 유병진

명지대학교 출판부
서울특별시 서대문구 거북골로 34
전화 (02)300-1740
팩스 (02)300-1722
http://press.mju.ac.kr
등록 제 9-25호 1969.10.15

제작 (주)피알앤북스

ISBN 978-89-7335-399-6
978-89-7335-397-2 (세트)

정가 19,000원

- 이 도서의 국립중앙도서관 출판예정도서목록(CIP)은 서지정보유통지원시스템 홈페이지(http://seoji.nl.go.kr)와 국가자료종합목록시스템(http://www.nl.go.kr/kolisnet)에서 이용하실 수 있습니다. (CIP제어번호 : CIP2019000205)